本书是 2016 年教育部本科教学工程立项建设项目"暨南大学—广百集团营销管理实践教育基地"和 2015 年广东省高等学校教学质量与教学改革工程项目"市场营销学省级教学团队"的阶段性建设成果

营销管理
实习指导手册

YINGXIAO GUANLI SHIXI ZHIDAO SHOUCE

卫海英　杨德锋◎主编

暨南大学出版社
JINAN UNIVERSITY PRESS

中国·广州

图书在版编目（CIP）数据

营销管理实习指导手册/卫海英，杨德锋主编. —广州：暨南大学出版社，2017.9
ISBN 978 - 7 - 5668 - 2183 - 6

Ⅰ.①营…　Ⅱ.①卫…②杨…　Ⅲ.①营销管理—手册　Ⅳ.①F713.50 - 62

中国版本图书馆 CIP 数据核字（2017）第 213792 号

营销管理实习指导手册

YINGXIAO GUANLI SHIXI ZHIDAO SHOUCE

主　编：卫海英　杨德锋

- -

出 版 人：徐义雄
策　　划：黄圣英
责任编辑：黄　球　亢东昌
责任校对：何　力
责任印制：汤慧君　周一丹

出版发行：暨南大学出版社（510630）
电　　话：总编室（8620）85221601
　　　　　营销部（8620）85225284　85228291　85228292（邮购）
传　　真：（8620）85221583（办公室）　85223774（营销部）
网　　址：http://www.jnupress.com
排　　版：广州市天河星辰文化发展部照排中心
印　　刷：广州市穗彩印务有限公司
开　　本：787mm×1092mm　1/16
印　　张：16.25
字　　数：385 千
版　　次：2017 年 9 月第 1 版
印　　次：2017 年 9 月第 1 次
定　　价：49.80 元

前　言

　　营销学科是一门实践性较强的应用学科，该学科培养的学生除了要具备扎实的现代营销理论知识外，还要有能创造性解决营销实践问题的能力。由此可见，单纯的理论学习是不够的，科学有效的实习是必不可少的培养环节。为此，我们编写了《营销管理实习指导手册》。

　　本实习指导手册的编写也是暨南大学—广百集团营销管理实践教育基地的建设内容之一。该基地是 2016 年教育部"本科教学工程"的建设项目，其目标是从我国大陆及港澳台市场对人才的需求出发，充分利用广百集团的品牌知名度和行业影响力，将基地实习和参与企业活动紧密地融入教学之中，形成以人才培养为核心、产学研一体化的文科实践基地。

　　本实习指导手册的编写旨在指导市场营销、电子商务等专业学生的基地实习活动，通过实习环节实现从理论到实践、再从实践到理论的升华，有效增强学生对企业文化、营销管理流程及运营实务的认知和理解，提升学生对国家和社会的认同感以及对中国企业自强不息、不断做大做强的自豪感，提高学生的实践操作能力和方案执行能力，有效提高学生的自学能力、创新能力和解决问题的能力。

　　本实习指导手册由卫海英和杨德锋组织与构思，共包括 9 个项目，各项目的撰写者是：姚琼"市场调查"、张计划"百货店品牌招商"、陈思"消费者行为学"、叶生洪"一般销售行为"、杨德锋"百货促销礼仪"、张泳"客户关系管理"、周宏"商品陈列管理"、胡矗明"网络营销"、骆紫薇"营销传播与沟通"。由于资料的局限及写作的匆忙，加上作者水平所限，不足与缺陷在所难免，恳请读者批评指正。

　　本实习指导手册在编写过程中，参考了许多国内外专家学者的论著，受益匪浅，在此深表感谢！同时也非常感谢暨南大学出版社的支持与帮助！

卫海英

2017 年 2 月 9 日于暨南园

目录
CONTENTS

项目一　市场调查

模块一　知识要点

引言

市场调查（Marketing Research）的定义有广义和狭义之分，广义的市场调查也叫市场研究、市场调研或市场营销研究，指采用科学的方法获取和分析目标市场或顾客相关信息，是从认识市场到制定合理的营销决策的系统行为，是企业保持市场竞争力和了解顾客需求的重要途径，是企业业务战略的重要组成部分。通过市场调查，企业可以识别和分析市场与顾客需求、市场规模和相关产品的市场竞争力，进而指导营销决策。而狭义的市场调查则偏向于数据的收集和分析行为。本章将从广义的角度讲解和探讨市场调查的方法和流程。市场调查的方法可分为定性研究和定量研究。其中，定性研究包括焦点访谈和深度访谈等，定量研究包括调查法和观察法等。

本章将市场调查的整个过程分为六大步骤，分别是定义研究问题、拟定研究框架（确定研究方法）、制定研究设计、现场工作与数据收集、数据准备与分析和撰写与提交报告。接下来将具体讲解各个步骤使用的方法与注意事项。

第一步：定义研究问题。

定义问题时，应当考虑研究的目的、有关背景、所需信息及其在决策中的用途。定义问题需要很好地与决策者沟通，向业内专家咨询，分析二手数据，有时也许需要进行诸如专题组座谈的定性研究。一旦准确地定义了问题，就能够正确地进行方案设计和开展研究。

第二步：拟定研究框架（确定研究方法）。

拟定某一问题的研究框架，包括确定客观/理论框架、分析模型、研究问题、假设，识别影响研究设计的有关特征或因素。这一步骤需要借助管理层和专家的讨论、个案研究和模拟、二手数据分析、定性研究和其他实际的考虑。

第三步：制定研究设计。

研究设计是开展某一营销研究时所要遵循的框架或蓝图。研究设计详细描述获取所需信息的程序，其目的是设计一项能够检验有关设计、确定研究问题的可能答案和提供决策所需信息的研究。开展探索性研究、准确地定义变量和设计合适的测量方法也是研究设计的一部分。研究设计中还必须考虑如何从调查对象处获取信息（如通过开展抽样调查或实验）、设计问卷和抽样方案。制定研究设计需考虑以下因素：①确定所需信息；②二手数据分析；③定性研究；④收集数据的定量方法（调查、观察和实验）；⑤测量与量表；⑥问卷设计；⑦抽样过程与样本量；⑧数据分析计划。

第四步：现场工作与数据收集。

数据收集涉及有关现场执行人员。这些人员在现场（例如，在进行入户人员访谈、商场拦截人员访谈和电脑辅助人员访谈时），或从办公室通过电话（传统电话访谈和电脑辅助电话访谈）、邮件（传统的邮件访谈和邮寄式固定样本组），或利用电子手段（电子邮件和互联网）开展工作。现场执行人员的适当挑选、培训、督导和考核有助于减小数据收集误差。

第五步：数据准备与分析。

数据准备包括数据的编辑、编码、录入和核实。必须审阅和编辑每份调查表或观察表，并做必要的更正。问卷中每个问题的每一个答案都用数字或字母代码来表示，这些数据通过键盘录入磁带、磁盘，或直接输入计算机。数据分析是为了获得与营销研究问题有关的各个组成部分的信息，提供制定管理决策所需的输入信息。

第六步：撰写与提交报告。

整个项目应当有完整的书面报告，内容包括具体的研究问题、研究框架与设计、数据收集与分析方法，以及研究结果与主要结论。应当以容易理解的方式报告研究结果，以便这些结果能在决策过程中充分发挥作用。除此之外，应当借助图、表向管理层做口头报告，使提交的报告清晰有效。也可以在网上发布研究结果和报告，使全球范围的管理人员都可以获取。

1　定义研究问题

与问题定义相关的工作包括同决策者讨论、专家访谈、二手数据分析和定性研究。这些工作可以帮助研究人员通过分析环境背景来获知问题的背景。对问题产生影响的一些重要的环境因素应该予以考虑。了解环境背景有助于识别管理决策问题，然后将管理决策问题转变为营销研究问题。

定义研究问题的步骤如下：

1.1　同决策者讨论

是为了识别管理问题，研究人员必须具备相当多的同决策者沟通的技巧。

1.2　专家访谈

这些专家可能是公司内部的，也可能是公司外部的，从专家那里获取信息可以采取非结构化的人员访谈方式，不需要进行正式的问卷调查。为访谈准备一系列的议题非常有用，但谈话的顺序和问题不必在访谈之前确定，而要根据访谈进程而定。访问行业专

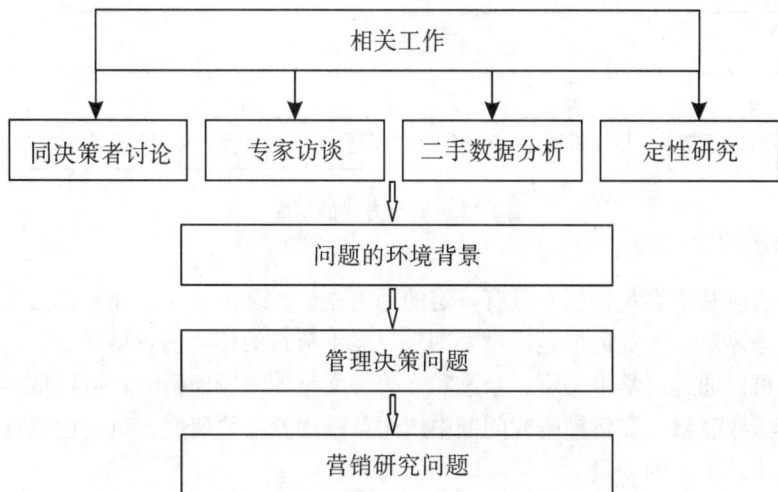

图 1-1 定义问题的步骤

家是为了更好地定义营销研究问题而非找到结论性的答案。

1.3 二手数据分析

二手数据是为某些其他目的而不是眼前的问题所收集的数据，包括商业和政府机构、营销研究公司和计算机数据库提供的信息。

1.4 定性研究

其常用的研究方法包括专题组座谈（小组访谈）、字词联想和深度访谈。

1.5 定义营销研究问题

（1）准则。

①向研究人员提供所有阐述管理决策问题所需的信息；②在项目进程中对研究人员给予指导。

（2）研究人员在定义问题时通常会犯两类错误。

第一类错误为定义过于宽泛，例如为品牌建立营销策略、改善公司的竞争地位、改善公司形象。这些问题都定得不够具体。第二类错误为定义过于狭窄，把一些有创意的但并非显而易见的想法排除在外。

因此，可以通过先对营销研究问题做宽泛的、一般化的陈述，然后确定问题的具体组成部分来减少犯上述两类错误的可能性。

2 拟定研究框架（确定研究方法）

在确定研究方法的过程中，不能忘了研究目标。确定研究方法的过程应该包括以下内容：客观/理论框架、分析模型、研究问题、假设以及确认所需信息（如图 1-2 所示）。

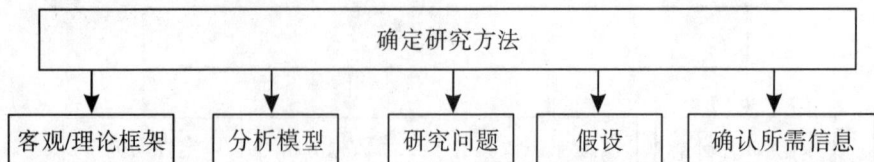

图 1-2　研究方法的组成

　　研究一般应基于客观根据并且有一定的理论支持，理论是建立在被称为公理的基本陈述上的概念体系。客观证据是通过处理来自二手资料的相关信息得到的。指导研究的正确理论也可以通过对学术书籍、杂志和专著等文献的回顾而得到，可以依靠理论来确定应该调查哪些变量。在营销研究问题中应用某一理论需要研究人员的创造性。要识别并检验其他非理论上的变量。

　　模型可以有不同的形式，常见的有文字模型、图示模型和数学模型。文字模型是通过文字形式表述变量及其关系，这种模型可能仅仅是对某个理论的一些主要原则的复述。图示模型是可视化的模型，用来区分变量、说明关系，但它不能提供数字结果。从逻辑上来看，图示模型是建立数学模型的基础。数学模型可以详细地说明变量之间的关系，通常用方程的形式表示。这些模型可以用于指导研究设计，并且具有易于控制的特点。

　　而研究问题的组成部分是对问题的更加具体的定义，但需要进一步细化以便拟定解决方案。需要将问题的每一个组成部分分解成更加具体的研究问题，以便知道需要哪些具体的信息。如果研究问题可以通过研究而得到回答，则所获得的信息可以帮助决策者。

　　假设可以是依据客观/理论框架或分析模型推出的关于两个或多个变量之间关系的初步论述，是关于研究人员所感兴趣的某个要素或现象的未经证实的论述或推测，假设通常是研究问题的一个可能的答案。研究问题是询问式的，而假设却是声明式的并可以由实证检验。图 1-3 描述了营销研究问题的组成部分、研究问题、假设，以及客观/理论框架和分析模型的关系和影响。

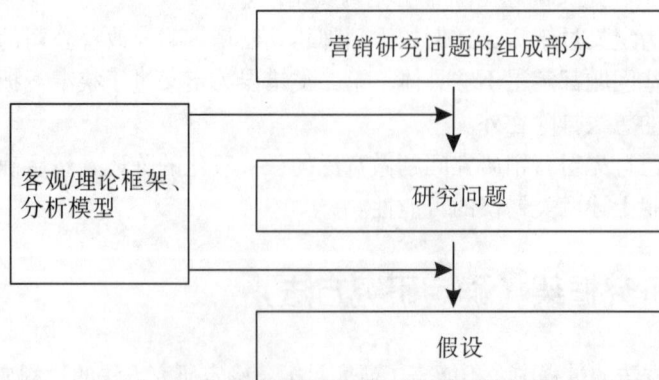

图 1-3　四者之间的关系和影响

考虑了以上这些方面之后，研究人员可以对每个问题的组成部分逐一考虑并列出应当收集的信息清单，并决定营销研究项目应当收集什么信息。

3 制定研究设计

研究设计是开展某一营销研究项目时所要遵循的一个框架或计划，它详细描述获取、分析和解决营销问题所需信息的必要程序。前面步骤已经提出了解决问题的宽泛方法，研究设计则重在详述执行这一方法的细节。研究设计是执行研究项目的基础，一个好的研究设计将保证营销研究项目的高效执行。一般包括以下组成部分或任务：

（1）确定探索性/描述性或（和）因果研究设计。

（2）定义所需信息。

（3）详细说明测量与设计量表的程序。

（4）设计调查问卷（访谈表）或合适的数据收集表格，并进行预调查。

（5）确定抽样过程和样本量。

（6）制订数据分析计划。

3.1 研究设计的框架

研究设计大体上分为探索性研究设计与结论性研究设计，具体框架见图1-4。

探索性研究所得到的观点可以被结论性研究所验证。结论性研究的目的是检验特定的假设，并验证特定的相互关系，要求研究人员明确说明所需信息。结论性研究通常比探索性研究更加正式和结构化，它建立在有代表性大样本的基础上，所得到的数据倾向于定量分析。

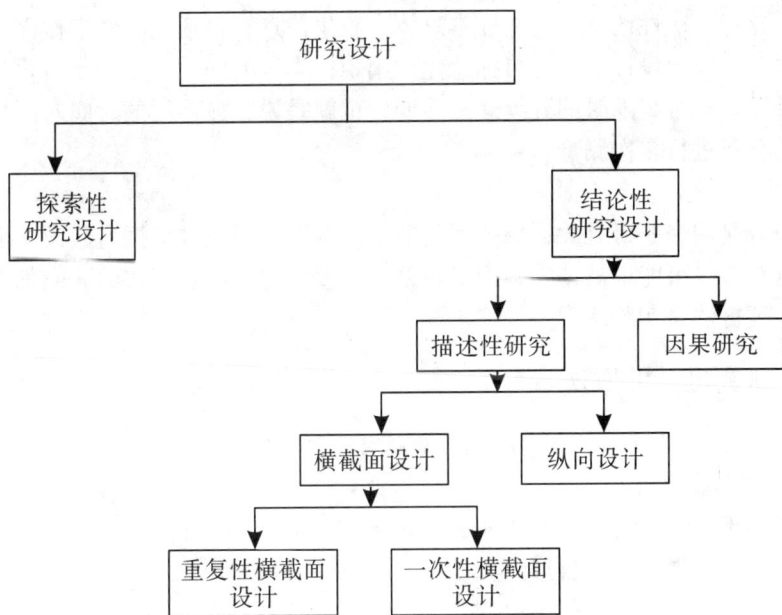

图1-4 研究设计的框架

（1）探索性研究。

探索性研究的目的是通过对某个问题/情况的探索而提出看法与见解，探索性研究有以下目的：①阐明或更准确地定义一个问题；②确定备选的行动方案；③提出假设；④将主要变量及其相互关系分离以便进一步验证；⑤得到解决问题的思路；⑥确定进一步研究的重点。

表 1 - 1　研究设计的分类

比较项目	探索性研究	描述性研究	因果研究
目标	发现新想法与新观点	描述市场的特征或功能	确定因果关系
特征	灵活多变 通常是整个研究设计的起始	预先提出特定的假设 计划好的结构化的设计	操纵一个或多个自变量 控制其他变量
方法	二手数据分析 专题组座谈 深度访谈 影射法	调查法 观察法	实验法

（2）描述性研究。

描述性研究的主要目的是对某些事物进行描述，通常是市场的特征或功能，进行描述性研究的目的如下：①描述相关群体，如消费者、销售人员、组织、市场区域的特征；②估计在特定群体中有某一行为的人的比例；③判断对产品特征的感知；④确定与营销变量相关的程度；⑤进行特定的预测。

描述性研究分为横截面设计和纵向设计。横截面设计是营销研究中最常用的描述性研究设计，是指一次性地从特定的样本总体中收集信息，包括一次性横截面设计与重复性横截面设计。纵向设计是指对目标总体中固定样本组的同一组变量进行重复测量。纵向设计中样本或样本组随时间延续保持不变，也就是说，在不同的时间对同样的调查对象和同样的变量进行多次测量。

（3）因果研究。

因果研究是用来获得有关因果关系的证据。营销经理经常依据所假设的因果关系做出决策。这些假设可能未被证实，因果关系的有效性应当通过正式的研究加以检验。因果研究的主要方法是实验法。

3.2　研究设计的方法

3.2.1　探索性研究设计：二手数据分析与定性研究

（1）二手数据分析。

二手数据不是为了目前正在研究的特定问题，而是为了其他目的已经收集的数据，可以低成本迅速地得到这些数据。

表 1 - 2　原始数据和二手数据的比较

比较项目	原始数据	二手数据
收集目的	为了现在的问题	为了其他问题
收集程序	非常费力	快且容易
收集成本	高	相对较低
收集时间	长	短

二手数据有助于：①确认问题；②更好地定义问题；③拟定问题的研究方法；④阐述恰当的研究设计；⑤回答特定的研究问题，检验一些假设；⑥更深刻地解释原始数据。但由于二手数据本身是前人为了解决其他问题所收集的，因此二手数据对于解决当前手头上的问题，用处可能是有限的，欠缺相关性和准确性，所采用的目的、性质和方法也可能不适合当前情形。

（2）定性研究。

定性研究是提供关于问题背景的看法与理解，每当一个新的营销研究问题出现时，定量研究必须在正确的定性研究之后进行。定性研究有时是为了解释定量研究所得到的结果。营销研究中一个正确的原则是将定性研究与定量研究相互补充，而不是相互对立。这两种研究方法的区别，如图 1 - 5 所示：

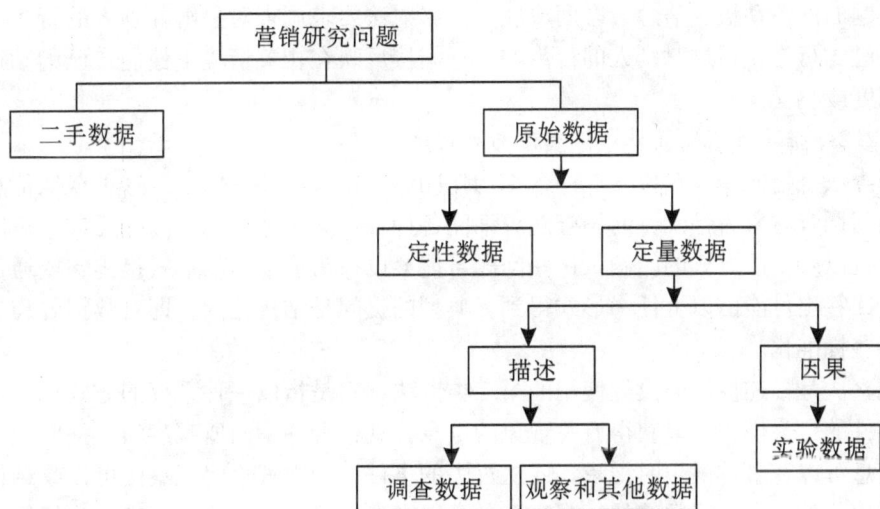

营销研究问题

```
营销研究问题
├── 二手数据
└── 原始数据
     ├── 定性数据
     └── 定量数据
          ├── 描述
          │    ├── 调查数据
          │    └── 观察和其他数据
          └── 因果
               └── 实验数据
```

图 1 - 5　定性研究与定量研究的区别

定性研究方法根据调查对象是否了解项目的真正目的分为直接法和间接法两大类。直接法对研究项目的目的不加掩饰，项目的目的对调查对象是公开的，或者从所问的问题中可以明显看出，定性研究方法的分类如图 1 - 6 所示：

```
                    ┌─────────────┐
                    │  定性研究方法  │
                    └─────────────┘
              ┌───────────┴───────────┐
      ┌──────────────┐         ┌──────────────┐
      │  直接（非掩饰） │         │  间接（掩饰）  │
      └──────────────┘         └──────────────┘
         ┌────┴────┐                  │
   ┌──────────┐ ┌──────────┐   ┌──────────┐
   │ 专题组座谈 │ │ 深度访谈  │   │  影射法   │
   └──────────┘ └──────────┘   └──────────┘
                        ┌────────┬────┴───┬────────┐
                   ┌────────┐┌────────┐┌────────┐┌────────┐
                   │ 联想法 ││ 完成法 ││ 构筑法 ││ 表达法 │
                   └────────┘└────────┘└────────┘└────────┘
```

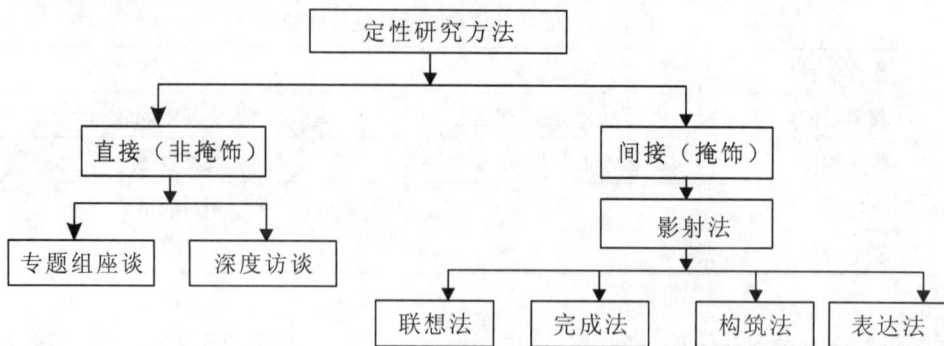

图1-6 定性研究方法的分类

①专题组座谈：是由训练有素的主持人以非结构化自然方式对一小群调查对象进行的访谈。其主要目的是从适当的目标市场中抽取一群人，通过听取他们谈论研究人员所感兴趣的话题来得到有关见解。这一方法的价值在于通过自由的小组讨论经常可以得到意想不到的发现。专题组座谈是最重要的定性研究方法。

②深度访谈：是一对一执行的非结构化、直接的人员访谈，由熟练的调查员对单个的调查对象进行深入的面谈，从而挖掘其关于某一主题的潜在的行为动机、信念、态度和感受。深度访谈的时间长度从30分钟到1小时不等。

③影射法：是非结构化的，以间接方式进行提问，鼓励调查对象反映他们对于所关心的主题的潜在动机、信念、态度或感受。影射法要求调查对象解释别人的行为而不是描述自己的行为，通过对别人的行为的解释间接反映在相关情境下他们自己的动机、信念、态度或感受。

3.2.2 描述性研究设计：调查法与观察法

调查法是指向调查对象发放一个结构化问卷，以收集特定信息。这种获取信息的方法以询问调查对象为基础，向调查对象询问各种各样关于他们的行为、意向、态度、感知、动机以及生活方式的问题。这些问题可能会以口头或书面的形式提出，或通过电脑提出，回答也可能由以上任一形式得到。典型的提问是结构化的，即对数据收集过程进行了一些标准化。

观察法是描述性研究设计使用的第二类方法，它是指以一种系统的方式记录人、事物及事件的行为模式，以获得有关现象的信息。观察者并不向所观察的人提问或与之交谈。信息可以在事件发生时记录，或从过去的事件记录中获得。观察法可以是结构化的或非结构化的，直接或间接的。观察活动可以在自然或人为的环境中进行。根据执行模式不同可以将观察法划分为人员观察、机械观察、审计、内容分析和痕量分析。

3.2.3 因果研究设计：实验法

实验法通常被用来推断因果关系。对于营销研究而言，因果关系的科学含义比普通含义更为恰当，市场营销的效果由多个变量引起，起因和效果之间的关系往往是或然性的，而且永远无法证明因果关系，只能推断出一种因和果的关系。

在进行实验时，研究人员有两个目标：①得出关于因变量对研究组的影响的正确结论；②对更大规模的有关人群做出正确的推论。第一个目标关注的是内部效度，第二个目标关注的则是外部效度。

3.3 测量与量表

3.3.1 测量的基本原理

测量指的是根据某些预先制定的规则为物体的特性分配数字或其他符号。测量时应注意以下几点：

（1）在数字和被测特性之间必须有一一对应的关系。

（2）数字分配规则应该标准化并统一应用。

（3）规则一定不能随物体或时间而变化。

测量的主要尺度有以下四类：

（1）定类尺度。

①数字只用作对物体进行识别和分类的标志或标签。

②当一个定类尺度被用于识别目的时，在序号和物体之间有一个严格的一一对应关系。

③定类尺度中的序号不反映物体所拥有的特性的数量。

④在定类尺度中对序号运行进行的唯一操作就是计数。

⑤只允许计算有限的以频率计数为基础的统计指标，包括百分比、众数、卡方和二项式检验。

（2）定序尺度。

①是一种排序尺度，分配给物体的数字表明了物体拥有一些特性的相对程度。

②使人们能够确定一个物体是否比另一个物体具有更多的或更小程度的某种特性，但是没有标明多了多少或少了多少。

③可以分配任何保持物体间顺序关系的数字序列。

④除了对定类尺度数据允许的计数操作外，定序尺度还可以使用基于百分位点的统计量，例如百分位数、四分位数、中位数等。

（3）定距尺度。

①数字相等的距离代表了被测特性的相等值。

②它能够比较物体之间差别的大小。

③零点的位置没有固定，零点以及测量的单位都是任意的。

④$y = a + bx$ 形式的任何正线性变化都将保持尺度的性质。

⑤尺度之间差值的比值是有意义的。

⑥可以使用的统计技术，除了所有适用于定类和定序尺度的技术之外，还包括算术平均值、标准差、简单相关以及其他营销研究中通常使用的统计量。

（4）定比尺度。

①具有定类、定序和定距尺度的所有性质。

②它还有一个绝对的零点。

③计算比值也是有意义的。

④只允许 $y = bx$ 形式的比例变换，其中 b 是一个正的常数。

⑤所有的统计方法都可以应用于定比数据。

3.3.2 量表技术的分类

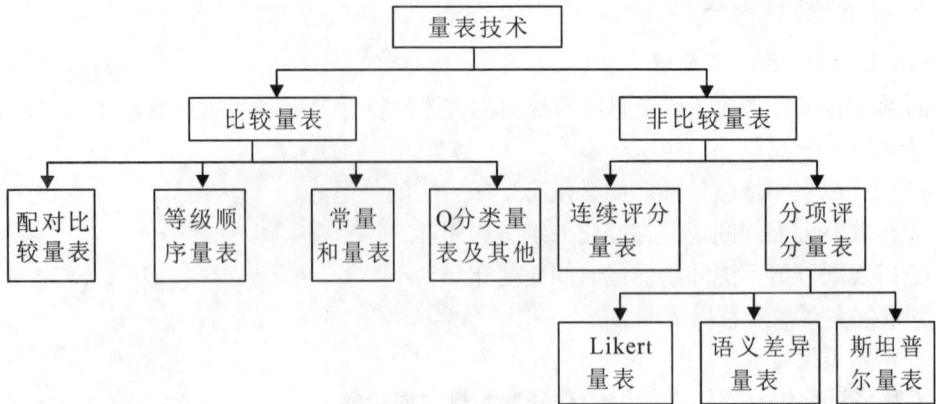

图 1-7 量表技术的分类

（1）比较量表。

比较量表涉及对刺激物体的直接比较。比较量表的数据必须以相对的关系来解读，并且只有定序或等级顺序的性质，包括配对比较量表、等级顺序量表、常量和量表、Q分类量表及其他。

（2）非比较量表。

非比较量表是调查对象采用他们认为合适的任何评分标准，每次只对一个物体进行评价，不与另一个物体或一些指定的指标（如"你的理想品牌"）进行比较。因此，非比较量表经常称作单胞量表，由连续评分量表和分项评分量表组成，其中分项评分量表又包含 Likert 量表、语义差异量表和斯坦普尔量表。每个物体独立于刺激物背景中的其他物体而被计量，所产生的数据通常被假定为定距或定比的。

3.3.3 量表的评价

应当对一个多项量表的准确性和可应用性进行评价，可从信度和效度两方面进行。

信度（Reliability）指的是如果重复进行测量，一个量表产生一致性的结果的程度。效度（Validity）可以定义为观察值之间的差异所反映的物体之间被测特性的真实差异的程度，而不是系统误差或者随机误差。

如果一个测量值完全有效，那么它也是完全可信。如果一个测量值是不可信的，它不可能是完全有效的。不可信性意味着无效性。如果一个测量值完全可信，它可能完全有效，也可能不完全有效。

信度是效度的一个必要条件，但不是充分条件。

3.4 问卷与表格设计

问卷设计最大弱点就是缺乏理论，没有能保证设计出一份最优的或理想的问卷的具体科学原理。问卷设计的步骤具体如下：

步骤1：确认所需信息。

①确保所获取的信息完全体现了研究问题的所有成分，回顾研究问题与方法的组成部分，尤其是具体的研究问题、假设和影响研究设计的特征。

②准备一套虚拟表格。

③对目标人群有一个清楚的概念。

步骤2：确定访谈方法的类型。

步骤3：确定单个问题的内容。

①这个问题有必要吗？

②为了清楚地获取所需信息，需要用几个问题代替一个问题吗？

③不要使用双重问题。

步骤4：筛查调查对象无法回答以及不愿回答的问题。

①调查对象具备相关的信息吗？（调查对象经常被问到他们不甚了解的话题）

②如果调查对象不可能有相关的见识，那么在提问之前，应该提出测量熟悉程度、产品使用以及过去的经验的过滤性问题。

③调查对象能否回忆起来？

④避免遗漏误差、近移误差和编造误差。

⑤没有为调查对象提供暗示的问题，会低估一个事件的实际发生情况。

⑥调查对象能够清楚表述吗？

步骤5：选择问题的结构。

①开放式问题很适合作为一个话题的起始问题。它们使调查对象能够表达一般态度和观点。

②尽可能使用结构化问题。

③在多重选择问题中，答案选项应该包括所有可能的选择，并应该相互排斥。

④在二项问题中，如果预料到相当大比例的调查对象对问题的回答是中立的，那么就设置一个中立的选项。

⑤考虑使用分半投票技巧来减小二项问题和多选题中的顺序偏差。

⑥如果答案选项很多，考虑使用一个以上的问题来降低对调查对象的信息处理要求。

步骤6：选择问题措辞。

①根据任务、事件、时间、地点、原因和方法（6W）来定义问题。

②使用通俗的用词，用词应该与调查对象的词汇量水平相适应。

③避免使用含混的用词，如通常情况下、正常的情况下、频繁地、经常地、有规律地、偶尔、有时等。

④避免设计暗示调查对象应该是哪个答案的诱导性问题。

⑤避免选项中没有明确表达的隐含选择。

⑥避免隐含假设。

步骤7：确定问题的顺序。

①开头问题应该是有趣、简单的，并且不咄咄逼人，询问调查对象的观点是很好的开头问题。

②确认资格的问题应该作为开头的问题。

③首先获取的应该是基础信息，其次是分类信息，最后是标志信息。

④困难的问题：困难或敏感的、使人尴尬的、复杂的无趣的问题应该放在靠后的位置。

⑤泛指的问题应该放在特定的问题之前。

⑥应该按照逻辑顺序提问。

步骤8：确认问卷页面的形式和版面设计。

①将一份问卷分为几个部分。

②每一部分的问题应该有编号。

③问卷应该预编码。

④问卷本身应该连续编号。

步骤9：复制问卷。

①问卷应该有一个专业的外观。

②长问卷应该采用小册子的形式。

③每个问题应该复制在同一页上。

④使用垂直的答案栏。

⑤当有许多使用同一套答案类目的相关问题时，注意删格。

⑥应该避免将问题挤在一起而使问卷看上去更短的倾向。

步骤10：预调查。

①任何时候都要进行预调查。

②问卷的所有方面都应该经过测试，包括问题的内容、措辞、顺序、形式和布局、难度以及指示说明。

③预调查中的调查对象应该与实际调查中所包括的调查对象类似。

④通过使用人员访谈启动预调查。

⑤如果实际调查中要使用邮件、电话或电子方式，则还应该以这些方式进行预调查。

⑥预调查中应该包含各种各样的访谈人员。

3.5 抽样

3.5.1 抽样设计的步骤

抽样设计过程包括五个步骤，这些步骤紧密相关，并且与营销项目中从问题的定义到结果的表达等各个方面都相关。抽样设计决策应该与研究项目中的所有其他决策成为一个整体。具体步骤如下：

(1) 定义目标总体：目标总体指的是拥有研究人员所要寻找的信息的个体或物体的集合，推论就是由这些信息得出的，目标总体必须定义准确，不准确的目标总体定义将会导致研究无效，甚至导致误解。目标总体应该根据个体、抽样单位、范围和时间来定义。

(2) 确定抽样框架：抽样框架指的是目标总体中的个体的表示方法，由一份或一组用于识别目标总体的指示说明组成，如一本列出了某个行业的公司名的协会目录。

（3）选择抽样方法：研究人员必须决定是用贝叶斯方法还是传统抽样方法，使用替换抽样还是非替换抽样，是用非概率抽样还是概率抽样。

（4）确定样本量：样本量指的是研究中要包括的个体数目。确定样本量是一项很复杂的工作，涉及几个定性和定量的考虑因素。

（5）执行抽样过程：要求详细指定关于总体、抽样框架、抽样单位、抽样方法以及样本量的抽样设计决策如何履行。

3.5.2 抽样方法的分类

抽样方法可以被宽泛地分为非概率抽样和概率抽样。非概率抽样依赖于研究人员的个人判断、选择，研究人员可以任意地或有意识地决定将哪些个体包括进样本中。概率抽样随机选择样本单位，可以预先指定每一个可以从总体中抽出的给定大小的可能样本，以及选择每个样本的概率。抽样方法的分类如图1-8所示。

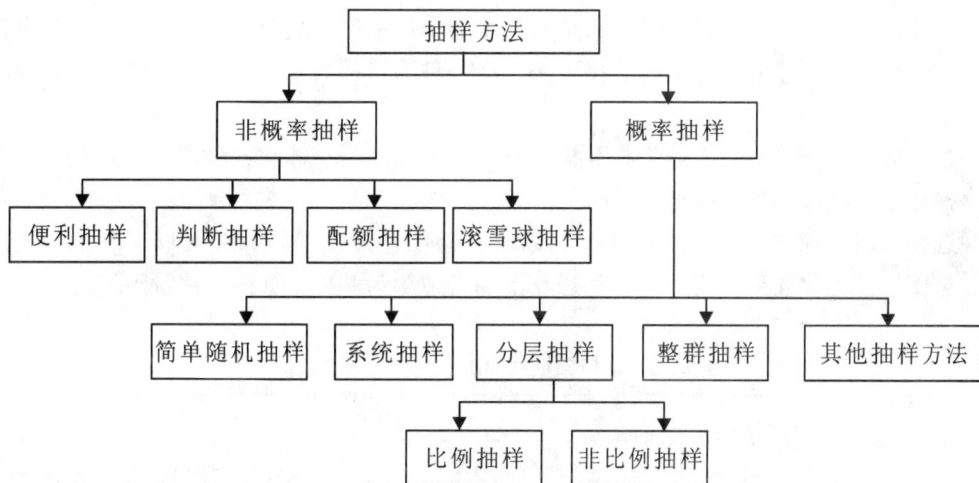

图1-8 抽样方法的分类

（1）非概率抽样方法。

便利抽样：试图获取一个便利个体的样本，对抽样单位的选择主要由访谈人员完成，通常被访者由于碰巧在恰当的时间正处在恰当的地点而被选中。此抽样方法的优点是成本最低、耗时最少，抽样单位易于接近、易于测量并且易于合作。它的局限性是存在许多潜在的选择偏差来源，包括被访者的自我选择。

判断抽样：是便利抽样的一种形式，即根据研究人员的判断选出总体中的个体。进行判断的研究人员或专家选出样本个体，因为他相信他们是总体的代表，或者能够作为代表。

配额抽样：可以看作两个阶段有约束的判断抽样。第一个阶段是确定总体中不同类别个体的配额。为了确定这些配额，研究人员列出相关的控制特征并确定这些特征在目标总体中的分布。在第二个阶段，在便利或判断的基础上选出样本个体。

滚雪球抽样：需要先选出一组最初的调查对象，在访谈之后要求这些调查对象推荐一些属于目标总体的其他人，然后运用同样的方法推荐选出后面的调查对象。这一过程可以通过一轮接一轮的推荐进行下去，形成一个"滚雪球"的效应。即使在选择最初的调查对象时使用了概率抽样，最终样本还是一个非概率样本。主要的目的是估计在总体中非常稀少的某些特征。

（2）概率抽样方法。

简单随机抽样：给予总体中的每一个个体一个已知且相等的抽中概率。每个特定规模的样本都有一个已知且相等的抽中概率，这意味着每个个体是独立于其他所有个体而被选择的，样本以随机的方法从一个抽样框架中抽出。

系统抽样：通过选择一个随机额起点，然后从抽样框架中连续地每隔 i 个个挑出一个，从而选出样本。通过将总体 N 除以样本 n 并将结果四舍五入到最接近的整数，可以确定出抽样间距 i。

分层抽样：是一个两阶段过程，总体被分割为子总体，或称"层"。各层应该相互独立，并且全体上没有遗漏，因为每个总体中的个体都应该被分配到一层，并且只分配到一层，且不应该遗漏任何个体。接下来，用一种随机的方法，通常是 SRS，从每层中选出个体。

整群抽样：将目标总体分为相互排斥且没有遗漏的子总体，或称群，然后根据一种概率抽样方法，如 SRS，选出各群的一个随机样本。

选择非概率抽样还是概率抽样应该以研究性质、抽样误差和非抽样误差的相对大小、总体的差异化程度，以及统计和操作上的考虑等为基础，如表 1 – 3 所示。

表 1 – 3　非概率抽样和概率抽样的选择依据

选择考虑方面	有利于使用的条件	
	非概率抽样	概率抽样
研究性质	探索性	归纳性
抽样误差和非抽样误差的相对大小	非抽样误差较大	抽样误差较大
总体的差异化程度	同质（差异化程度低）	异质（差异化程度高）
统计上的考虑	不利	有利
操作上的考虑	有利	不利

4　现场工作与数据收集

在这一步骤中，现场工作人员要与被访对象接触，填写问卷或观察表格，记录并提交数据。研究的设计者很少亲自收集营销研究所需的数据，而是通过建立自己的组织或者雇用调查公司两种方式收集，但数据收集都需要使用一些现场工作人员。

现场数据收集涉及选拔、培训以及管理现场工作人员，对现场工作进行核实，对现场工作人员进行评估。图 1－9 显示了现场工作和数据收集过程的一般框架。需要注意的是现场工作特点根据不同的数据收集方法而有所不同，而且在不同数据收集方法中各个步骤的相对重要性也有差异。

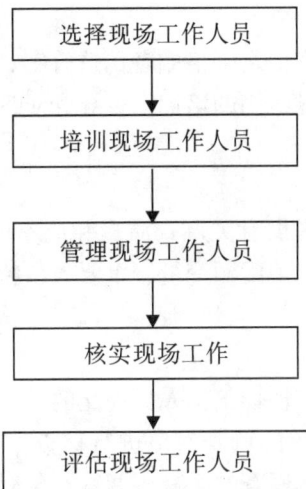

```
┌─────────────────────┐
│   选择现场工作人员      │
└─────────────────────┘
           │
           ▼
┌─────────────────────┐
│   培训现场工作人员      │
└─────────────────────┘
           │
           ▼
┌─────────────────────┐
│   管理现场工作人员      │
└─────────────────────┘
           │
           ▼
┌─────────────────────┐
│   核实现场工作         │
└─────────────────────┘
           │
           ▼
┌─────────────────────┐
│   评估现场工作人员      │
└─────────────────────┘
```

图 1－9　现场工作/数据收集过程

4.1　选择现场工作人员

项目负责人员应该根据数据收集方法编写出项目工作说明，确定现场工作人员应具备哪些特征，从而招募合适的人选。在可能的条件下，应当尽可能选择与调查对象特征匹配的调查员。对调查员的要求也因问题的性质和数据收集方法而异。但是，对现场工作人员有一些一般性的要求，如身体健康、性格开朗、善于沟通、相貌怡人、经验丰富等。

4.2　培训现场工作人员

培训现场工作人员对于提高数据收集的质量非常重要。这种培训可以在培训中心进行，如果调查员在地理分布上很分散，也可以通过邮件方式进行。培训能够保证所有的调查员以同样的态度对待问卷，以便收集的数据具有一致性。培训内容应该包括如何接触调查对象、如何问问题、如何追问、如何记录答案以及如何结束访谈。

4.3　管理现场工作人员

管理现场工作人员是为了确保他们严格按照培训中的指示进行调查，内容包括质量控制、抽样控制、作弊行为控制和中央办公室控制。

（1）质量控制。

对现场工作人员进行质量控制需要检查现场工作过程是否准确。管理人员应该亲自进行一些访谈工作，仔细检查回收的问卷，看是否所有的问题都有答案、是否存在不完整或不合格的答案、字迹是否清晰等。

（2）抽样控制。

抽样控制的目的是保证调查员严格按照抽样计划进行调查，而不是为了图方便而随便选取样本。

（3）作弊行为控制。

调查员很可能篡改部分答案使之合格或者伪造答案，甚至伪造整个问卷或不与调查对象联系就填写虚假答案。通过适当的培训、督导和对现场工作的核查能够尽可能减少作弊行为。

（4）中央办公室控制。

管理人员会向中央办公室提供有关调查质量和成本的信息，以便其了解总体进度。中央办公室还会进行包括统计有关配额变量、重要人口特征和关键变量答案等控制。

4.4　核实现场工作

核实现场工作意味着要证实现场工作人员提交的是真实的调查结果。通常为了进行验证，管理人员要对 10% ~25% 的调查对象进行核查，询问是否确实接受过调查员的调查，同时还需要了解实际进行调查的质量、调查对象对调查员的反映以及基本的人口统计信息，其中人口统计信息还可以用于核实调查员在问卷中记录的信息。

4.5　评估现场工作人员

及时对现场工作人员进行评估，对于他们了解自己的工作状况，以及寻找并建立更好、更高质量的调查队伍十分重要。评估的标准在进行培训时就应该明确告诉现场工作人员。对现场工作人员的评估应该以成本和时间、回答率、访谈质量以及数据质量为基础。不同的调查具有不同的调查难度，所以要评估现场工作人员，不能只通过成本和时间、回答率等绝对数字，而应通过比较不同的调查员，得到相对结果，这样才能客观真实地反映现场工作人员的工作水平。

5　数据准备与分析

通过问卷所获得的原始资料在被用于统计分析之前，必须转化成适合分析的形式。统计分析结果的质量与数据准备过程密切相关。数据准备过程，首先是检查问卷是否完整；其次是探讨数据编辑方法，以及如何处理不清楚、不完整、不一致的数据；最后讲述数据编码、转录和清理过程，强调如何处理缺失数据及进行统计调整。完成上述过程后，还要探讨如何选择适当的数据分析方法。

5.1　数据准备过程

数据准备过程见图 1 – 10。整个过程在研究设计阶段中预先准备的数据分析计划的指导下进行。数据准备的工作应该在现场工作仍在进行、第一批问卷返回时就着手进行。由此，如果发现任何问题，可以及时对现场工作进行调整。

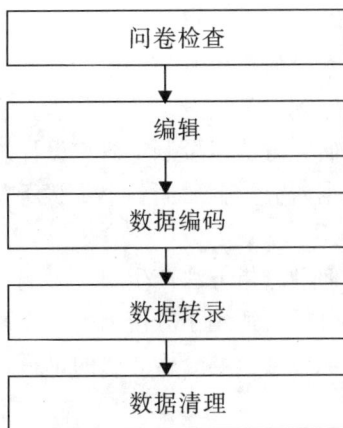

图1-10 数据准备过程

（1）问卷检查。

检查所有问卷填写的完整性和数据质量。现场回收的调查问卷可能出现的问题，包括问卷部分填写不完整、调查对象的回答表明没有明白问题的含义或没有阅读说明等。

（2）编辑。

编辑目的是筛选出问卷中看不清楚、不完整、不一致或模棱两可的答案。调查对象有时对非结构性问题可能因为记录不佳而导致一些答案字迹模糊，有的回答过短或意思含糊，难以解释。如果无法把问卷返回调查现场，有缺失值的问卷占的比重较大，而且此次调查抽样数量很大的话，可以考虑直接丢弃有缺失值的不合格问卷。

（3）数据编码。

数据编码是为每个问题的每种可能的答案分配一个代码，通常是一个数字，把所有调查对象的记录都储存在计算机文件中。使用 Excel 电子表格是录入数据的一种便捷方法，这样可以方便地将特定的列分配给具体的问题，每行包括一个调查对象的数据。

（4）数据转录。

数据转录涉及通过键盘录入把编码数据从问卷或转录纸转移到磁盘、磁带或计算机内。键盘输入法可能产生输入错误，因此有必要检查全部或部分数据，以便核实。数据核实工作可以通过核实机器或二次录入进行。第二个录入员再次输入已编码的问题，然后通过两个录入员输入数据的对比进行检查，出现差异时再纠正录入错误。

（5）数据清理。

数据清理包括检查数据一致性和处理缺失值。一致性检查是为了找出超出正常范围、逻辑上不合理或者极端的取值。调查对象在回答有关生活方式认可程度的问题时，备选答案有 1~5，9 表示缺失值，如果数据中出现 0、6、7 和 8，则应视为超出正常值域范围。缺失值就是某个变量的取值不明，原因可能是调查对象的答案不清楚或者记录不完整。处理缺失值的方法一般有均值代替、估计值代替、整例删除、结对删除等。

5.2 选择数据分析方法

数据分析方法的选择要以营销研究中其他步骤为基础。数据分析本身并不是研究的目的，目的是提供帮助解决特定问题的信息。数据分析方法的选择必须考虑到已经进行的步骤：定义研究问题、选择研究方法以及制定研究设计。应将研究设计部分指定的数据分析计划作为出发点，再根据研究过程后面各个步骤所获得的信息进行相应调整。

（1）了解数据特征。

数据的测量尺度将对选择何种分析方法产生很大影响。此外，研究设计也可能需要特定的分析方法。例如，方差分析就适用于分析因果研究设计的试验性数据。数据准备过程中获得的对有关数据的认识也会影响分析方法的选择。

（2）了解统计技术特征。

一些统计方法适用于分析变量之间的差异，一些统计方法适用于评估变量之间关系的重要性，还有一些适用于预测。不同的统计方法存在不同的假设，有的统计方法比其他的假设条件要宽泛。

（3）研究者的背景与习惯。

有经验、经过统计训练的研究人员可能使用很多统计技术，包括高级统计方法。研究人员在对待假设的态度方面也存在差异。比较保守的研究人员会谨慎地对待假设，选择有限的统计方法。总体来说，某个项目的数据可能存在多种适用的统计方法。

5.3 常用的数据分析方法

（1）频数分布。

通过频数分布可以很方便地观察变量的取值情况。频数表清楚易读，并能提供一些基本信息，但有时这些信息可能过于详细，需要用描述性统计量进行概括。基础数据分析能够提供有价值的发现，并能指导下一步数据分析及结果解释。对数据中的每个变量都要进行频数分布分析，给出与该变量所有取值有关的频数、百分比和累积百分比的表格，并从中发现特殊值、缺失值和极端值。频数分布的均值、中位数和众数是集中趋势测量指标，分布差异性则由全距、方差或标准差、变异系数和四分互差来描述。偏度和峰度可以提供对分布形状的基本认识。

（2）方差分析。

方差分析一般在两组或两组以上均值差异检验时使用。通常零假设为各组均值相等。例如，假设想要了解麦片的频繁使用者、普通使用者、少量使用者和非使用者对皇室麦片的偏好（用9级Likert量表测量）是否存在差异，零假设为4组在对皇室麦片的偏好上不存在差异，这可以用方差分析进行检验。最简单的方差分析必须有一个定量（用定距或比例尺度衡量）的因变量（对皇室麦片的偏好），以及一个或多个自变量（产品使用：频繁使用者，普通使用者，少量使用者，非使用者）。自变量必须都是定类的，定类自变量称为因子。一个因子水平或类别的特定组合被称为一种处理。单因子方差分析只涉及一个定类变量或单一因子。频繁使用者、普通使用者、少量使用者和非使用者偏好的差异可以通过单因子方差分析来检验。在单因子方差分析中，一个处理就相当于一种因子水平（如普通使用者就构成一种处理）。如果涉及两个或两个以上因子，就称为 n 因子方差分析。如果除了产品使用量外，研究者还想了解忠诚用户和非忠诚用户对皇室麦片的偏好差异，就可以进行双因子方差分析。

（3）回归分析。

回归分析是分析定量因变量与一个或多个自变量之间相关关系的有效且易用的方法。可以用来确定自变量是否能够解释因变量的重要变差，即二者之间是否存在关系；确定因变量中有多大比例的变差可以由自变量来解释，即关系的强度有多大；确定二者关系的形式，即与自变量和因变量有关的数学方程式；预测因变量的值；在评估特定变量贡献时，控制其他自变量的作用。尽管自变量可能解释一部分因变量的变差，但这并不表示必然存在因果关系。

6 撰写与提交报告

尽管市场调查研究报告的格式会因项目和读者的不同而有差异，但调研报告要把市场信息传递给决策者的功能或要求是不能改变的。因此，在长期的商务实践中逐渐形成了调查报告的常规格式。当然许多公司在其业务实践中会采用具有自己特点的报告格式，不同的专著或教科书也会对报告格式提出自家的建议。这里列出的写作格式是一种较为全面的常规格式，以供调研者参考。

一份完整的调研报告可分为三大部分：前文、正文和结尾。

（1）前文。

①封面。封面应包括报告题目、研究人员或组织的相关信息（姓名、地址和电话）、委托单位的名字和报告完成的日期。报告的题目应指明研究项目的性质。

②提交信。正式的报告一般包括提交信。提交信将报告转给委托方，总结研究者在完成项目过程中总的体会，但不提及研究结果。信中还应确认委托方未来需要采取的行动，比如说研究结果的实施或应当进行的进一步的研究。

③授权信。授权信是由委托方在研究项目开始之前写给研究者的。它授权研究者研究项目，并确定项目的范围和合同的期间。通常用提交信就足以代替授权信，但有时候在报告中有必要包括一个授权许可的副本。

④内容目录。内容目录应该列出标题和相应的页码，在许多报告中列出主要的标题和子标题。紧接着内容目录之后的是表目录、图目录、附件目录和展示目录。

（2）正文。

①研究问题。报告的这一部分提供有关所研究问题的背景，强调与决策者和行业专家进行的讨论，并讨论二手数据分析和定性分析的结果及被考虑的各个因素。另外，这一部分还应清楚地阐述管理层进行决策的问题和营销研究问题。

②研究方法。这一部分应讨论解决所研究问题的概括性方法。这一部分还应包括对指导这一研究的理论基础、所采用的分析模型、研究问题、研究假设和影响研究设计的因素的描述。

③研究设计。研究设计这一部分应详尽说明研究是如何进行的。这一部分应包括所

采用的研究设计的类型、信息要求、二手数据和原始数据收集、量表技术、问卷设计和预测试、抽样技术和现场工作。应尽量采用一种非技术性的、易于理解的方式阐述这些问题，技术性的细节可包括在附录中。这一部分应证实所选择的特定方法是合理的。

④数据分析。这一部分应描述数据分析方案并证实所采用的数据分析策略和技术是合理的。应使用简单、非技术性的语言对数据分析技术进行描述。

⑤研究结果。这一部分通常是一个报告中最长的部分，可能由几章构成。通常来说，结果不仅会在总体的层面上得以展示，还会在子群体的层面上（细分市场、地理区域）得以展示。研究结果的阐述应与营销研究问题和所确认的信息需求直接关联。主要的成果在正文中讨论，而细节则通过图表来阐明。

⑥研究局限和忠告。由于时间、预算和其他组织的约束，所有的营销研究项目都带有一些局限性。另外，研究设计可能由于各种误差的存在而有所局限，有些误差可能是很严重的，必须加以讨论。

⑦结论和建议。仅仅对统计分析结果进行总结是不够的。研究者应根据所研究的问题，利用研究结果得到主要的结论。在研究结果和结论的基础上，研究者可以向决策制定者提出建议。所提出的建议应该可行、实际、可操作，并可直接被用到决策制定中去。

（3）结尾。

①执行总结。执行总结是报告中极其重要的部分，因为高层管理人员通常只阅读报告的这一部分。执行总结应准确地描述研究问题、研究方法和研究设计。执行总结应包括主要结果、结论和建议。执行总结应写在报告完成之后。

②附录。附录通常包括的内容有调查提纲、调查问卷和观察记录表、被访问人（机构单位）名单、较为复杂的抽样调查技术的说明、一些次关键数据的计算、较为复杂的统计表和参考文献等。

模块 二 》 实习内容

1　深度访谈

深度访谈是一种无结构的、直接的、一对一的访问形式。访问过程中，由掌握访谈技巧的调查员对调查对象进行深入的访问，用以揭示对某一问题的潜在动机、态度和情感，最常应用于探索性调查，是探索性调查的方法之一。

1.1　实习目的

使学生掌握深度访谈的基本知识和技能，对深度访谈所需的相关资料和流程有初步接触，增加学生对深度访谈及相关访谈方法的了解。

1.2　实习步骤

（1）深度访谈通常需要根据访谈目的拟定提纲，访谈流程按事先拟好的提纲进行，这种提纲列出了一些根据文献和研究者个人经验认为应该了解的各方面的问题。但提纲通常只起到某种提示作用，访谈的实际进程仍有相当大的灵活性和变化性。

（2）调查员需邀请调查对象进行访谈，准备访谈的记录工具。调查员先从一个一般性的问题开始，如"您到百货商店购物有何感受"，然后鼓励调查对象自由谈论他对百货商店的态度。问了第一个问题之后，调查员采用一个非结构化的形式，后面的访谈方向取决于调查对象的最初回答、调查者的深层探究以及调查对象的答案。假设调查对象对第一个问题的回答是"对购物不再有兴趣"，调查员就应该问"什么原因导致您对购物不再有兴趣？"如果回答不是很有启发性，"兴趣已经从购物中消失了"，调查员可以追问"以前购物为什么有兴趣？""发生了什么变化？"虽然调查员试图遵从一个大致的提纲，但问题的特定用词以及提问顺序受调查对象的答案的影响。追问对于得到有意义的答案以及揭示隐藏的问题很重要。

（3）对访谈记录和录音等原始访谈信息进行整合，最终形成访谈报告，以供进一步的探究或验证。

1.3　实习重点

（1）访谈前期准备：模拟访谈与修整提纲，对访谈调查员进行培训；

（2）访谈中技巧：洞察受访者的真实想法，追问对于得到有意义的答案以及揭示隐藏的问题很重要；

（3）访谈后报告：对访谈的真实信息进行整理，提供有依据的假设与有启迪性的建议。

2　问卷调查

问卷又称调查表，是社会调查研究中收集资料的一种工具，是以问题的形式系统地记载调查内容的一份问题表格，其实质是为了收集人们对于某个特定问题的态度、行为特征、价值观、观点或信念等信息（如顾客满意度）而设计的一系列问题。问卷调查也称问卷法，是设计者运用统一设计的问卷向被调查者了解情况或征询意见、收集信息的调查方法，按问卷收发形式的不同，主要分为访问问卷、电话问卷、网络问卷以及邮寄问卷等。

2.1　实习目的

使学生掌握问卷调查的基本知识和技能，实际操作问卷调查，参与收集所需的相关资料和实施流程，增加学生对问卷调查实际操作的了解，并进一步对调研结果进行分析，得出与调研问题相关的结论。

2.2　实习步骤

通过团队合作并根据调研目的，设计出合理的问卷调研方案，执行调研、制作报告和展示调研结果。

（1）根据调研目的设计问卷形式及问卷内容，调研的目标群体和条件限制决定了问卷调查的形式，而问卷内容则直接决定了调研结果的有效性；

（2）实施调研，并将问卷数据收集、录入、整理等，最终将问卷数据转化为可供分析的数据形式；

（3）根据调研目的，对整理过的问卷数据进行分析，得出目的相关信息或结论；

（4）根据问卷调研过程和结论，进行总结并制作报告，最终进行调研结果的展示。

2.3　实习重点

（1）选择合适的问卷方式或被试，错误地选择被试会直接导致调研结果的无效；

（2）科学地设计问卷，确保被试能准确理解问题，确认问卷的有效性，如被试是否认真完成问卷内容；

（3）掌握数据分析的基本理论及相关知识，在实践中规范使用数据分析方法，得出正确的分析结论。

3　数据分析

数据分析是指用适当的统计分析方法对收集来的大量数据进行分析，是为提取有用信息和形成结论而对数据加以详细研究和概括总结的过程，数据可以是从问卷调研等过程中获得的一手数据，也可以是来自如企业年报、年鉴中的二手数据。

3.1 实习目的

使学生利用所学数据分析的基本知识，进行数据分析的实际操作，参与收集数据分析所需的相关资料和数据，提升学生将数据分析方法应用于实践的能力，并进一步对数据分析结果进行总结，得出与分析问题相关的结论。

3.2 实习步骤

（1）进行数据收集与整理，收集二手数据或问卷调研等获得的一手数据，将数据转化成待分析的数据形式；

（2）利用学校或课后学习的数据分析方法，如多元回归分析等，对数据进行分析，确保所使用的方法对于所分析的问题和数据形式是合适的；

（3）根据问题分析和数据分析的结果，撰写问题分析报告，并进行汇报。

3.3 实习重点

（1）规范地收集数据，将数据转化为可分析的数据形式；

（2）要求学生掌握良好的数据分析理论基础和技能，确保分析过程的准确性；

（3）理解数据分析的结果，得出与分析结果相吻合的结论。

4 调研报告撰写

调查报告是对某项工作、某个事件、某个问题，经过深入细致的调查后，将调查中收集到的材料加以系统整理和分析研究，以书面形式向组织和领导汇报调查情况的一种文书。调查者在对特定对象进行深入考察了解的基础上，经过准确的归纳整理、科学的分析研究，进而揭示事物的本质，得出符合实际的结论，将整个调查研究的成果用文字形式表现出来，由此形成汇报性的应用文书。它是调查研究成果的传递工具，是其转化为社会效益，发挥社会作用的桥梁，能为制定决策和调整决策提供基本依据。

4.1 实习目的

学生通过调研，最终将所得结果以调研报告的形式汇报给上级，学会根据调研问题和数据分析或访谈的信息处理的结果提出有依据的结论，并进行描述与讨论，解释问题产生的原因，分析问题的症结所在，提出解决问题的思路和方法。

4.2 实习步骤

（1）对调研结果进行深入分析和探讨，确认调研结果的有效性；

（2）对调研结果进行描述与讨论，解释问题产生的原因，分析问题的症结所在，提出解决问题的思路和方法，并对调研过程进行反思，总结调研过程中的不足；

（3）向上级汇报，获得反馈，进行下一步探究。

4.3 实习重点

（1）学生必须通过培训和自学等形式，掌握规范的报告撰写基本技能；

（2）对调研问题的分析必须建立在对客观数据等的准确分析之上，保证问题分析的准确性，思考并汇报调研过程中的不足；

（3）通过问题分析，提出具有可行性和建设性的意见。

【案例】广百百货竞争力调查

一、引言

在广州零售市场上，其他零售业态对百货业态的挤压、替代效应日趋明显，超级市场、仓储商店、电器专营店、家居中心等新型业态的出现，使百货商店经营食品、家用电器、家具、日常生活必需品丧失竞争优势。百货商店过多发展，雷同化的经营结构和营销手段导致恶性竞争。同时，普遍存在的效益不高、经营状况较差的情况也让各家百货商场地位颇为尴尬。如何找到自有的经营着力点、打造自身与众不同的竞争力、创造良好的品牌形象以及优质的商业美誉和舒适的店面购物氛围，都是现在广州各大百货商场要面对的种种问题。其中最重要的问题是，在加速活跃的零售市场中，百货商场如何进行经营策划规划。广州百货企业集团有限公司在零售业中拥有全国大型零售百强企业、上市公司广州市广百股份有限公司，连锁门店达30家，形成广百百货、新大新百货、GBF风尚广百、广百新一城等多品牌、多业态协同发展模式，如何在现今的零售业发展环境中进一步挖掘利润增长点和实现优质资源良性整合是广百面临的新局面。为了保证广百进一步迅猛发展的态势，打造未来持续性的核心竞争力，需要对广百百货的消费者形象进行探究，并制订出合适有效的营销方案。

二、调查目的

本研究的目的是评估广百百货与其主要的直接和间接竞争者相比的优、劣势。研究的最终目的是制订营销方案，以增加广百的销售额，并提高利润。

本研究考虑的商店包括百货商店、全国性连锁店、折扣店，确定出广百的几个主要竞争对手。本研究采用非隐蔽性问卷，通过入户调查方法对在某一城市地区抽取的便捷样本进行调查。需要打分时，一律采用7级量表（要求调查对象从1到7的数字中选某一数字画钩）。

研究人员需要调查以下方面：①顾客对不同类型商店的熟悉程度；②家庭成员在每个商店购物的频率；③选择百货商店时考虑的每个因素的相对重要程度，这些因素可以是商品质量、种类、退赔条款、人员服务、价格、店址的便利程度、商店布局、信用与收款政策；④对不同类型商店的上述指标进行评估；⑤每个商店的偏好评分；⑥对不同类型商店的偏好排序（从最喜欢到最不喜欢）；⑦标准的人口统计特征（年龄、受教育程度等）；⑧姓名、地址和电话号码。

本研究使委托单位了解顾客对百货商店的认知与偏好，找出在影响顾客选择的因素和产品种类方面的弱点，为广百百货制订出克服这些弱点的营销方案，最后提出获得理想商店形象的定位策略。

三、研究模型及问题

根据研究目的，需要建立相关的分析模型来帮助研究者确认相应的研究问题与假设。本项目建立的模型有三种，文字模型、数学模型和图示模型。文字模型：顾客首先要知道这家百货商店，然后根据选择标准中的各因素对商店进行评价，由此对商店有一定的了解，根据这些评价，顾客形成了对商店的偏好程度，如果偏好足够强的话，顾客就会光顾商店。数学模型：$y = a_0 + \sum_{i=1}^{n} a_i x_i$，其中，$y$表示偏好程度；$a_0$，$a_i$表示需要进行统计估计的模型参数；$x_i$表示构成选择标准的商店回顾问题。而图示模型如下：

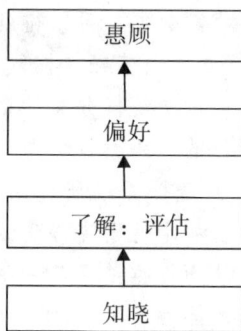

图 1-11　研究模型图

上述的文字、图示和数学模型用不同方式描述同一现象或理论框架，三种模型是互为补充的。文字模型描述的商店惠顾现象可以用图示模型表示得更加清晰，图示模型对于研究思路和方法的概念化尤其有用，而用数学模型便于统计估计和检验。

由研究模型便可较为具体化地描述出本项目的营销研究问题。总的营销研究问题是通过比较几家主要的竞争者来确定广百的相对优势和劣势，比较的内容是影响顾客光顾的主要因素。针对不同的内容，研究人员应当收集相应的信息。具体的研究问题主要有以下几点：

（1）家庭选择百货商店的标准是什么？请调查对象对每一标准对于其商店选址的重要性打分。

（2）这些家庭是如何评价广百和其他竞争者的？请调查对象就选择标准对广百和它的竞争对手打分。

（3）当顾客想要购买某一个特定的产品时，他们通常会光顾哪家商店？指定的产品类别是这部分内容的核心。研究可以在15个不同的产品类别中选择，包括女士时装、女士运动装、女士内衣、女士饰物、男士服装、化妆品、珠宝、鞋、被单、毛巾、家具、寝具和悬挂饰品等。要询问调查对象是否在这些商店购买过这15种商品。

（4）对于某一特定的商品类别，广百和其竞争者的市场份额各是多少？这部分不需要从调查对象处获取，而是由企业提供的相关行业竞争信息得到。

（5）广百百货商店顾客的人口统计特征和心理特征是什么？这与竞争者的情况相同吗？需要从调查对象处获取的信息包括商店忠诚度、信用情况、外观意识以及购物与用餐的结合情况等。

　　(6) 可以用对商店的评价和顾客的特征来解释商店光顾情况和顾客对商店的偏好吗?

　　项目活动:根据广州目前百货商店的竞争形势,从百货商店、全国性连锁店、折扣店三种类型中选取出广百百货的主要竞争者,并作为本项目的对比对象。

　　四、确定调查方法

　　1. 探索性研究设计

　　在本项目中,研究人员收集原始数据之前,可以充分利用已经存在的二手数据。有关家庭选择百货商店所用标准的二手数据可以从相关研究和学术论文中获取。对广百的内部二手数据进行大量分析,如销售额数据,可以得到广百按产品线分类的销售额、按部门(如男式服装、家用器皿)分类的销售额、按现金与信用卡支付方式分类的销售额、按特定时间段分类的销售额、按购买规模分类的销售额。

　　项目活动:列出可以用于本项目的二手数据类型,并指出从中可以得到的信息。

　　与二手数据分析一样,定性研究是探索性研究所用的一种主要方法。在专题组座谈、深度访谈和影射法中选择本项目的定性研究方法,这里以深度访谈为例。调查员对单个的调查对象进行深入的面谈,从而挖掘关于某一主题的潜在的行为动机、信念、态度和感受。调查员先从一个一般性的问题开始,如"您到百货商店购物有何感受",然后鼓励调查对象自由谈论他对百货商店的态度。问了第一个问题之后,调查员采用一个非结构化的形式,后面的访谈方向取决于调查对象的最初回答、调查者的深层探究以及调查对象的答案。假设调查对象对第一个问题的回答是"对购物不再有兴趣",调查员就应该问"什么原因导致您对购物不再有兴趣?"如果回答不是很有启发性,"兴趣已经从购物中消失了",调查员可以追问"以前购物为什么有兴趣?""发生了什么变化?"虽然调查员试图遵从一个大致的提纲,但问题的特定用词以及提问顺序受调查对象的答案的影响。追问对于得到有意义的答案以及揭示隐藏的问题很重要。

　　项目活动:讨论定性研究在本项目中的作用,根据定性研究的目的,拟定一个专题小组座谈提纲。

　　2. 结论性研究设计

　　因为项目涉及各种各样的问题,有些问题很复杂,需要收集的数据量相对较大,但获取的信息不具有敏感性或威胁性,所以本项目选择入户人员访谈的结论性设计方法。问题的复杂性和所需数据量较大也使得项目不适宜采用电话访谈、商场拦截访谈和电脑辅助人员访谈。邮件调查由于其回答率低和所需信息的复杂性而被排除了。假如所需的信息复杂,那么邮寄固定样本组调查也不适用,同样自填问卷也不合适。

　　本项目在一定程度上也使用观察方法。调查人员通过观察汽车牌照,可以确定购物中心的核心商圈。这些观察帮助商家了解其顾客居住的范围。观察员记录停车场上汽车的牌照号,将这些号码输入计算机并与汽车注册数据匹配,可以产生按普查小区或邮编划分的顾客分布图。这些信息和人口统计信息结合可以帮助连锁百货商店确定新的店址、户外广告的地址和直邮广告的投递范围。拍照观察研究的成本较低,而且比直接询问的方法更快、更可靠。

　　项目活动:列出可以用人员和机械观察确定广百百货的顾客偏好的具体方法和可以

获得的信息。

五、实施调查过程

本项目中的问卷被分为四部分。A 部分包含了资格认证的问题、关于熟悉程度的信息、购物的频率、对不同商店关于选择标准因素的评价，以及对不同商店的偏好评分；B 部分包含了关于每个选择标准因素的相对重要性的问题，以及对不同商店的偏好排序；C 部分获取了关于生活方式的信息；D 部分获取了标准人口信息。每一部分的问题应该有编号。

本项目的调查目标总体定义如下：个体——家庭中负责在百货商店的大部分购物工作的男户主或女户主；抽样单位——家庭；范围——广州市；时间——××××年。在具体抽样调查中，通过判断选出了市区内的 20 个有代表性或者典型的小区。在每个小区中，选出 10 个家庭作为我们的调查目标。在小区内随机抽取住宅单位调查，但是，如果遇到了以下任何一种情况：被访者不在家、被访者拒绝合作，或者没有找到具备资格的被访者，就去下一个住宅单位。每完成一个小区后，到下一个指定的小区去，并遵循同样的程序获得所要求的完成访谈的数目。

设计好问卷并确定抽样方法后，便可进行实际的现场调查工作。本项目采用个人入户访谈的方法，调查员由营销研究课程的选课学生担任。对现场工作人员的培训包括：①作为调查对象自填问卷；②调查其他几位同学并填写问卷。向每位调查员提供撰写好的详细调查指南。而现场的督导工作由每日跟踪调查活动的研究生负责，由他们对全部调查对象进行电话核实，以便确认调查员对他们进行了调查，并对他们的参与表示感谢。最后由本项目的负责老师对所有调查员和督导员进行评估。

项目活动：设计出具体的问卷并进行预调查。

六、进行数据分析

本项目中，数据收集采用入户人员访谈的方式。调查员上交问卷后，由督导员进行编辑，首先检查问卷填写是否完整、一致，答案是否清晰。不合格问卷将返回调查现场，由调查员再次联系调查对象以获得必要信息。剔除问卷中缺失值比例过大的问卷，确定最终的样本规模。对于完整的问卷，我们需要为问卷编码编制一套编码字典。首先对 25% 的数据进行输入错误的检查，通过确认超出正常范围和逻辑上不合理的答案，对数据进行清理，用 9 代表缺失值。如果含有缺失值的样本量很小，同时样本规模足够大，那么含有缺失值的问卷就可以被整例删除。在对数据进行统计调整时，将分类变量转变成虚拟变量，并根据原始变量生成一些新变量。例如，对选取的几家百货商店熟悉程度的评分进行加总，可以生成熟悉度指数。

完成了相关的数据准备工作之后，研究人员就应该进行一些基本的数据分析。基本的数据分析为进一步的多元分析奠定了基础。数据分析从获得每个变量的分布和描述性统计指标开始，可以提供对数据的初步认识，主要通过相关变量的频数分布情况获得。如果考察的是两组的变量对有关定量变量的影响，一般通过 t 检验和其他假设检验实现。

进行基础的数据分析后，还应用多元回归建立模型，解释调查对象对商店选择标准的评估结果与店铺偏好之间的关系。因变量是对每个商店的偏好，自变量则是对每个店铺商品质量、商品多样性、商品摆放、退换货政策、店内人员服务、价格、地点便利性、店铺格局，以及信用和付款政策等方面的评价。检验选择标准对店铺偏好是否有显著影响。如果所有变量的系数都是正的，说明对各个显著因子的评价越高，对该店铺的偏好就越强。如果模型具有较好的拟合程度，说明其预测店铺偏好的能力较强。

项目活动：①计算每个熟悉程度变量的频数分布和所有的描述性统计指标；对已婚者和未婚者在总熟悉程度上是否有显著差异进行参数和非参数检验；对调查对象对广百和另一商店的总熟悉程度是否有显著差异进行参数和非参数检验。②对以广百的偏好程度作为因变量，选择标准因素为自变量，进行多元回归，解释结果。

七、撰写调查报告

调查报告是整个调查工作，包括计划、实施、收集、整理等一系列过程的总结，是调查研究人员劳动与智慧的结晶，也是企业需要的最重要的书面结果之一。它是一种沟通、交流形式，其目的是将调查结果、战略性的建议以及其他结果传递给管理人员或其他担任专门职务的人员。能否撰写出一份高质量的调查报告，是决定调查本身成败的重要环节。因此，认真撰写调查报告，准确分析调查结果，明确给出调查结论，是报告撰写者的责任。市场调查报告要按规范的格式撰写，一个完整的市场调查报告格式至少应由题目、目录、概要、正文、结论和建议、附件等组成。

经过前面几个部分的项目活动，我们对本项目的调查背景与目的、研究问题、研究设计和研究方法等都已经较为明确。因此在完整调查报告撰写的环节，我们只需要对这些内容按照调查报告的规范格式进行整理，并清晰呈现即可。而调查数据分析结果、研究结论和建议是调查报告的核心内容，这些内容的内涵和质量非常关键，直接体现本项目的价值和意义所在。数据分析结果是通过文字、图表等形式将调查结果表现出来，使人们对所调查的现象或问题有一个全面系统的了解和认识。调查数据经过统计分析之后，只是为我们得出有关结论提供了基本依据，只有将调查研究成果用文字形式表达出来，才能使调查服务社会，因此研究结论和建议是调查结果的集中表现。

项目活动：撰写一份本项目的完整调查报告。

模块三 实习组织

1 实习目的、对象与要求

进行教学实习是高等教育教学内容的重要组成部分,是对学生的能力及各方面知识的全面检验,能进一步提高学生的知识水平、完善学生的能力结构以及帮助学生增加对社会发展现状的了解,把理论知识运用到实践中去。

1.1 实习目的

通过实习工作的实际锻炼,学生能够运用所学的基本理论、基本知识和基本技能,检验自己的学习质量,培养独立从事工作的能力。同时,通过实习,学校有机会检验自己的培养质量,不断改进教学工作。具体内容如下:

(1)让学生全面了解市场调查工作,充分掌握理论知识。

(2)让学生深入社会工作实践,调查广百百货市场,运用所学的理论方法,研究分析广百百货的具体市场情况,发展学生智力和个性,培养和提高从事市场调查的基本能力。

(3)让学生能按计划独立地工作,并表现出创造性,了解市场中某一方面的实际情况,进行分析,探求其本质和规律,做好市场调查。

1.2 实习对象

(1)专业:市场营销、电子商务、工商管理、旅游管理等。

(2)年级:大学三年级。

1.3 实习要求

(1)充分认识课程实习的重要性,填写实习任务书,并按实习任务书的各项内容开展实习活动,多向相关人员请教,做到踏实、谦虚、认真。

(2)对市场调查理论基础知识有较深入的了解,能将课程实习内容与理论相联系,用理论指导实践。

(3)在实习过程中,认真思考市场调查工作中遇到的疑惑和难题,并通过研讨会与其他同学和老师进行讨论,寻求解决方案。

(4)每天填写实习日志,记录当天的主要实习内容、实习情况和实习收获,实习结束后将实习日志交给指导教师检查。

(5)谨慎行事,注意人身安全、公共财产安全,遵守社会规范和相关规章制度,要体现出大学生的精神文明风貌,不要做有损学校荣誉的事,有事及时向相关的指导教师汇报。

2　实习组织与训练

班级学生 3~5 人一组，由指导教师带领学生到广百开展实习并引导学生操作，小组学生针对提前布置的实习任务进行观察和记录，并进行研讨，形成讨论记录。实习过程中，教师应开展以下工作：

（1）讲述市场调查实习的目的；

（2）帮助学生理解市场调查的基本方法与原则；

（3）指导学生实地调研；

（4）帮助学生通过实践加深对理论的理解，并将理论应用于实践。

3　实习考核与报告

实习生最终实习成绩的考核应是各个实习环节成绩的综合结果，其考查原则主要依据实习生的各项业务能力和思想意识是否有所提高。实习是一个过程，必须用发展的眼光看待这个过程。实习生在实习期间必须撰写关于广百百货的市场调查报告并完成暨南大学学生教学实习成绩考核表。

考核表中的评定等级按"A（90~100 分）、B（80~89 分）、C（70~79 分）、D（60~69 分）、E（60 分以下）"五级评定。

（1）个人鉴定。

实习生本人根据自己在实习全过程中的表现和体验，按照评定标准进行自我鉴定。

（2）小组评定。

以实习小组为单位，在个人鉴定的基础上，结合在实习过程中的表现，进行小组评定。

（3）指导教师评定。

指导教师根据实习生在实习全过程中的表现，按照评分标准进行评分，写出评语。

（4）学院评定。

学院对每名实习生的综合能力给出评语。

（5）学院对实习生综合能力的评价。

根据前四项结果，结合实习生在校表现以及在实习单位各项工作的实际表现，评定实习生最终的实习成绩。

项目二 百货店品牌招商

模块一 知识要点

1 品牌定位及品牌组合

品牌（Brand）是给拥有者带来溢价、产生增值的一种无形的资产，其载体是用以和其他竞争者的产品或劳务相区分的名称、术语、象征、记号或者设计及其组合，是可以有别于竞争对手的标识、广告等构成公司独特市场形象的无形资产。

1.1 品牌定位

品牌定位是指企业在市场定位和产品定位的基础上，对特定的品牌在文化取向及个性差异上的商业性决策，是建立一个与目标市场有关的品牌形象的过程和结果。换言之，即指为某个特定品牌确定一个适当的市场位置，使商品在消费者的心中占领一个特殊的位置，当消费者突然产生某种需要时，随即想到的品牌。

品牌定位是品牌与这一品牌所对应的目标消费者群建立的一种内在的联系，是品牌经营的首要任务，是品牌建设的基础，是品牌经营成功的前提。品牌定位是市场定位的核心和集中表现。企业一旦选定了目标市场，就要设计并塑造自己相应的产品、品牌及企业形象，以争取目标消费者的认同。由于市场定位的最终目标是实现产品销售，而品牌是企业传播产品相关信息的基础，还是消费者选购产品的主要依据，因而品牌成为产品与消费者连接的桥梁，品牌定位也就成为市场定位的核心和集中表现。

1.2 品牌组合

品牌组合是指一个组织所管理的所有品牌，包括主品牌、担保品牌、子品牌、品牌化的差异点、联合品牌、品牌化的活力点及公司品牌。

企业在进行品牌组合时主要考虑：①品牌组合中的品牌是否存在重叠或不足；②是否能够在不影响利润增长的情况下剔除一个品牌；③是否有一个优势品牌能够带动某一市场的开发；④是否有一品牌可以作为其他品牌的后盾（防御品牌）；⑤是否有一个区域品牌和全球品牌的最佳组合等。总的来说，涉及品牌组合的数量和质量（构成或关系）问题。

　　品牌组合实质上是市场的组合，一个企业需要多少个品牌首先取决于它要满足多少个市场，以及这些市场的差异性；品牌组合也是一个资源组合，拥有品牌数量的多少还取决于企业资源的丰富程度；品牌组合也是一个盈利组合，它的数量多寡取决于这些品牌在市场上的表现和盈利能力。所以需要对其进行管理，使品牌在数量上的组合能够适应企业的资源状况，能够实现企业预期的市场目标。

2　百货店品牌联营模式

　　目前我国百货店采用的经营模式主要有自营、租赁场地和品牌联营三种。其中品牌联营模式近年来被越来越多的百货店采用，渐成主流。

2.1　品牌联营模式的概念

　　所谓品牌联营模式是指以招商的方式，引知名品牌进店，由各品牌生产商或代理商分别负责具体品牌的日常经营，店方负责商店整体的全面运营管理，除收取与面积有关的场地使用费、物业管理费等固定费用外，同时推行保底抽成的结算办法。采取品牌联营经营模式的百货店约占80%，已经成为我国百货店的主流经营模式。

　　品牌联营既不同于传统意义上的百货自营模式，也与简单将场地租赁给品牌不同。

　　采取自营模式的百货店的运营模式是集中采购、进销分离；交易方式往往为订单制、定牌制、经销制、代理制。

　　而实行品牌联营的百货店则不同，其运作方式主要体现在以下几个方面：

表 2-1　品牌联营运作方式

招商方式	品牌联营模式所销售的商品是通过招商的方式获得。百货店立足于自身的形象定位及卖场面积，在对不同业种做了空间安排的基础上，进一步对同一业种所要引进的具体品牌做基于市场细分的选择性规划，然后通过公开招商的方式引进品牌供应商。这种运作方式确保了整个卖场的中高档定位和品牌力度，以及业种之间的关联与互补
运营方式	自营模式的促销活动通常由百货店独立完成；租赁场地模式的百货店的运营只是单纯的物业管理，几乎没有整体的促销活动；品牌联营模式则通过推出层出不穷、富有创意的宣传促销活动，来满足目标顾客对商品品质及其所蕴含的服务、文化等的全面需求。这些宣传促销活动是由所有品牌专柜参加的集体经营行为，并依据相应的标准分摊由此发生的费用。统一的宣传促销活动将各个品牌专柜的单独力量凝聚成一股强大的促销能量，激发目标顾客的即时购买欲望，提升单柜销售业绩的同时，塑造整体对外形象

（续上表）

财务管理方式	品牌联营模式采取统一收银，在电脑系统中保存各类销售数据，真实地反映日常销售，并据此分析品牌专柜以及整个卖场的经营状况，及时推出行之有效的促销活动，定期清理经营不善的专柜。这使得品牌联营模式彻底规避了租赁场地模式难以有效控制销售终端的问题，同时统一收银也为保底倒扣提供了现实基础，有效地保护了百货店的利益
利润实现方式	品牌联营模式依据与品牌供应商签订的保底倒扣协议实现利润。具体而言，保底是指品牌专柜承诺每月销售必须达到一个双方约定的最低营业额，以保证百货店的基本运行费用。倒扣是指在品牌专柜有了营业额的基础上，百货店扣除一定比例的提成作为收益，此即百货店的毛利额，而各卖场加权平均的扣率即综合毛利率

2.2 品牌联营模式的特点

自营模式的百货店，利润来自所经销商品的进销差价。百货店可以凭借完善的硬件设施和优质的面对面服务提高加价率，进而可能获得较高的利润。传统百货店通过商品采购获得商品的销售权。它依据自身定位来确定商品类别和商品品种，然后通过销售额预测和对存货周转率的预期制订商品采购计划，进而寻找合适的供应商，以合适的价格实现采购。

租赁场地模式大多由租赁业主自行收款，即使采取统一收银也只是便于获得销售数据，但因其仅为单纯的物业管理，并不能对租赁业主产生很大的影响。

品牌联营模式从表现形式上看似乎与租赁场地模式较为接近，但它所具有的整体协调与控制能力绝非租赁场地模式的单纯的物业管理所能企及。同时店方不再直接参与商品的采购与定价，业务主要集中在遴选目标品牌并与供应商进行有关扣率和合作条件的谈判上。

在百货店的品牌联营模式下，不同百货店的差异就表现在不同的品类组合与不同的品牌组合。品牌联营模式可以概括为统一布局，统一管理，统一形象，统一营销，统一收银。它既规避了传统百货经营上的风险，又在一定程度上克服了租赁场地模式管理上的弊端。

3 品牌招商的前期准备

品牌招商的目的是吸引知名商家，出租经营场所的使用权，更好地提高项目的整体市场吸引力。

3.1 了解项目及周边状况

从整个行业来看，应有从大往小看的逻辑，首先看看几个一线城市的百货业情况，然后展开该地区全方位的市场调研工作，从"城市消费习惯""业态""高、中、低档"

"商圈""传统、时尚""改造""销售业绩"等着手分析；分析不同城市、不同商圈、不同业态、不同档次、不同定位的异同点。主要包括以下方面：

表2-2　品牌招商市场调研

项目情况	详细描述
地理特性	商场位置、交通动线
消费特性	消费习惯、消费能力、消费结构、消费趋向
品牌认知	该地区受众品牌及缺失品牌
竞争对手	商圈内及周边商圈现有商场物业、经营状况
市场评估	市场接受状况分析
项目定位	交互式分析、差异性定位
功能布局	经营品类选项、品牌布局

百货店品牌招商要清楚自身的实力、知名度、在厂商中的信誉，以及位置的好坏、周边市场状况，这些都是影响招商工作的很关键的因素，只有清楚地知道自己的实际情况，结合市场实际情况，才可能制定合理的招商条件，并在招商过程中逐步修改完善条件，从而如期进行招商工作。

科学定位是招商成功的前提，如何制定最佳商品策略，如何执行市场调查，需要全面而科学的开店市场调查、运营市场调查。分析周边的竞争对手，哪些顾客群是商家将来的争取重点，我们怎样才能为这些顾客创造更大的价值，等等。

3.2　科学制定招商策略

招商策划和承租户的选择是百货店未来能否成功经营的关键，在招商过程中，有必要对每个承租户进行分级评价，预测他们的经营前景，作为店面出租的指导：①承租户的选择要确保租金的来源；②需要保证购物中心的商品种类的完整性；③需要保证购物中心经营项目的多样性与综合性。

将客户进行分类处理，针对不同级别客户制定不同的招商政策，根据公司资源及自己的资源，科学地规划品牌招商方案。把厂商分为A、B、C三类：A类为最理想的品牌，策略是全力招募；B类为A类品牌的暂时替代品牌，是对A类求之不得的次优选择；C类为勉强可以替代的品牌，但是就算招商完成了，都一定要朝B、A类开拓。

了解各品牌的主力品牌、品牌风格、品牌年龄段、品牌价位段、品牌生命周期、品牌代理权限分布、品牌市场开发情况。深入研究各企业的背景、资历、资金、模式、人力资源、供应链、品类布局、品牌布局等。进行主力品牌厂商设店意愿调查分析，拟定受访厂商名单，了解受访厂商对本项目的看法，受访厂商设店意愿，有意愿厂商的实力、设店规模，结合厂商意见访谈，进行厂商意见分析。

根据该区域风格及价位、档次界定拟引进品牌范围，从搜集的资料中进行挑选。在前期的市场调查中提取资料，对拟引进品牌进行详细分析研究。

3.3 充分掌握对方情况

招商人员要充分了解谈判方品牌的详细情况，首先要知道目标品牌在全国市场的销售情况，市场占有的份额，该品牌的发展趋势，目前处于何种状态（是新生的品牌，还是成熟的品牌，还是已经进入弱势的品牌），该品牌追求何种风格，目标顾客是什么样的人群，覆盖面的幅度，都有哪些款式，是否符合公司的市场定位。

其次是了解目标品牌在当地的基本情况，是否已经进入该地区，进入多少家，目前在该地区销售情况，市场容量在该地区一共有多少，未来可以挖掘的市场份额还有多少，已经占有了多少市场容量，是否已经进入竞争对手的店中，其在该地区是否有专卖店，该品牌是否还有意再扩大自己的开店数量，每年的开店计划怎样规划。

再次要清楚该品牌在未来公司的定位中处于什么样的地位，是必须要引进的品牌，还是未来处于创造业绩的品牌，还是公司的辅助品牌；如果是必须要引进的品牌，公司准备采取什么样的方针和策略，对于中间力量的品牌公司采取的是何种的方针和策略，对于一些辅助品牌公司的方针和策略又是什么。作为一名招商人员必须成竹在胸，心中有数，该让步的时候就让步，对于不同的品牌采取不同的引进策略，做到以最小的代价，得到最大的收益。

最后，要了解品牌经营者的详细情况，未来的经营者是品牌商，还是省级的代理，还是市级的代理，还是一般的代理商，因为经营者不同，未来的经营方针和策略也不同，进货的渠道也会有不同程度上的差别，对未来经营的影响也不尽相同。

总之，在了解引进目标商品品牌的详细情况后，就要制定每一个品牌的引进指导方针策略和计划书，在计划书中，要明确公司未来必须得到的扣点和需要供应商提供的宣传和促销支持。此外，明确在什么状态下可以放弃该品牌的引进，否则就不要轻易改变已定的目标。

3.4 做好招商宣传工作

招商手册是宣传的重要环节，是企业招商的基本宣传资料，关系到企业的形象，该手册应突出如下关键点：

（1）通过钻石地段证明项目选址的正确性，树立基本点核心地段的商业物业。

（2）通过事实列举项目投资商与发展商业绩和荣誉，突出其在项目所在地的地位。

3.5 品牌招商的资料准备

招商目标的选择要根据市场需求和项目定位情况来确定，具体应考虑以下因素：项目自身的市场定位；项目所在地的消费状况；投资商和发展商的自身资金情况；拟引进商家的市场定位、发展战略；招商谈判原则的确定。

具体包括：①制作初步开发计划书；②制作商场简介；③制作宣传画册；④制作商场楼面布局模型；⑤制作个案平面及说明书；⑥制作录像带宣传品；⑦制作透视图；⑧编制国内相关法令宣传册；⑨准备洽谈小礼物；⑩编写有偿新闻稿；⑪整理媒体报道集；⑫制作不同对象的计算机演示文稿资料；⑬编定契约条款计划书；⑭编定契约协调计划书。

4 招商的方式和流程

4.1 招商方式

（1）电话调查。

根据公司前期收集的资料，获取相关品牌商或代理商信息，安排服务人员电话询问，收集各品牌商或代理商的入驻意愿，整理出初步拜访名单。

（2）登门拜访。

登门拜访是招商效果明显的辅助性活动。招商单位专门派出招商小分队或在国内外举办集会式招商活动之余，拜访跨国公司、投资咨询顾问公司、会计师行及其他中介机构，宣传投资环境，具体介绍投资项目，探讨合作事宜。其特点是机动灵活，针对性强，气氛融洽，容易引起被访者的兴趣。

（3）经济技术合作交流会。

经济技术合作交流会是一种层次较高、范围较大的招商引资方式。其特点是层次较高，范围较大，可以是多种行业的招商。

（4）投资研讨会。

投资研讨会是一种较小型、时间较短的招商形式。它通常是由政府部门、经济研究机构举行的区域性投资战略、政策、现状和发展趋势的研究讨论会。其特点是灵活，既是务虚，又重务实，主办单位可以公布一些项目进行招商，同时可以介绍本地区的投资环境和利用外资的政策，达到宣传的效果。

（5）项目发布会。

项目发布会是经常采用的招商方式。它是由主办者在一定的场合公布拟引进合资、合作的项目，阐述招商项目的特点和技术、资金要求，以期吸引客商。

（6）项目洽谈会。

项目洽谈会是最为常见的一种招商形式。它是由招商单位携拟与合资、合作或引进的项目资料，有针对性地与商家洽谈。其特点是针对性强，易于吸引有兴趣的客商；影响大，时效性好，主办者可以派遣技术专家与客商直接进行接洽。

4.2 招商工作流程

招商工作流程如下：①电话拜访目标客户；②寄送联系函；③进行厂商洽谈；④签订合约或准合约；⑤签订保密协议；⑥制作、发放厂商意愿调查表；⑦归整厂商资料档案袋。

品牌招商要根据项目拟引进的商家情况，选择恰当的招商方式和步骤。

5 招商谈判的原则

招商谈判的目的在于使参与谈判的商家能符合招商企业的目标和利益需要。要达到这一目的，招商谈判必须针对谈判的特点，确定一些基本原则。

5.1 平等互利的原则

就是要求谈判双方在适应对方需要的情况下，公平交易，互惠互利，这是保证谈判成功的重要前提。如果用欺骗或强迫手段，就会违反平等互利的原则，无法构建长期双赢的合作关系。

5.2 诚信原则

就是指招商谈判的双方都要遵守协议。重信誉、守信用是商家基本的职业道德。在谈判过程中，应注意不轻易许诺，但一旦承诺，就应履行，保证言行一致，取信于对方，以体现真诚合作的精神。

双方谈判的形式可以是口头的也可以是书面的，谈判过程往往需要反复接触。这就要求谈判人员要重视谈判策略与技巧，注意语言表达和文字表达的一致性。因此谈判人员要有比较好的口才和文字修养能力，也要有较强的公关能力。

5.3 相容原则

要求谈判人员在洽谈中要对人谦让、豁达，将原则性和灵活性有机结合起来，招商条件具有一定的伸缩余地，但其弹性往往不能超越最低界限，这一界限是谈判人员必须坚持的原则。这一特点决定了企业谈判人员要从实际出发，既要不失原则，又要随机应变，具有一定的灵活性，以保证实现招商谈判的基本目标。

6 招商谈判的准备

根据百货店未来经营的市场定位，制订出符合自身定位的商品品牌招商计划，确定需要引进的目标商品的品牌目录，向每一位招商人员介绍公司引进这些品牌的用意和目的。要想圆满完成招商谈判，必须完成的工作有：

6.1 充分了解谈判对手

调查了解谈判对象在招商洽谈中的目的是什么；对方的组织结构是什么样的；对方的项目的合作程序；对方谈判人员的基本情况，在组织中的位置；为实现其目标对方最有利的条件是什么；要实现其目标对方最不利的因素是什么。如果我方能够正确地了解、掌握这些信息，那么在整个招商洽谈中就能掌握谈判的主动权，就能有针对性地确定出我方的各级招商洽谈的目标，就可以很好地把握招商洽谈中的利益界限，让对方做出更大的让步，可以扬我方之长，避我方之短，从而达到招商洽谈的最高利益目标。

6.2 明确谈判目标

包括最优期望目标、实际需求目标、可接受目标、最低限度目标等。

（1）最优期望目标。

特征：①是对谈判者最有利的理想目标；②是单方面可望而不可即的；③是谈判进程开始的话题；④会带来有利的谈判结果。

（2）实际需求目标。

即谈判双方根据主客观因素，经过科学的预测和核算，纳入谈判计划的目标。

特征：①属于内部机密，一般只在谈判过程中的某个微妙阶段才提出；②是谈判者的最后防线，如果达不成这一目标，谈判可能陷入僵局或暂停；③一般由谈判对手提出，采购人员可适当做出决策；④关系到谈判方主要或全部经济利益。

（3）可接受目标。

即可交易目标，是经过综合权衡、满足谈判方部分需求的目标，对谈判双方都有较强的驱动力。在谈判实战中，经过努力可以实现。但要注意的是不要过早暴露，避免被对方否定。这个目标具有一定的弹性，谈判中都抱着现实的态度。

特征：①是谈判人员根据各种主客观因素，经过科学论证、预测和核算之后所确定的谈判目标；②是己方可努力争取或做出让步的范围；③该目标实现意味着谈判成功。

（4）最低限度目标。

即通常所说的底线，是最低要求，也是谈判方必定要达到的目标。如果达不到，一般谈判会中止。需要注意的是，这是谈判方的机密，一定要严格防护。

特征：①是谈判者必须达到的目标；②是谈判的底线；③受最优期望目标的保护。

6.3　制定谈判策略

谈判策略包括谈判的焦点、谈判可能出现的问题及对策；选定谈判方式；确定谈判期限。制定招商洽谈的策略，其意义是选择能够达到或实现招商洽谈目的的基本途径及方法。

对一些谈判中可能遇到的问题或情境，应该进行模拟，做好应对准备。要对招商洽谈对方可能提出的各种要求和问题有所准备，这样就可以避免仓促应战局面的出现。

招商谈判是在对谈判各方实力、影响其实力的各种因素的细致认真研究分析的基础上进行的。也就是说要考虑遇到僵局能否接受招商洽谈对方所提出的交换条件，如不接受如何摆脱对方在这方面的纠缠；如接受，是全部接受还是部分接受；如是部分接受，又如何满足对方的条件。

6.4　组成谈判小组

挑选谈判小组的成员；制订谈判计划；确定谈判小组的领导人员。

7　招商谈判的流程

流程通常是指所谈事项的先后次序及主要方法。谈判程序确定得好，招商洽谈的效率就高；谈判程序确定得不够科学，就会影响招商洽谈的效率。招商洽谈需要一个过程，其基本程序包括开局、摸底、报价、磋商、成交和签约6个阶段。

（1）开局，即确立开局的谈判目标，创造一种适宜的谈判气氛。

（2）摸底，即谈判双方逐渐熟悉，分别讲述自己及对方的观点和立场，相互了解各自的期望。这主要包括经营者是否拥有独立法人资格，有无品牌代理经验；是否诚信经营，配合度好，并具经营实力及经营理念。同时，还要进行品牌资格审查：是否拥有独家代理权或特许经营权；在全国其他城市大型百货公司是否设有专柜。

（3）报价，即双方提出具体的报价和交易条件。

（4）磋商，即双方各自做些让步，并获得一些利益。

（5）成交，即双方就谈判的实质问题达成协议，业务成交。

（6）签约，即以书面文件（经济合同）的形式签订正式协议书，谈判双方必须依照协议内容履行协议，合同一经签订就具有了法律效力。

8 招商合同及审批程序

8.1 招商合同的主要内容

招商合同的主要内容包括：①经营的楼层与面积；②租金标准；③合同期限；④管理费；⑤合同保证金；⑥水电费及其他费用；⑦费用的付款方式与时间；⑧优惠政策；⑨管理公约等合同附件。

8.2 招商审批程序

（1）招商工作要贯彻企业的经营宗旨，符合市场定位，择优招商。

（2）各商店要按照不重复招商和申报在先的原则进行严格筛选。

（3）凡符合招商标准的企业，须向商场商店提出书面申请，与商场商店签订协议书，由商场商店将被招商企业的营业执照副本、审批表（一式四份）、样品、价格目录、质量认证书、税务登记证、生产许可证、卫生许可证以及商店商场审批意见，一并报市场经营部由商场进货管理委员会审批后，再到商场劳动人事部办理其他手续。

（4）人力资源部根据市场经营部的审批表（第二联）及信息员的彩色照片、体检表进行面试，并负责组织学习商场规章制度、服务规范，进行岗前培训，经考试合格上岗，未经培训考核不得上岗。被招商企业不得擅自更换信息员。

（5）保安部根据市场经营部的审批表（第三联）来审查商场信息员的身份证、工作证、健康证，并登记入册，与其签订安全责任书，进行安全教育并负责发放信息员胸卡。

（6）行政部根据市场经营部审批表（第四联），负责办理来场信息员的工服发放、就餐、借用财产等手续。

（7）各商场商店在市场经营部、行政部、保安部备案后，方可办理进店经营事宜。

（8）对符合招商标准的私营企业，各商店要经双人实地考察是否有生产许可证、卫生许可证，服装加工业要了解其生产规模，并向市场经营部出具实地照片。

（9）对不按照招商审批程序办理，擅自进店销售的企业，要责令其立即撤出，并追究运营主管的责任，给予一定的经济处罚。

9　招商成功的后续事项

9.1　招商说明会

招商说明会主要目的是让已签约的厂商与主力店了解商场运营规模，亦可增加厂商的信心。发布百货店形象标识系统，易于将来的项目营销和推广。

说明会资料袋将包括以下内容：简介、维修服务说明、联络窗口、银钱收受流程、内装规范、广告活动服务、中心管理规章、广告展示服务、店家点交清册、保全服务须知、服务训练手册、紧急应变须知、停车场使用法及其他。

9.2　百货店的运营准备

（1）商品价格管理。

被招商企业的商品销售价格，必须经商店商场专职物价员看样定价，并上报市场经营部审批，招商企业要向物价员提供成本单（发货单）、价格目录，遇特殊情况经主管经理批准，可用供货合同单暂定临时价格，正式发票一到，马上走正常手续。

（2）财务管理制度。

被招商企业进销均纳入商场商店进销账目。商场统一建立《招商企业销售月报表》，内容包括单位名称、品种、销售额等，由各商场商店统计员填写，每月向门店运营部报送。

各商场商店要建立被招商企业进、销、存登记，单独设账，做到账面清楚、整洁，每月5日前将其经营情况上报市场经营部。

被招商企业的销货款必须由商场商店统一收款，按时上交银行，货款结算一律通过银行，结算前要与记账员核对，销多少结多少，不能多结，同时要按《招商细则》规定扣除所聘售货员费用和营业税款后再做结算。

（3）存货管理。

被招商企业在商场商店周转仓库储存商品的，必须按财务部门制定的有关费用标准缴纳仓储保管费用。

10　品牌商监管与动态调整

10.1　进场流程

经过递送品牌资料、授权证明，双方签订意向书，交纳保证金，签订正式招商合同以后，就进入进场环节了。

（1）进场时间。

谈判完成以后，就要确定进场时间，一方面该处原柜位要提前通知撤柜，另一方面拟引进品牌也需要一个装修期和货品、人员准备期。

（2）装修图纸及审批。

对方公司按照商场基本要求设计柜位装修图纸。经过商场相关部门审核后，对方开始照图在场外施工制作道具。

（3）进场及拼装。

制作好的道具在规定时间内运到商场，同时原专柜开始撤柜。

进场后的道具开始在场内组装，部分道具需现场制作时，如超过一晚时间，在白天营业期间，需将该柜位打围。

（4）上货与开柜。

全部装好后，安排营业员提前进场进行清洁和安排上货。

10.2 选聘促销员

（1）被招商企业选派的导购员，必须是道德品质好，责任心强，热情大方，会讲普通话，身高、裸视都符合招商要求的公司职工。导购员受双重企业管理，享受其所在公司的待遇。

（2）上岗信息员要统一着装，佩戴胸卡，严禁佩戴实习生或其他胸卡，一经查出要追究其所在商店商场经理的责任，并给予罚款处理，信息员立即下岗。

（3）专柜促销员如违反百货店有关规定，分别由各职能部室向厂家提出批评、罚款，责令当事人下岗培训，或调换人员，商家必须按各职能部室要求逐项落实，拒绝接受批评和罚款的给予终止协议处理。

10.3 明确经营职责

（1）被招商企业必须是具有法人资格，并已在当地工商行政管理部门注册登记的国有、集体、三资、私营企业或有外贸进出口权的代理商。

（2）被招商企业所经营的商品必须是百货店经营范围内的名特优新或世界驰名商品；国内商品必须是符合各级计量、质检、卫生标准，实行三包（包修、包退、包换）的本厂产品，坚决杜绝经营其他厂家的产品及滞销、假冒、伪劣商品。

（3）百货店各职能部室要按照本制度要求对被招商企业进行监督管理，凡无营业执照或不按规定的经营范围、经营方式经营，出现扰乱商场正常秩序等情况的坚决予以取缔，并追究有关商场商店责任，没收非法所得。

（4）必须经商场物价员审批定价，明码标价，才可出售被招商厂家商品。要坚持文明经商，如有违反供应政策，损害消费者利益的，视情节轻重分别给予批评、罚款、终止协议的处罚。

（5）被招商经营者要认真遵守商场各项管理制度，积极配合商场开展各种促销活动，努力完成销售计划。对3个月没有完成销售计划，又无季节影响或违反商场管理制度的，门店运营部有权提出终止协议。

（6）一经发现被招商企业私下交易、场外交易、代留货款的，立即终止协议。

（7）百货店运营部定期对商品组合、空间布局、品类/品牌占比、坪效、促销活动进行分析，根据数据分析结果和反馈，为经营决策提供依据。

（8）招商联营期限，一般为3个月至半年，有发展前途的可签1~2年，到期后根据销售计划完成情况和市场供求情况决定是否续签合同。

模块 二 实习内容

1　品牌招商专员

1.1　实习目的

使学生掌握品牌招商的基本常识，对品牌招商所需的相关资料和业务流程有初步了解，提高学生的百货零售及市场营销知识。

1.2　实习步骤

通过实地考察、亲身体验，并结合相关销售报表数据分析，了解品牌招商与百货店业绩之间的关系，体验并总结品牌招商专员的工作职责：

（1）按照公司下达的招商任务编写年度、月度招商计划书并负责具体实施。

（2）协助收集、整理、归纳市场行情、价格，以及新项目、竞争对手、客源等信息资料，提出分析报告，为部门业务人员、领导决策提供参考。

（3）定期向经理汇报工作情况和客户跟踪情况，定期撰写工作总结，提高工作的计划性和有效性。

（4）建立客户数据库，负责公司租赁合同及其他招商文件资料的建档、归类、整理、保管和管理工作。

（5）检查客户的意见或信息的记录及回访工作。

1.3　实习重点

（1）情境模拟与商业实践结合；

（2）分组讨论百货店经营与品牌招商的关系；

（3）分组讨论品牌招商怎样进行前期准备，以及推进中的注意事项。

2　品牌招商经理

2.1　实习目的

使学生掌握品牌招商的流程与要点，对品牌招商的意义和重要性有足够认识，提高团队协作和绩效管理等能力。

2.2　实习步骤

通过实地带领团队体验招商工作，结合现实工作进度与预期目标分析，规划工作进度及调整管理策略。品牌招商经理的工作职责包括以下内容：

（1）制订招商部门各个阶段的工作计划，主要负责和安排招商部门各项工作的开展；

（2）考核本部门的员工业绩，指导和帮助员工工作，利用培训等手段提升员工素质和增强部门凝聚力；

（3）客户拜访及回访，做好客户问题的回答，并热情向其推荐合适的经营场地；

（4）招商，记录客户信息，整理客户资料；

（5）做好市场调研、客户分析工作并及时反馈市场信息；

（6）客户资料的搜集与整理；

（7）协助完成各种招商说明会及推荐会等活动的召开；

（8）协助财务部完成客户合同的签约及收款；

（9）管理客户接待工作，认真讲解招商政策，回答客户疑问；

（10）总结招商工作经验，积累客户并建立客户档案。

2.3 实习重点

（1）情境模拟与商业实践结合；

（2）讨论百货店经营与招商团队管理的关系；

（3）总结品牌招商应该怎样进行前期准备及提高绩效。

3 品牌招商总监

3.1 实习目的

使学生掌握品牌招商的流程与要点，对品牌招商的意义和重要性有足够认识，提高团队协作和绩效管理等能力。

3.2 实习步骤

品牌招商总监负责领导、组织、开展招商工作，制定并完善招商管理制度，了解招商政策，做好市场调研、分析，及时反映市场动态信息。

具体而言，品牌招商总监的职责如下：

（1）招商部的整体工作计划和部署；

（2）拟定年度招商计划及业绩目标，呈给相关负责人报批并实施；

（3）参与重大招商的谈判与合同签订；

（4）完成各种招商说明及推荐会活动的召开，负责指导本部门成员对招商合同进行管理、建档、查询；

（5）对入驻商家的经营业绩进行考核，并向上级提交品牌调整建议；

（6）协助财务部完成客户合同的签约及收款；

（7）招商人员的业务培训，指导招商人员完成工作任务，提高他们的综合水平。

3.3　实习重点

（1）情境模拟与商业实践结合；

（2）讨论招商团队管理对百货店经营的意义；

（3）提炼品牌招商团队的高效管理模式，以及怎样融入企业发展战略。

4　招商谈判助理

4.1　实习目的

使学生掌握招商谈判的流程与要点，对谈判的流程和关键点有足够把握，协助谈判经理准备资料、安排接待事务，并做好记录和存档工作。

4.2　实习步骤

通过跟随团队亲身体验招商谈判工作，结合谈判策略与谈判效果的对比分析，思考谈判在招商工作中的地位和作用。招商谈判助理的工作职责包括以下内容：

（1）落实谈判成员，组织预备会议；

（2）整理预备会议记录，编制会议纪要，拟订谈判方案，请领导批准；

（3）把经批准的谈判方案发放给谈判成员；

（4）做好会议准备；

（5）做好会议记录，及时整理，提供会议纪要；

（6）及时提供补充资料；

（7）做好谈判的协调工作；

（8）整理谈判资料，编写商务谈判总结；

（9）整理谈判文件，并归档管理。

4.3　实习重点

（1）情境模拟与商业实践结合；

（2）分组讨论招商谈判之前应准备哪些资料，以及怎样进行前期准备；

（3）设想谈判过程中可能会遇到的问题，以及如何实施应对策略。

5　招商谈判经理

5.1　实习目的

使学生掌握招商谈判的流程与要点，对谈判的流程和关键点有科学把握，带领团队搜集情报资料、确定谈判策略，并做好执行和总结工作。

5.2 实习步骤

通过参与谈判工作，积累经验，带领团队操作招商谈判工作，结合谈判对象与业务进展分析，科学制定谈判对策，推进谈判进程并根据情况调整谈判策略。招商谈判经理的工作职责包括以下内容：

（1）重大项目投标的商务制作，审核，合同谈判；

（2）参与标前客户交流，制定商务策略；

（3）掌握谈判进程，监督谈判程序；

（4）组织商务竞争分析，作谈判总结；

（5）洽谈合作，收集、挖掘、分析项目合作客户意向；

（6）听取专业人员建议，协调谈判班子意见；

（7）市场开拓，渠道维护及公关；

（8）决定谈判过程的重要事项，代表签约。

5.3 实习重点

（1）情境模拟与商业实践结合；

（2）分组讨论百货店招商与谈判策略的关系；

（3）探讨怎样有针对性地制定谈判策略及提升谈判技巧。

模块 三 ▶ 实习组织

1　实习目的、对象与要求

1.1　实习目的

通过实践活动，让学生理论联系实践，了解品牌招商在百货店经营中的地位和作用，理解品牌招商的流程和要点，教会学生招商工作涉及的工作岗位和工作职责，指导学生在实践中领会知识点，也锻炼大家的实操能力和团队协作；初步掌握百货业中品牌联营的运营模式；熟悉知名品牌的顾客定位及不同品牌之间组合的市场效果；掌握招商推广和谈判的相关技能，为今后进入营销领域，尽快掌握操作要点，快速适应相关岗位，打下坚实的基础。

1.2　实习对象

（1）专业：市场营销、电子商务、工商管理、旅游管理等。

（2）年级：大学三年级。

1.3　实习要求

（1）充分认识课程实习的重要性，填写实习任务书，并按实习任务书的各项内容开展实习活动，多向相关人员请教，做到踏实、谦虚、认真。

（2）经过短期培训，每个上岗学生都对招商项目有一定理解，并能熟悉其定位，了解其特色。能够掌握品牌招商的基本原则，并正确处理各不同品牌之间的相互关系。

（3）事前要对招商项目的周边环境有充分了解，由此对未来的主要顾客群有科学预测，然后根据市场供求，确定大致的品牌组合范围。

（4）实习中要主动、独立、热情地完成实习项目，注重理论与实际的紧密结合，利用所学知识进行招商项目的市场研究，分析现状及存在的问题，尽可能提出解决对策，对销售结果进行评价，由带队教师予以点评。

（5）认真完成实习内容，并通过对上述内容的了解，对企业营销工作的全貌建立起完整概括性的认识。

（6）实习期间要求填写实习日志。其具体要求是每天记录当天的实习情况与主要实习内容，实习结束后将实习日志交给指导教师检查。

（7）谨慎行事，注意人身安全、公共财产安全，遵守社会规范和相关规章制度，要体现出大学生的精神文明风貌，不要做有损学校荣誉的事，有事及时向相关的指导教师汇报。

2 实习组织与训练

班级学生 3~5 人一组，由指导教师带领学生到广百开展实习并引导学生操作，小组学生针对提前布置的实习任务进行观察和记录，并进行研讨，形成讨论记录。实习过程中，教师应开展以下工作：

（1）讲述百货店品牌招商实习的目的；

（2）帮助学生理解当前百货行业的品牌联营运营模式；

（3）指导学生分析招商项目周边的需求和竞争状况；

（4）介绍不同品牌的顾客定位；

（5）指导学生对各种招商方式进行操练；

（6）指导学生对各种谈判策略进行操练；

（7）指导学生对各种招商流程进行操练。

3 实习考核与报告

3.1 考核办法

（1）实习完成后，学生依据实习过程及收获撰写实习报告，实习报告要符合实习教学的要求，并得到指导教师的认可。

（2）指导教师对每份实习报告或其他结果表现形式进行审阅、评分。

（3）该实习课程内容是纯实践教学内容，实习课的成绩记入课程平时成绩，占总成绩的30%，考核以实习岗位业绩与主管评价为准，成绩占70%。

3.2 评分标准

考核内容及其在评分中所占的比例如下：

（1）考勤、纪律占20%；

（2）实习模块组织实施情况占30%，其中小组成员参与情况占20%，组内成员协调情况占10%；

（3）业务执行完成情况占40%，其中专业知识和技能（实习执行过程中业务操作情况）占20%，工作绩效（业务完成效果）占20%；

（4）合理化建议占10%。

具体评分方法如下：

（1）小组内部成员间相互评分（占20%）；

（2）各小组成果展示投票评分（占40%）；

（3）实习教师根据所指导各小组成员在实习中各方面具体表现评分（占40%）。

3.3 实习报告要求

（1）实习报告要按时独立完成。实习报告是衡量实习效果和评定成绩的重要依据，

要求在指导教师指导下完成。一旦发现由他人代写或抄袭他人的实习报告，按不及格处理。

（2）实习报告主要包括以下四部分内容。

①企业概况（包括企业类型、组织架构和主营业务、优势与特色）；

②企业营销状况（包括对企业营销环境与市场机会的了解与分析、企业营销战略与营销策略、企业营销管理现状分析等）；

③具体实习内容；

④实习体会或收获。

（3）实习报告要求：实习报告要层次分明，条理清楚，行文必须清晰完整。

【附录】

广百电器关于龙的集团品牌招商计划书

一、背景介绍

1. 谈判背景

随着当今社会对诸如吸尘器、电磁炉等小家电的需求量日益增多，以该类精品家电生产为主要业务的广东龙的集团有限公司希望能通过广百电器的零售渠道拓宽自身品牌的销售业务。广百电器作为一家电器零售企业，其利润的很大一部分来源于向各入驻厂商收取的一定入场费。因此此次谈判的主要内容为广东龙的集团有限公司和广百电器公司在入场费、场地租金和回款方式上达成一致。

2. 双方公司背景

广东龙的集团有限公司创立于1999年，位于珠江三角洲腹地——广东省中山市，是以精品家电为核心的大型企业集团公司。龙的集团属下有16家子公司，员工近4 000人，资产近8亿元，年销售额达20多亿元。龙的集团在"国产精品小家电第一品牌"的目标统领下精益求精，制造领先的精品家电产品，为消费者创造精致的生活，实现"轻松生活，轻松享受"的理想本质。

广百电器公司是广百股份有限公司的子公司，以电器专业连锁发展模式，通过家电零售终端的集中采购、统一配送，建立一个集品牌代理、连锁零售、安装维修服务于一体的大型电器零售企业，是广州市最有实力的电器公司之一。广百电器具有16年大型电器商场的综合营销经验，电器经营品种达1万多种，拥有300多个国内外知名品牌的客户资源，是中外电器客商在广州地区必争的合作伙伴，在消费者当中有着良好的口碑。在市内乃至国内都享有良好的信誉和知名度。广百遵循中高档、时尚化和紧贴时代进步潮流的定位，以家庭为消费对象，实施"一站式"配套经营，实现市场的差异化经营，打造"最有价值的销售平台"。

3. 市场背景

随着人们生活水平的提高和对小家电产品的日益重视，近年来家电市场走势很不错，市场越来越青睐小型精品家电产品。小家电产品的种类和数量都在提升，平均利润率高，我国小家电行业呈现出口占主导、内销迅速增长的态势。而广东龙的集团有限公司正是以精品小家电为主管方向，市场对他们来说无疑是朝着有利的方向发展。

二、谈判人员构成

我方：广百电器公司

×××——品牌招商经理（负责人）

×××——品牌招商专员

×××——招商谈判经理（主谈人）

×××——招商谈判助理

对方：广东龙的集团有限公司相关谈判人员

三、谈判主题

对最核心的入场费、基本的场地租金和回款方式进行磋商。

四、双方利益分析

我方（广百电器公司）：

（1）（核心利益）以最高的价格与对方达成一致，创造最大利润。

（2）（基本利益）延长回款时间，企业可用这笔钱进行企业规模的扩大化。

对方（广东龙的集团有限公司）：

（1）以最低的价格与我方达成一致。

（2）缩短回款时间，加快资金周转。

（3）与对方建立长期合作伙伴关系。

五、双方优劣势分析

我方（广百电器公司）优势：

（1）品牌效应：广百电器已经在消费者心目中形成了无假货、物美价廉等形象，消费者在购买电器的时候会首选带有广百电器标签的产品。

（2）完善的市场营销策略为广百电器提供了大量的稳定客源。

（3）我公司在广州地区实力强盛、信誉度高、售后服务评价高，公司在消费者当中有着良好的口碑。

（4）有意向进入广百电器的企业较多，与对方形成竞争。

劣势：

（1）公司实力和规模赶不上国美、苏宁等电器零售巨头。一旦价钱谈判失利，对方极易以弃我而投奔国美、苏宁等相威胁。

（2）目前只有广州6家和肇庆1家设有电器商场，地域普及程度不高。

（3）B2C网络营销及厂商自营可能将影响其市场空间，电子商务在家电销售领域已有所作为，竞争激烈，淘宝网跃升为中国第二大综合卖场。

对方（广东龙的集团有限公司）优势：

（1）广州市最有实力的电器公司之一，具有长期营销经验，电器经营品种多，拥有300多个国内外知名品牌的客户资源，在消费者当中有着良好的口碑，在国内享有良好信誉和知名度。

（2）电器产品以精品小家电为主，符合当今电器市场的发展需求。

劣势：

（1）市场占有率低，与其余电器生产企业的竞争压力大。

（2）若在入驻问题上谈判不顺利可能造成产品积压。

（3）我方竞争对手国美和苏宁对类似广东龙的这样的较小品牌入场门槛较高，不利于其品牌的发展。

六、谈判目标

表2-3　谈判目标

	入场费（万元）	场地租金（元/平方米）	回款时间（天）
最优目标	60	3 000	60
合理目标	45	2 000	45
底线目标	30	1 000	30

七、谈判各阶段策略应用

开局阶段：

1. 一致式开局策略

借用问询方式或补充方式诱使谈判对手进入自己的既定安排。例如互相介绍完毕后，我方想诱使对手进入自己安排好的最核心的入场费、场地租金和回款方式等重要问题的谈判上，并且在开局使对方对自己产生好感，从对方的利益和立场出发，首先谈及广东龙的集团有限公司的利益以及我方与广东龙的集团有限公司真诚合作的意愿。

我方可以这样说："首先很感谢贵公司欲进驻广百电器公司的想法与行动，我公司将高度重视此次与贵公司取得良好合作的机会！贵公司进驻广百必定能使两公司互利共赢，给公司带来更大的利益。俗话说，时间就是金钱，这个概念我想大家都能明白。潮汕人豪气、爽快，过于细节的问题我们就不先讨论吧，让我们来谈一下入场费、场地租金和回款方式吧，你说好吗？这里我们分为三个部分……"通过这样的语言表达，制造高调的气氛，把我方主要问题引进，谈及我方的优势，与此同时，点名我方与对方真诚合作的意愿，从而带动整个谈判，主动出击。

2. 坦诚式开局策略

如果在谈判开局的时候，气氛比较低调沉闷，自然难入正题，达不到己方主动调动的气氛，那我方可以考虑用坦诚式开局策略，坦率地说明："首先很感谢贵公司此次前来，贵公司进驻广百必定能使两公司互利共赢，给公司带来更大的利益。我公司将高度重视此次谈判，珍惜与贵公司良好合作的机会！即使这一次关于谈判中最核心的入场费、场地租金和回款方式等重要问题意见不一或出现分歧，我方仍将尽全力向贵公司靠齐，相信贵公司是一个国际性、讲信誉、讲质量的大公司，希望能给贵公司一个良好的印象，争取日后与贵公司的长期合作。"与此同时，点名我方与对方真诚合作的意愿，在提到对方的优点信誉的同时暗示日后合作的可能性，把谈判引向更深层次的方向发展。

3. 报价策略

（1）对比报价策略：我们可以通过与格力公司入场费比较。迎合公司对进驻商家的优惠政策，我们开出入场费 70 万元，相对格力公司的 75 万元，我公司优惠了 5 万元。不仅入场费优惠，而且场地租金相对优惠 500 元/平方米。可见，我公司对龙的公司的看重。

（2）报价分割策略。报价分割策略在商品或项目价格构成复杂时也有利于表明己方报价的清晰度。根据我公司相关规定，广百入场费包括管理费 20 万元，场地费 20 万元，维护费 30 万元。总价 70 万元。

磋商（讨价还价）阶段：

我方先开价，会给我方很大的优势，经过我方的数据分析，指出这个位置的价值，入场费是 60 万元。我方可以解释说："给你方的销售位置可是整个销售区域人流量最大的啊！进来我们广场的人购买欲望很强的，你们的产品非常有影响力，相信一定会卖得很好。"如果对方执意不肯接受我们开出的价，我们可在开的价上降低 10 万元或 20 万元，再给予优惠策略。如果我们谈成接近 60 万元的入场费价格和每平方米场地租金 3 万元，我们将提供每季一次的免费专场和免费的广告宣传；如果我们谈成的是接近 50 万元的入场费价格和每平方米场地租金 2 万元，我们将提供免费的广告牌位；如果我们谈成的是高于 30 万元的入场费价格和每平方米场地租金 1 万元，我们不会给予优惠条件，我们希望可以达成共识，合作愉快。

1. 互惠式让步策略

若对方选择了最好的位置，而又挑剔说入场费或租金太贵、回款时间太长，那么我们可以说："在回款时间上我们可以退让一步，但是入场费（或租金）上我方希望你们也能理解我方的决定。你们进驻的可是我方人气最旺、面积最大的位置。我方给出的已是最优惠的价格了，毕竟你们是大品牌，我们公司是认真做了讨论才提出这么优惠的价格的。我方是真诚希望能与你方取得良好合作，但我公司也需要盈利才能生存下去啊！"

2. 予之远利，取之近惠

若谈判过程中出现对方因入场费或租金高的问题犹豫不定时，那么我方可以跟他们说："我们广百电器公司是广州最有实力的电器零售公司，你们也是知道的，进驻我方商场的电器月销售量都是非常可观的，我方以销售精品家电为主，而你们又是国产精品电器大品牌，如果你们进驻了我方的商场，我方每个月可以免费为你们提供一个场地做专场活动。进驻我方你们将取得的成就是多么的值得期待，你们不会就因为计较这点入场费（或租金）而放弃大好前景吧。"此时对方就会考虑，往远的方向想，其实利益是很大的，因此对方就会与我方合作。

3. 车轮战

对方若是一直不肯作出决定，我们可以不断地更换主讲人，从技术顾问、营销顾问、法律顾问到财务顾问乃至记录人员，消磨对方的意志，消耗对手的精力，降低自身要求。运用这一策略，注意态度一定要诚恳，让对方看到我方的诚心诚意，千万不能意气用事。

4. 情绪爆发策略

当对手还价很低，而且态度不诚恳或者表示出轻视此次谈判的时候，可以运用情绪爆发策略，大发脾气，斥责对方没有谈判的诚意。通过这样的方式，让对手感到突如其来，手足无措，动摇自己的信心和立场，甚至怀疑自己是否做得太过分，进而重新调整自己的谈判方针和目标，做出某些让步。

5. 不开先例策略

如果对方一直压低入场费（或租金），又提出伤害到我方利益的要求，那么我们就可以用"不开先例"挡回对方的要求。这一策略既不伤面子，又不伤感情，可以说是两全其美的好办法。当我们运用这一战术时，必须要注意广东龙的集团有限公司方面能否获知我方给别的公司的报价和相关情报，否则，对广东龙的集团有限公司用不开先例策略时，效果会适得其反。

6. 资源有限策略

当我们运用这一策略的时候，要注意使用频率，运用过多，会使对方怀疑我方无谈判诚意，或者处于被动的一面。如广东龙的集团有限公司怀疑我公司给其的报价与我公司给其他进驻者的报价存在较大的差异，我公司可以这样说："这个问题涉及客户信息和客户联系，属于公司的受保护文件，概不泄露。贵公司的情报我们认为是不真实和不准确的。"通过这样的方式，阻止对方进攻，让对方暂时放下这个问题。

7. 僵局处理策略

（1）用语言鼓励对方策略。

如果谈判双方因租金方面的意见不一致而导致僵局，首先要镇定，克服激动的情绪，用缓和的语气说："亲！那么多问题我们都解决了，就差这一步了，不把它也解决掉不是很可惜吗？"

（2）运用休会策略打破僵局。

当对方针对我方的弱点展开攻势，我方强力反抗的时候，气氛紧张，双方不肯示弱，我方就可以采取休会策略，调节个人的情绪，商量接下来的谈判策略，缓和谈判的气氛。

八、谈判准备资料

1. 违约责任

《中华人民共和国合同法》第一百零七条规定，当事人一方不履行合同义务或者履行合同义务不符合约定的，应当承担继续履行、采取补救措施或者赔偿损失等违约责任。

2. 相关法律资料

包括《中华人民共和国合同法》《中华人民共和国涉及经济合同法》《中华人民共和国反不正当竞争法》。

3. 其他资料

准备好价格谈判报表，精品家电市场分析表，同一档次的家电商场分析表，合同范围，双方背景资料，对方信息资料，技术资料，电器市场资料，财务资料。

九、应急预案

1. 在入场费上陷入僵局时

入场费作为我们较大的一个利润来源，我们希望尽可能获得高的入场费。

①若对方觉得要价太高，我们首先可以提出削减入场费中第三方提供的服务，如电

视广告，或可以适当减少我方的服务费，如节庆促销费。

②如对方对我方做出的合理让步仍不满意，此时可用声东击西策略，暂时搁置这一谈判内容，换为谈判回款天数，扩大回款天数对我方的重要性，然后在对方的核心利益上做出较大让步，以期达到让对方满意而放松对入场费的要求，形成对我方的良好谈判环境。

2. 对方不同意以上预案，扬言弃我方而选择国美、苏宁等卖场

对方觉得并非只有广百一个选择的时候，我方要采取换位思考的策略，从以下几个方面去给对方进行市场分析：

①龙的集团以精品小家电为核心，如今社会生活节奏越来越快，人们需要很多的工具去节约时间，这个时候精品小家电就是他们很好的选择。而我们广百电器主营电器，如果和龙的集团建立了合作伙伴关系，会产生很好的市场效应。

②苏宁为消费者提供质优价廉的家电，商品涵盖彩电、空调、冰箱、音像、小家电、通信、电脑、数码等近千个品牌，20多万个规格型号，而国美以家电及消费电子产品零售为主。他们的主营方向是大家电，不适合对方的精品小家电市场。

③越是像苏宁、国美这样的大型电器零售商，进入门槛就越高，特别是对于小家电将会收取更高的入场费，不适合类似龙的集团这样以小家电为主的集团进驻。

3. 对方使用借题发挥策略，对我方某一次要问题抓住不放，或者在某一薄弱环节持续攻击

①看具体情况给出充分的解释，但是，要做到言简意赅，避免浪费时间。

②如果是比较难解释的问题，可以使用"挡箭牌"策略。

③如果是没必要讨论的问题，则可以转移话题，避免没必要的解释。必要时可指出对方的策略本质，并声明对方的策略影响谈判进程。

4. 对方关于入场费的问题纠缠不清并且运用相关法律知识采取信息收集策略

①我们将解释我们的入场费分为两个部分，一部分是真正意义上的入场费（即品牌入驻费，也就是进入本公司的费用，包括运营成本、员工工资等），而且入场费是上级公司制定的，不能随意更改。

②如今市场潜规则颇多，随着当今市场的发展，收取入场费已经成为销售商和供应商之间的一种默契行为（此时可以采取友好的态度，争取与对方达成一致意见）。

③收取入场费只是道德方面的争议，法律上没有明令禁止入场费的收取，但是一个不收取入场费的电器零售商的净利润是无法维持自身企业运营的。

广州市广百股份有限公司品牌招商实习报告

一、企业概况

广百股份有限公司隶属于历史悠久的国有大型商业企业广百集团，是自改革开放以来广州市百货零售业的核心企业。2002年，广州百货大厦在经历股份制改革后，成为一家国有控股、多元化投资主体的股份公司，从传统的百货商店转型为现代零售业企业。

2007年11月22日，广百股份于深圳证券交易所正式挂牌（股票代码：002187），

迎来了自股份制改革以来最重要的转折点，也标志着广百股份适应市场经济发展的能力得到进一步提高。至此，公司确立了逐步成为一家经营规模化、管理现代化、决策科学化、主业特色鲜明、业绩突出的国内一流的百货零售企业的发展目标并沿用至今。

二、实习内容和体会

（一）岗位：品牌招商专员——黄薛澎

工作时间：9：00—18：00。

工作职责：①跟进汇总各 Shopping Mall 的货品分布、品牌调整等动态情报，编辑成文档交与招商经理。②陪同招商经理接待客户，斟茶递水。③收集意向租户的铺位申请表、租金方案、产品介绍资料。④审核各类收款通知书、开业通知等各项流转单。⑤重点分析具有竞争性 Shopping Mall 的经营状况，完成市场分析报告。⑥了解市场新增品牌的动态情报，写成报告交与招商经理。

实习体会：经过这次实习，我的文案能力有了很大的提高，实际工作中的文案相对比在学校时更加注重实用性，而非格式套路。

（二）岗位：品牌招商经理——张仙良

上班时间：9：00—18：00。

工作职责：①协助招商总监进行商场招租规划，进行商场整体、各楼层的功能、布局、目标品牌设定等；②定期跟进汇总各 Shopping Mall 的货品分布、品牌调整等动态情报，以及重点目标品牌的高级洽谈；③接待高级客户，与意向租户沟通租赁细节，制作商铺客户推荐表，提供综合评估参考；④汇总各候选方案，经筛选、审核后确定租户及相关租赁条件；⑤预先审核租户提交的铺位图纸（平面图、立面图、效果图）；⑥制作、签署租赁确认书及租赁合同，收取定金；⑦完成装修图纸审核、办理店铺移交进场手续，并收取装修费用与押金，跟进租户进场后的装修施工进度，确保如期开业；⑧定期评估、分析各租户经营期间的业绩、品牌、店铺形象等；⑨根据市场变化情况，制订客户调整计划，对商场租户进行及时调整；⑩分析接洽过程中租户的规模、实力、经营状况等。

实习体会：这个岗位对个人的能力要求很高，而且需要相当充分的准备以及与客户交流的能力。刚开始的时候工作遗漏比较多，准备不周的情况时有出现，对业务流程也不够熟悉，在这个过程中，得到了很多人的无私帮助，尤其是总监以及其他同事。我充分认识到，良好的人际关系不仅使我能够在工作中轻松掌控流程，你对他人的好意也将换来他人对你的帮助，在很多特殊的时候，这些帮助往往是关键的。

（三）岗位：招商谈判助理——张帆

上班时间：9：00—18：00。

工作职责：主要是配合谈判经理工作，帮助谈判经理处理一些简单的事务，为谈判经理准备相关资料。主要内容：①接待客户，并且同时准备相关情况的资料，以便在经理需要时提供。②为接待过的客户建立客户档案。③熟悉商铺位置，当客户有需要时，引导客户参观铺位。④负责谈判工作相关文件的编辑和整理，交与谈判经理审核。

实习体会：在这个岗位上，最重要的品质就是细心、周到，因为谈判工作准备得周不周全决定着接下来谈判工作的成败，而这个准备工作就是助理所要尽到的职责。有一次漏了一份文件，虽然最后没有出什么差错，但是自己仍然对此感到羞愧，此后常以此自戒，终于做得更加周到和细致，没有再次出现类似的纰漏。

（四）岗位：招商谈判经理——麦玮琪

上班时间：9：00—18：00。

工作职责：①负责客户的接待、咨询工作，为顾客提供咨询服务，主要包括公司概况、招商意向，以及目前的招商和大概的合同情况；②了解客户需求，匹配合适铺位，陪同客户看铺位，进行商务谈判，如果可以确定意向或者谈判遇到困难，则要汇报招商总监，协助招商总监进行下一步的工作；③负责业务跟进及商铺租赁手续办理等服务工作；④负责公司客源开发与积累，并与业主建立良好的业务合作关系；⑤另有特殊具体工作任务需要，则根据招商总监分派。

实习体会：接触到了各种各样的客户，他们丰富的经验，让我获益良多，深刻认识到在商业交往中，真诚是硬通货，每个你接触到的人都能感受到你的态度，你的真诚与否，很大程度上决定了最后的成败。

项目三　消费者行为学

模块 **一** 知识要点

1　消费者行为学概述

消费是一种行为，是消费主体出于延续和发展自身的目的，有意识地消耗物质资料和非物质资料的能动行为。随着社会的进步和发展，人类心理行为活动日益复杂化，其行为的总体水平也在不断提高和发展。对人类消费活动中的一般心理规律和行为表现的研究，构成了消费者行为学研究的基本内涵。

1.1　消费、消费者和消费者行为的基本概念

要理解消费者行为的内涵，首先要对消费、消费者和消费者行为三个概念有深刻的理解。

（1）消费。

人类的消费行为与人类的产生相伴而来，是人类赖以生存和发展的、最古老的社会活动和社会行为。一般认为，消费是指人们为满足需要而消耗各种物质产品及非物质产品的行为和过程。

人的消费在广义上包括生产性消费和生活性消费，生产性消费是指在物质资料生产过程中，各种工具、设备、原材料等生产资料以及劳动力的使用和耗费。生活性消费是指人们为了满足自身需要而消耗各种物质产品、精神产品和劳动服务的行为和过程。而狭义的消费仅指生活性消费，即日常生活中所说的消费，也是本项目所论及的消费。

（2）消费者。

消费者的概念有广义和狭义之分。广义的消费者，是指购买、使用各种产品与服务的个人或组织。狭义的消费者，是指购买、使用各种产品消费品或服务的个人与住户。因为本项目所论及的消费主要是狭义的消费，即生活性消费，相应的，这里的消费者主要指的是狭义的消费者，即为了满足自己的生活需要而进行消费的自然人。

在现实生活中，同一消费品或服务的购买决策者、购买者、使用者可能是同一个人，也可能是不同的人。比如，大多数成人个人用品，很可能是由使用者自己决策和购买的，而大多数儿童用品的使用者、购买者与决策者则很有可能是分离的。消费决策过

程中，不同类型的购买参与者所扮演的角色也不同。如果把产品的购买决策、实际购买和使用视为一个统一的过程，那么，处于这一过程任一阶段的人，都可称为消费者。

消费者是上帝，是营销者的生命线，这已经是买方市场的共识。在市场经济中，尤其是全球经济一体化形势下，消费者拥有的权利不断增多，消费者地位不断提高。消费者所做出的每一次购买决定不仅会影响营销者对原材料的需求、运输的需求、生产的需求、资金的需求，而且会影响工人的就业、资源的配置和营销者的成败。所以，营销者要想在快速发展的市场中取胜，就必须研究消费者及消费者行为。

（3）消费者行为。

所谓消费者行为，是指人们为满足需要和欲望而寻找、选择、购买、使用、评价及处置产品和服务时介入的过程和活动，包括消费者的主观心理活动和客观物质活动两个方面。消费者行为关注的是消费者如何将自己的精力、金钱、时间分配到他们想要消费的相关事务上，并且要做出相关的决策，这就包括购买什么、为什么购买、什么时候购买、在哪里购买、购买的频率、使用的频率、购买后的评价以及评价如何影响以后的购买与怎么处置这些产品。

传统上，对消费者行为的研究，重点一直放在产品、服务的获取上，关于产品的消费和处置方面的研究则相对被忽视。消费者行为是与产品或服务交换密切联系在一起的。在现代市场经济条件下，企业研究消费者行为是着眼于与消费者建立和发展长期的交换关系。为此，不仅需要了解消费者是如何获取产品和服务的，而且还要了解消费者是如何消费产品的，以及产品在用完之后是如何被处置的。因为消费者的消费体验、消费者处置旧产品的方式和感受均会影响消费者下一轮的购买。随着消费者行为研究的深化，人们越来越深刻地意识到，消费者行为是一个整体，是一个过程，获取或者购买只是这一过程的一个阶段。因此，研究消费者行为，既应调查、了解消费者在获取产品、服务之前的评价与选择活动，也应重视消费者在产品获取后对产品的使用、处置等活动。只有这样，对消费者行为的理解才会趋于完整。

1.2　研究消费者行为的意义

在现实生活中，我们每个人都是消费者。每个人都必须使用和消费食品、服装、住房、交通设施、医疗设施、教育设施、娱乐设施、体育设施以及各种各样的生活必需品，甚至是理论、观点、思想、数据等。

研究消费者行为的意义是多方面的。我们每个人做出的消费行为决策不仅会影响到自己现在及将来的生活，甚至会影响到国家政策以及政府对众多的行业如运输业、原材料制造业和市场的调配，更直接地影响着一些产业的发展和另一些产业的衰落。具体而言，研究消费者行为有以下几方面的意义：

（1）研究消费者行为有助于保护企业资源。消费者是企业的重要资源。这主要表现在：

①消费者是企业利润的源泉。有了消费者，才有市场，才能为企业带来利润。消费者购买的产品越多，为企业带来的利润就越高。根据研究，我国品牌的顾客忠诚度平均为34.8%，持续购买率仅为12.4%。国际著名品牌的顾客忠诚度一般都在60%以上，

持续购买率也在50%以上。这说明，我国的消费者资源还远未得到充分挖掘，企业还要付出更多努力，培育消费者对品牌的情感，强化消费者对品牌的忠诚。

②消费者能够推动企业经营战略的发展。企业在制定经营战略时，必须把消费者作为一种推动力量和战略资源来考虑。消费者的消费倾向、消费观念的变化会推动企业经营战略的调整和发展。罗萨贝斯·莫斯·坎特认为，在新经济中，企业必须与顾客建立"战略伙伴关系"，听取他们的意见，满足他们的要求，生产和产品方能有的放矢。

③消费者在推动企业提高产品和服务质量方面起关键作用。品牌竞争激烈而残酷，谁失去消费者，谁就将失去市场，失去生存空间。消费者的力量推动着企业创新技术，努力提高产品和服务质量。现在，质量问题不但受到企业重视，而且被提到国家发展战略的高度。

中国的"质量万里行"活动对树立民族的质量意识，提高企业产品与服务质量产生了深远影响。欧美国家和日本等国都设立了各种质量奖，以鼓励企业提高产品和服务质量。比如欧洲质量奖，要求"顾客满意度"超过1 000点200分。在这些国家的质量体系中，"顾客"被定义为"企业最直接的客户"，他们分布于企业生产产品和服务的整个链条中。

④消费者在驱动企业市场开拓方面起着基础作用。企业的市场开拓是在消费者的基础上进行的，如果没有消费者人数的增长和忠诚度的提高，市场开拓就毫无意义，因而企业要研究消费者的特点，研究品牌之间的关系，选择正确的开拓策略。有些企业投入巨大的营销资源，做广告，建立分销网络，推行代理制，实行区域一体化，然而收效甚微，一个重要原因是他们忽视了消费者这个基础。

（2）研究消费者行为有利于企业赢得消费者。

现代市场营销观念以它最基础的形式，阐明了一个企业要想获得最大利润就必须去预期和满足消费者的需求，了解消费者产生购买行为的原因、过程以及影响因素。世界著名的管理学大师彼得·F.德鲁克认为，企业的目标就在于创造并保留满意的消费者。虽然企业一定要赚钱，但德鲁克认为，赚钱是企业的一种必需，但不是目标。而企业要想赚到钱，只有满足消费者的需要，赢得消费者的满意。

对于消费者来说，企业营销活动的结果就是满足自己的需要。消费者不论是购买有形的产品还是无形的服务，都是为了追求一定需要的满足。因此，一个企业所做的任何调整都应该首先有利于消费者，这不仅是因为人们认识到了消费者是企业的衣食父母，而且也因为随着现代科技的发展，企业能从个体层次上了解其产品的消费者究竟是哪些人，营销战略对他们能有哪些影响以及他们将如何变化等。试想，一个失去消费者的企业如何能达成其利润目标，而没有利润企业又怎么生存？因此，判定企业成败的关键，便是赢得消费者满意的程度如何，即消费者的满意度如何。

营销实践表明，消费者的需要得到满足的程度越高，他们的满意度就越高，因而企业就越容易处于一种良好的发展势头。这也就是为什么越来越多的企业开始青睐关系营销。关系营销持这样一种观点：把消费者看作企业的长期"财富"，而不是一次性购买者。很多企业逐渐意识到，留住一个老客户比吸引一个新客户更容易，成本更低。关系营销的本质就是要发现哪些消费者对企业具有真正价值。当然这些客户不一定是最富有或花费最大的消费者。

（3）研究消费者行为可以有效地帮助企业制定市场营销战略。

在市场经济条件下，社会生产力飞速发展，商品供应丰富，消费需求复杂多变，形成了供过于求的买方市场，使企业之间的竞争日益加剧。而且，今天的消费者与以前相比有着更好的教育背景，更大的消费能力和灵活性，更广泛的选择消费的机会。所有这一切，都要求企业必须调查消费需求的信息，研究消费者的行为及影响消费者行为的各种因素，有针对性地制定相应的市场营销战略，提高企业竞争力。

（4）研究消费者行为有助于帮助和引导消费者。

从个人的角度来说，我们人人都是消费者。我们一方面希望企业能够基于对消费者行为的了解而生产出满足我们需要的产品，同时，作为消费者的我们也希望通过对消费者行为这一学科相关知识的了解，使自己成为一个精明的消费者，学会理性消费。比如，企业为了提高产品的知名度请明星做产品的形象代言人，让消费者因为喜欢明星进而"爱屋及乌"喜欢产品。而消费者如果认为某某是大牌明星，其代言的产品质量就一定好，那就是不明智的了。最典型的例子是，某大牌明星为国内一个中低档的化妆品做广告，而人们都知道她自己根本不会使用这个牌子的化妆品。

另外，与企业相比，消费者是单个的、弱势的，因此消费者是需要引导和创造的。这里的引导消费主要表现在引导消费者建立正确的消费观念和消费方式。比如，改革开放前，我国的社会生产力总体水平比较低，商品匮乏，人们的消费观念和消费方式比较单一，勤俭节约是当时的消费主流，人们崇尚的是"新三年，旧三年，缝缝补补又三年"的消费理念。近些年来，随着人们生活水平的提高，消费观念发生了很大变化，"花明天的钱，买今天的享受"已为越来越多的人所接受。因此，当前时尚营销的一个重要特点是"引导需求，创造消费者"。

（5）研究消费者行为有利于国家制定宏观经济政策和保护生态环境。

国家的经济政策是制约国民经济发展的决定因素，其制定必须以市场商品供应与消费需求的客观状况为依据。只有透彻地了解消费者的购买行为与心理的规律，把握影响消费者购买行为的各项因素，准确地预测消费需求的变动趋势，才能制定正确的财政政策、金融政策、投资政策、工商管理政策和各项法律，实现商品供应与商品需求的平衡，促进国民经济健康协调地发展。不然，就可能出现有效需求不足或过度消费、超前消费等现象，导致国民经济发展失衡，影响人民生活水平的提高。

科学技术和社会生产力的进步既能以空前的规模和速度创造社会财富，又能以空前的规模和速度毁坏生态环境。由于缺乏保护生态环境的意识，许多企业为了自身利益而在生产经营活动中肆意破坏生态环境，许多消费者也为了眼前的利益和暂时的享受而污染生态环境，导致生态环境急剧恶化，人类的生存岌岌可危。因此，研究消费者行为和心理有助于人类正确认识自己的需求，减少无益消费和有害消费，减少污染，合理利用资源，保护生态环境。

1.3 消费者行为研究的方法

消费者行为研究者要面对各种一般的或具体的消费行为问题。如何揭示消费者行为的一般规律，如何发现、分析、预测、解决一个具体消费问题，都需要多种研究方法。消费者行为学如同其他任何一门社会科学一样，所运用的研究方法基本是一样的，如科学抽象、分析和综合、质量和数量分析、逻辑和历史的统一、实验方法、社会调查等。但它作为一门独立学科，决定了在这一具体的研究领域中所运用的研究方法有些侧重点或特点。应用有关成熟理论、市场调查、案例研究等是最主要的研究方法。

根据市场调查中获取消费者资料的方法的不同，我们可以把消费者行为的研究分为两种性质不同的类型：定量研究和定性研究。

1.3.1　定量研究

定量研究是通过数量分析对事物进行衡量的研究。

（1）数据收集方法：

①观察研究法：运用感官对人的行为进行观察与分析。这种方法简单，使用方便，而且效果直观。但是比较被动，缺乏深刻性和准确性。

②实验法：在实验室或现场对人的心理与行为进行测试与分析。这种方法科学、严谨，有一定的准确性。但是复杂、烦琐，而且难以大面积推广。

③调查法：为了达到设想的目的，制订某一计划全面或比较全面地收集研究对象的某一方面情况的各种材料，并做出分析、综合，得到某一结论的研究方法。调查法应用范围广，可以对较大规模的人群的心理、行为、态度进行分析与调查，并能运用数据分析方法将定性问题定量化。但是问卷设计要力求标准与科学，同时需要被调查者的积极配合，避免随意性。

（2）数据收集工具：问卷和态度量表。

1.3.2　定性研究

目前，定性研究方法在市场研究中已被广泛运用，并且在消费者行为研究文献中得到了普遍认同。所谓定性研究就是通过综合描述与分类来对事物进行衡量的研究。

（1）数据收集方法：

①投射法：指通过一些无结构性的，或经过精心设计的测验，引出被试者的反应，从中考察被试者所投射的人格心理特征的心理测验方法，主要用于探究消费者内心深处的真实想法、真实动机。一般而言，在消费者不愿意正面回答、真实回答一些问题或者消费者难以回答一些问题的情况下，会采用投射法。

②访谈法：指调查者与消费者进行面对面有目的的谈话、询问，以了解消费者对所调查内容的态度倾向、其人格特征等。

（2）取样：在定性研究中，一般很少使用普查，往往采用抽样调查，其中包括概率抽样和非概率抽样。

消费者行为学的研究方法还有很多，如案例研究法、内省法等。

2　消费者决策过程

消费者的决策是指消费者为了满足某种需求，在一定的购买动机支配下，在可供选择的若干种购买方案中选择一个最优方案或选定一种合理方案的活动过程。

2.1　消费者购买决策模型

消费者的决策过程就是消费者解决问题的过程。这一过程可以很简单地在短时间内完成，也可能需要很长时间才能完成。一般来说，当购买产品时，消费者通常会经历确认需求、信息收集、评价选择、决定购买、购后评价五个阶段。

2.1.1　确认需求

需求确认是由消费者理想状态与现实状态之间的差距引起的。当消费者对情境的希望与情境的实际之间存在差异时就会产生某种需要。期望和实际状态之间产生差异的原因有外部和内部两方面的因素。主要有：

（1）缺货。当消费者使用一种储存的产品时必须补充存货，这时确认需求就出现了。此时的购买决策通常是一种简单和惯例的行为，并且经常靠选择一个熟悉的品牌或该消费者忠于的品牌解决这个问题。

（2）不满意。需求确认产生于消费者对正在使用的产品或服务不太满意。例如，消费者也许认为其手机已经过时。广告可以用来帮助消费者确认什么时候他们有问题和需要做何种购买决定。

（3）新需要。消费者生活中的变化经常导致新需要。常见的，一个人生活方式或工作状态的变化就可以创造出新的需要。比如搬家就可能购置一些新家具，升职就可能买一些更高档的服装以显得自己更体面些。有时报酬的增加也会提高个人的期望，如买彩票中大奖会购买一辆家庭小轿车或到国外旅游。

（4）相关产品的购买。需求确认也可以由一种产品的购买激发起来，如购买家庭影院会导致对其附属产品如影碟需求的确认，个人电脑的购买会推动对软件程序或软件升级的需求。

（5）新产品。市场上出现新产品并且这种新产品成功引起消费者的注意时，也能成为需求确认的诱因。营销商经常介绍新产品和服务，并且告诉消费者他们解决问题的类型。

（6）营销因素。比如，很多个人卫生用品的广告是通过创造一种不安全感，使消费者确认需要或问题，而消除这种不安全感的最佳方式就是使用他们推荐的产品。营销商还可以通过改变款式和服装设计，在消费者中制造一种他们的着装已经落伍的感觉，帮助消费者确认需要。但消费者并不总是买账的，因为有时他们看不到问题或意识不到营销商正售卖的产品到底有什么用。比如，许多消费者不愿意购买个人电脑的主要原因是他们看不到家里拥有一台电脑对他们家会有多大的好处。因此，有些精明的个人电脑制造商曾尝试用这样的方法来激发消费者的问题确认，即强调电脑是如何有助于开发孩子的智力和使之在学校表现得更优异的。

2.1.2　信息收集

消费者决策的第二步是收集信息。信息搜寻可以从内部、外部或内外部同时产生。

内部信息收集是对记忆中原有的信息进行回忆的过程。这种信息很大程度上来自以前购买某种产品的经验，即察觉到问题而想到的产品或品牌。从记忆中提取的信息有三种：①关于产品评价标准的信息；②关于备选品牌的信息；③关于备选品牌具体特征的信息。因此，对许多惯性、重复性购买的消费者来说，使用储藏在记忆里的、过去所获得的信息就足够用了。

如果内部搜寻没有产生足够的信息，消费者便会通过外部搜寻来得到另外的信息。市场营销人员最感兴趣的是消费者所需的主要外部信息来源以及每种信息对今后的购买决策的影响。消费者外部信息来源可以分为四类：①商业来源，如广告宣传、销售人员、产品包装、商品展览、店面橱窗、店内展示等；②公共来源，如消费组织评鉴、新闻报道、政府报告等；③个人来源，如家人、同学、同事、邻居等；④经验来源，如产品使用、操作、检查等。这些信息来源的相对丰富程度与影响程度随产品类别与购买者特征的不同而各异。一般来说，消费者首先收集的产品信息主要来自商业来源，即市场营销人员所能控制的来源。另外，最有效的信息则来自个人来源。每类信息来源对购买决策有着不同的影响。商业来源一般起着告知作用，而个人来源则起着认定或评价作用。

2.1.3　评价选择

在决策过程的信息收集阶段获得信息后，消费者便进入评价选择的阶段。在这个阶段，消费者会使用记忆中存储的和从外界信息源获得的信息，形成一套标准，对所有可供选择的商品或劳务进行认真的分析和评价，对比优缺点，淘汰某些不信任的类型和品牌的商品，缩小选择的范围。然后对所确认的品牌进行质量、价格比较研究，以选择最佳性能和最佳满足感的商品。

消费者使用的评价过程和评估标准并不相同，甚至同一消费者在所有的购买情境下所使用的评价过程也不相同。这是因为消费者购买不同的产品是为了满足不同的需要，因而他可以从不同的产品中寻求到特定利益。消费者将每种产品看作是能不同程度地带来所寻求的利益并进而满足某种需要的属性。消费者感兴趣的属性随产品的不同而各异。对同一产品来说，不同的消费者对其不同属性的关心程度也不同。同时，评价标准可能是主观的或是客观的。如在购买汽车的时候，消费者使用诸如价格及节约燃料等客观属性，也可以同时使用如形象、风格等主观属性作为标准。

2.1.4　决定购买

在购买过程的某个点上，消费者必须停止收集信息和评价方案并做一个购买决策。在评价选择阶段，消费者会在被选择的各种品牌之间形成一种偏好，发展出购买某种品牌的一个购买意图，但在购买意图形成的最后决策中，还会受多种因素的影响，如其他人的态度、不可预期的环境因素、预期风险等。

消费者改变、推迟或取消购买决定在很大程度上会受到所感受到的风险的影响。费用很高的商品一般都带有风险，消费者无法确定购买的回报，便感到担心。所感受到的风险的程度随产品特征、产品价格、消费者的购买经验、消费者的个体特征以及特殊的购买目的等影响。消费者常遇到的风险有功能风险、安全风险、经济风险、心理风险和社会风险。

既然消费者在决策过程中会知觉到各种风险，为了保证消费活动更好地进行，消费者会千方百计地采取措施来消除风险。常见的方法有：

（1）搜集信息，增加知识。消费者搜集到有关的信息越多，选择决策方案的自信心就越强，风险水平就会降低。知觉到高风险水平的人比知觉到低风险水平的人更喜欢接受他人的劝告或广告信息。因此，经常可看到消费者花费大量时间和精力到处逛商店，以此来获取减少风险所必需的知识。如果感到风险很高，他们自然不会购买。所以，营销人员，尤其是零售商，会通过提供无条件退货来减少消费者头脑中已觉察到的风险。例如，许多大型商场都提出了"不满意就退货"的服务允诺。

（2）寻求高价格。许多人偏向于相信"一分钱一分货"。因为消费者缺乏对产品和服务的实际了解，更倾向于用价格高低来衡量产品质量的好坏和服务的优劣。对于大部分顾客来说，价格便代表了质量。价格高，质量好；价格低，质量差。当对某些产品或服务知觉的风险较高而又无法消除时，就会采用高价格这一简便易行的方法。

（3）从众购买。在消费者看来，很多人采用同一产品或做出类似的购买决定，一定有其合理的基础，即使这种决策不是最好的，也不至于是最糟糕的。

（4）寻求品牌。消费者购买了某个品牌的商品或服务后，如果感到满意，就会产生重复性购买行为，而且还会把这种满意感传给他人，这样就可能建立对某一品牌的依赖度和忠诚度，知觉到的风险就会大大减小。在现实生活中，人们就是依据对商标的声誉和对名牌产品的认可来做出购买决策的，而不轻易购买自己不熟悉的或从没听说过的产品，以便回避风险。由于购买服务有更大的风险和不确定性，消费者与服务提供者之间的关系可能变得更复杂，因而消费者对品牌有更高的忠诚度。

2.1.5 购后评价

消费者决策过程并不随着购买过程的结束而结束。在使用了产品和服务后，消费者会将其实际表现水平同期望水平进行比较，并体会到满意或不满意，进而影响以后的购买行为。

（1）购后满意。消费者在购物后都会体验到一定程度的满意或不满意。如果产品绩效低于期望，消费者就会失望；如果符合期望，消费者就感到满意；如果超过期望，消费者就会高兴。

（2）购买后的失调。消费者的期望与产品绩效之间的差距越大（绩效＜期望），消费者购物后产生不满意的体验就越深刻，这种现象称为购买后的失调。如果绩效与期望之间的差距较大而这种差别又很难纠正，消费者的不满意感就会很强烈，或者说产生了严重的不协调。这个时候他可能采取行动也可能不采取行动。如果采取行动，他可能采取私下行动或公开行动。私下行动是指停止购买该产品或者提醒朋友有关该产品或卖主的情况。公开行动包括向公司投诉、找律师或向能帮助购买者得到满足的其他组织投诉。

（3）购买后的使用和处置。无论购买后满意与否，消费者都会对所购买的产品进行使用或处置。一般来说有三种方式：保存或使用，永久性处置和暂时性处置。永久性处置包括扔掉、出售、赠送、换取其他物品和再循环。暂时性处置包括出租和出借。

2.2 消费者购买决策类型

消费者的购买决策一般被看作是问题解决的过程。这种问题解决的过程是一个连续的过程，其一端是常规的问题解决，另一端是扩展的问题解决，中间区域被称为有限的问题解决。

（1）例行型购买决策。例行型购买决策即常规的问题解决，就是消费者了解产品，同时也了解品牌时的决策。消费者购买曾经买过的品牌或者熟悉的品牌时，一般不会寻找信息而直接做出购买决策。换句话说，只要消费者忠诚于品牌，购买决策就会非常迅速。

例行型决策包括忠诚型购买决策和习惯型购买决策。忠诚型购买决策是指消费者认定某一品牌比其他与本品牌相竞争的品牌能更好地满足需要，对该品牌形成了情感上的依赖，从而长期反复选择该品牌。习惯型购买决策和忠诚型购买决策在外在形式上表现一致，即较长时期重复选择某一品牌。然而与忠诚于某一品牌的情况不同，此时消费者重复选择某一品牌是他认定不同品牌其实没有实质性差异。如果遇到其他与本品牌相竞争的品牌降价，或者其他品牌企业采用强有力的促销手段，消费者可能会转而购买其他品牌的产品并且不会有太多的思考。

（2）有限型购买决策。有限型购买决策即有限的问题解决，是指消费者对某一产品类别或同类产品的各种品牌有所了解，并且具有基本的判别标准，但是还没有形成对某一品牌的偏好，需要进一步搜集某些信息，以便在不同的品牌之间做出更满意的选择。例如一个家庭重新购买洗衣机时，由于对洗衣机已经有了一定的认识，所需要的信息相对也少，就使得决策过程比较迅速。

（3）扩展型购买决策。扩展型购买决策即扩展的问题解决，是指消费者购买不熟悉的产品和品牌时需要搜集大量信息，并且要花费很长时间进行比较、选择的决策。扩展型购买决策是比较复杂的购买决策。以购买家庭轿车为例，如果购买者对轿车本身以及轿车市场的情况均不熟悉，那么他就需要从各方面搜集信息，了解市场上有哪些品牌的轿车，各种品牌轿车在性能、价格等方面的差异，以及应从哪些方面来评价轿车的好坏、优劣等。也许他要花几个星期甚至几个月的时间才能决定选择何种规格、何种品牌和带有什么样配置的轿车。

三种购买决策类型的主要区别有：

（1）购买决策所经历的阶段以及各阶段消费者的参与程度存在差别。在例行型购买决策中消费者的参与程度最低；在扩展型购买决策中，消费者参与程度最高；而对于有限型购买决策，消费者参与程度介于前述两种决策类型之间。

（2）不同决策类型下，消费者重复选择同一品牌的概率不同。一般而言，越是复杂的购买决策，消费者在下一轮购买中再选同一品牌的可能性相应越小；越是例行型购买决策，重复选择同一品牌的可能性越大。

（3）不同决策类型下，消费者在信息搜集上所花的时间存在差异。通常，例行型购买决策很少进行信息搜集活动，而扩展型购买决策则需进行广泛的信息搜集。

3　情境对消费者行为的影响

买东西不只是去一家商店快速挑出商品这样一个简单的常规性的活动。消费者的选择受到许多个人因素的影响，如情绪、购买时是否有时间压力、产品使用的特定情境与环境等。在某些情境下，例如买车或买房，销售员或零售商对消费者的最终选择起到关键性的影响作用。

3.1 情境的构成

情境既不是客观的社会环境，也不是可见的物质环境，而是与二者有关的独立于消费者和商品本身属性以外的一系列因素的组合。情境的构成主要包括以下几个方面：

（1）物理环境。物理环境指的是不占据空间的物质环境，它常常表现为无形的或不可见的物理因素。如在现代商业空间起着传达信息、烘托气氛作用的颜色；对顾客有着正向、积极影响的还是带来负面感受的气味；可以提高人购买情趣的背景音乐还是令顾客产生消极情绪的噪声；体现商家销售主体诉求意向和向顾客传递购物信息的照明，等等。

（2）人际环境。人际环境指购买过程中对消费者行为产生影响的其他人，包括同伴与营业员两大方面。一般来说，上街购物为消费者提供了一种家庭之外的社会体验，如结交新朋友、联络老朋友或仅仅是愿意与他人在一起。同时，有些人在购物中体验到一种权威感和受尊重感，因为营业员或服务员的工作就是为客人提供服务。所以，很多消费者在购物的同时，也体验到各种社会情境。

（3）时间观念。时间也在很大程度上影响消费者的行为。这里所指的时间包括两个方面的内容。一方面是自然界客观的时间概念，如一天中的某段时间、一周的星期几、一年中的哪些月份等。另一方面指的是人们的时间感对其购买行为的影响。例如，在时间紧迫的情况下，消费者就不会花很多时间来收集信息和选择商品，因而购买后常有不满意之感。

（4）人员密度。人员密度是指营业面积与顾客之间的对比关系，它反映了商场内人们之间的拥挤状态，也是构成商场环境气氛的重要因素。没有人愿意在非常拥挤的商店买东西，因为在那样的环境中人们既没有安全感，也会体验到一种压抑感。人们改变这种处境的基本方法就是减少在商店内的时间，同时买得更少、决策更快或更少运用店内可以利用的信息。其后果是顾客满意度降低，产生不愉快的购物经历，再次光顾的可能性减少。所以在设计商店卖场时，要考虑到客流量与营业面积之间的关系，应尽量减少顾客的拥挤感。

（5）购买任务。购买任务是指消费者当时所特定的购买目的和目标，即购买某商品是为自己所使用、与家人共用还是送人。例如，家庭主妇在为家人购买节日礼物时的方式与为自己购买商品时的方式肯定有所不同。而如果是送给别人的礼物，那么这种区别就更大，因为礼品一般包含了多种象征意义：礼品的价值可以衡量送礼者对受礼者的尊重程度或受礼者对送礼者的重要程度；礼品的形象与功能隐含着送礼者对受礼者形象和个性的印象；礼品的性质表明了送礼者希望与受礼者建立的关系类型，等等。因此，即使是购买同样的商品，由于购买目的和购买目标的不同，消费者采用的购物策略和选择标准也完全不同。

（6）心境。心境是一种平静、微弱而持续一定时间的情绪体验，它具有弥散的特点。心境作为一种情绪，没有激情和热情那么强烈，也不如激情和热情那样对正在进行的行为产生如此大的影响，但它能影响个人行为的所有方面，而且能够在个体没有意识的情况下产生。

人们描述心境的词汇一般有高兴、平和、消沉、压抑、忧伤等。消费者的心境是消费者带到购物现场的暂时的情绪状态，它既影响消费过程同时又受消费过程的影响。例如，人们在愉悦的情绪状态下看什么都顺眼，不易与人发生冲突，因而能保证购买过程顺利进行；相反，如果消费过程不顺利，如没有买到称心如意的商品，消费者就会感到沮丧、不开心。心境还能影响消费者的购买决策以及对不同商品的购买和消费，正面、积极的心境与冲动性购买和"举债消费"相联系。

当然，负面的心境也会增加某些类型消费者的冲动性购买。另外，心境还会影响对服务和等待时间的感知。一般情况下，心情好的时候对质量一般的服务也能接受，而且排队等待的时候也不会觉得时间过得太慢而倍感烦躁。

3.2　情境的类型

3.2.1　信息获取情境

信息获取情境是指对消费者购买行为产生影响的情境。对消费者来说，有些信息是无意中偶然得到的，而有些信息是通过自己有意识的搜寻而得到的。据统计，在零售商店中约有 2/3 的购买决定是消费者到商店后才做出的，因此，营销人员应尽可能地营造便于消费者获取各种信息的环境。营销人员创造有利于消费者获取信息环境的方法有以下几种：

（1）利用广告帮助消费者获取信息。除了在杂志、电视等媒体上做广告之外，营销人员还可以在商店的橱窗前或柜台前放上醒目的标志，或是把产品说明书直接邮寄给消费者。此外，营销人员也可以利用现场的 POP 广告、购物袋或购物车上的广告来帮助消费者获取有关的商品信息。

（2）利用促销帮助消费者获取信息。很多商店在搞促销的时候常常采用"买送"或"买赠"活动，但是大多数的"买送"或"买赠"都是针对同一商品或同类商品的。这种做法虽然有利于某厂家某类商品的销售，但是不利于消费者获取其他的商品信息。所以，商店可以通过向购买不同商品的消费者提供不同的赠品或赠券的方式让消费者获取更多的商品信息。

（3）利用互联网等现代科技手段向消费者传递有关的商品信息。消费者信息来源的最新发展就是互联网。越来越多的公司在互联网上建立主页，消费者可以随时进行访问。

3.2.2　购买情境

购买情境指的是消费者在购买过程中所接触到的各种物理的、社会的以及其他各方面的环境。不同的购买情境会影响人们的消费内容和消费方式。例如，与孩子一起购物时，就比没有孩子在场时的购买决策更易受到孩子的影响；如果看到某超市的收款处排着长龙，你还会愿意进去买东西吗？

影响购买情境的因素很多，除了营业员的服务、同伴的影响以及商店里的人员密度等社会因素以外，还有两个比较重要的因素，即商场接触和商品接触。

（1）商场接触。商场接触的核心问题是如何将消费者吸引到商场里来。这一方面涉及商场的位置，另一方面涉及消费者对商店形象和商店品牌的认知。

（2）商品接触。商店内的商品陈列及商店氛围对消费者的商品接触有较大的影响。

商店氛围主要指商店的物理环境，它可以使消费者乐于在商店中逗留，也可以使消费者觉得郁闷，想尽快结束购物。一项研究表明，当背景音乐节奏慢时，消费者就会在商店里平均多逗留一些时间，多花一些钱。

3.2.3　消费情境

消费情境是围绕着产品的实际使用或消费的情境。首先，在不同的消费情境中人们会有不同的消费体验。例如，在一个服务周到、整洁优雅的快餐店里就餐，人们会变得很愉快。其次，不同的产品可能适用于不同的情境。例如，结婚典礼上收到的礼物与生日聚会上收到的礼物就很可能不一样。最后，对营销人员来说，有些产品营销人员能直接控制消费情境，如在服务业（如餐馆或旅店），消费者购买的主要产品和服务就是消费环境本身；而有些产品营销人员就无法控制其消费情境，因为其消费行为可能进行很长时间，例如电冰箱可能消费 10 年或更长的时间。

3.2.4　处置情境

处置情境是指消费者在产品使用前或使用后如何处理产品或产品包装的情形。消费者必须经常处置产品或产品的包装，而这种处置情境与某些行业高度相关，如旧车市场等。对于营销商来说，为了发展更为有效且符合伦理的产品与营销计划，就必须了解情境因素是如何影响消费者的处置决定的。消费者对产品的处置可能因产品的不同以及消费者本人的特点不同而有所差异。例如，在一些情况下，某些产品只是简单地被扔掉；而在另一些情况下，消费者可以把产品送给慈善机构，也有的人把不想要的东西卖到跳蚤市场等。

需要特别指出的是，随着人们环保意识的增强以及国家有关政策的出台，越来越多的营销商感到有责任来保证产品不会污染环境或危害健康。例如，快餐店正在使用一次性的可降解的塑料快餐盒，在购物中心设置一些垃圾箱等。

3.3　影响消费者行为的物质环境

3.3.1　商店布局

商店布局指的是商店内外的布置和设计。商店的地理位置、店面的设计、招牌名称以及橱窗布置等都能对消费者产生或大或小的影响。

（1）商圈分析。商圈是指店铺吸引顾客的地理区域，是店铺的辐射范围，由核心商业圈、次级商业圈和边缘商业圈构成。核心商业圈的顾客占到店铺顾客总数的55% ~77%，是离店铺最近、顾客密度最高的区域；次级商业圈的顾客占到店铺顾客的15% ~25%，位于核心商业圈的外围，顾客较为分散；边缘商业圈包括了所有余下来的顾客，顾客最为分散。

另外，商圈也可以按照顾客来店所需时间来计算。按照这种方式，可以把商圈分为徒步圈、骑车圈、乘车圈和开车圈。徒步圈指走路可以忍受的范围或距离，一般来说，单程以 10 分钟为限，距离在 500 米以内，我们称之为第一商圈；骑车圈是指骑车所能及的范围或距离，一般来说单程以 15 分钟为限，距离在 2 000 米以内，我们称之为第二商圈；乘车圈是指公共汽车所能及的范围或距离，乘车 10 分钟左右，距离在 5 000 米以内，我们称之为第三商圈；开车圈是指开车经过普通公路、高速公路来此消费的顾客群

（一般是回头客或慕名而来的顾客），我们称之为第四商圈。

（2）商店选址。俗话说："一步差三市。"与其他行业相比，商业企业的地理位置对企业的繁荣昌盛起着至关重要的作用。商店选址是制定经营目标和经营战略的重要依据。商业企业在制定经营目标和经营战略时，需要考虑很多因素，其中包括对店铺所在地区的社会环境、地理环境、人口状况、交通条件、市政建设等条件进行研究，从而为企业制定经营目标提供依据，并在此基础上按照顾客构成及需求特点，确定促销战略。

（3）招牌名称与门面设计。

①招牌是一个商店的标志，也是商店的"名片"。它包含商店的名称和标识。一个好的店名招牌，往往能激发起消费者的联想和想象，引起消费者的兴趣和注意。

商店的招牌主要是对店名和经营的产品做出展示，因此在招牌的设计上应该醒目、鲜明、新颖，给人以呼之欲出之感，使之有强烈的时代气息和艺术欣赏价值。招牌的形式一般有文字型、文图型、形象型和实物型等。

②商店的门面主要指的是商店的进出口通道及外部设施，包括前面介绍的招牌、店门、橱窗以及霓虹等能引起消费者注意的外观结构。

商店店门是商店的入口。因此，店门的设计要考虑方便顾客的出入。一般来讲，店门要尽量设在靠街的一面，而且要尽量显眼，并注意店门大小与招牌、橱窗的比例关系，令人感觉舒适、不别扭；店门结构要简单、方便，易于开关。

店面是一种装饰性、广告性很强的立面造型，它的形象不像一般建筑物那样由建筑师一次设计完成，往往是根据不同性质的商店的特殊要求，在建筑形象的基础上，再由装潢设计师设计完成。

橱窗既是商店门面的总体装饰的组成部分，也是商店的第一展厅。它是以所售商品为主体，利用布景、道具和画面装饰为衬托，配合适当的灯光、色彩和文字说明，进行商品展示和宣传。在营销活动中，橱窗既是一种重要的广告形式，也是装饰商店店面的重要手段，它把商店经营的重要商品巧妙地排列成富有装饰性和整体性的货样群。因此，在橱窗设计时，一定要显示商品并突出商品，以适应消费者的选购心理。此外，还要根据陈列商品的性质、用途和特点，考虑商品的摆放部位和展示形式，并注意橱窗布局的视觉效果，以吸引消费者的注意和兴趣。

3.3.2　商品陈列

商品陈列指的是商品在货位、货架和柜台内的摆放、排列等。从促销的角度看，商品陈列可以作为最直接的实物广告对消费者产生影响。

（1）商品陈列的作用。国外有关调查报告指出：在对5 000名顾客的调查中，有82%的人在逛商店时，起码看过两件陈列品；40%的人认为他们利用陈列品来指导购买决策；有33%的人购买过一件以上陈列的东西。可见，在营销活动中，商品陈列在吸引消费者进入商店挑选商品、达成交易时起着重要的作用。

因此，商品陈列时首先要考虑的就是如何适应消费者的一般心理愿望，如商品陈列时间的长短、空间上的高低分布等。

（2）商品陈列的方法。在营销实践中，商品陈列的方法是多种多样的。这里从考虑消费者一般心理的角度，介绍几种商品陈列的方法：

①分类陈列法。即根据商品的档次、性能、特点等分类排列，展示某类商品有代表性的特点。这种方法有利于消费者比较和挑选商品。

②组合陈列法。即把相关的一类商品排列在一起的方法。所谓相关商品，指的是互补性商品、替代性商品、连带性商品等。这种排列方法既方便了消费者购买，也扩大了销售。

③逆时针陈列法。据有关调查结果显示，大部分顾客逛商店时总是有意无意地按逆时针方向行走。根据这一习惯，商店在摆放商品时，应该尽可能按照商品的主次沿逆时针方向排列。

④专题陈列法。也称主题陈列法，即结合某一事件或节日，集中陈列有关的系列商品，以渲染气氛，营造一个特定的环境，以利于某类商品的销售。

⑤特写陈列法。也称醒目陈列法，即通过各种形式，采用烘托对比等方法，突出宣传陈列某种商品。对于需要特别宣传的商品或有特殊意义的商品，采用这种醒目的排列方法，既有利于陈列商品的销售，也有可能带动其他商品的销售。

4 价格因素与消费者行为

在现代市场经济条件下，价格是影响消费者购买的最具有刺激性和敏感性的因素之一。深入研究价格对消费者的心理影响，把握其价格心理特性，是企业制定价格策略的基础和前提。

4.1 商品价格的心理功能

研究和营销实践都表明，商品价格在影响消费者购买行为方面具有某些普遍性的心理功能。具体来说，商品价格的心理功能主要体现在以下三个方面：

（1）衡量商品价值的功能。根据经济学理论，价格是价值的货币表现，商品价格是围绕着商品价值上下波动的，也就是说，商品的价值是确定商品价格的基础。但在当今社会，消费者面对种类繁多、质地各异的商品，很难分清它们的内在品质，无法实际了解它们的真正价值。因此，消费者宁愿以价格来衡量商品的价值，相信"价高质好，价低质次""一分钱一分货"。

（2）自我意识的比拟功能。对消费者来说，商品的价格不仅能衡量商品的价值，而且可以通过联想，把商品的价格高低同个人的愿望、情感、个性心理特征等联系起来，进行有意或无意的比拟，以满足个人的某种欲望和需求，价格所具有的这种心理功能就称作自我意识的比拟功能。价格的自我意识比拟主要有以下几种形式：

①社会经济地位比拟。有些消费者只到高档、大型百货店或专卖店购买"名、特、优、新"商品，以显示自己的社会地位和经济地位。有些消费者则是大众商店、低档摊位的常客，专门购买折价、过季降价、清仓处理的廉价商品。假使这两类人的行为发生了错位，则第一种消费者会为去低档次的场所购物而感到不安，认为有损自己的社会形象，而第二种消费者去高档次购物场所购物，则会产生局促不安、自卑压抑的感觉。

②文化修养比拟。有的消费者尽管对书法字画缺乏鉴赏能力，却要花费大笔支出购

买名人字画挂在家中，希望通过昂贵的名人字画来显示自己具有很高的文化修养，从而得到心理上的慰藉。还有一些消费者本身并不喜欢看书，却要购置大量精装豪华的书籍，以显示自己的博学及高品位。

③生活情趣比拟。有些消费者既缺乏音乐素养，又没有特殊兴趣，却购置钢琴或高档音响设备，或者亲身实地去欣赏、体验自己听不懂的高雅音乐会，以期得到别人给予"生活情趣高雅"的评价，获得心理上的平衡。

④观念更新比拟。一些消费者怕别人说自己落伍，跟不上潮流，即使不会使用电脑，也要花上一大笔钱购置一台最先进的电脑作为摆设，希望能够以此获得"与时代发展同步"的心理安慰。另有一些消费者受广告影响，萌发追赶科技潮流的冲动。例如，"商务通"掌上电脑的电视广告"呼叫、手机、商务通，一样都不能少"，曾经引发了一批中高收入阶层消费者的购买热情。很多人购买掌上电脑并无多大实际用处，其潜在心理是树立自己观念前卫的形象。

（3）调节消费需求的功能。商品价格的最基本功能也许就是对消费者需求的调节作用。在一般情况下，商品价格的涨跌会影响到商品需求的增减。也就是说，在其他条件不变的情况下，当商品的价格上涨时，消费需求就会减少；当商品价格下跌时，消费需求就会增高。

4.2　影响消费者价格心理的因素

影响消费者价格心理的因素是多方面的，诸如消费者的经济状况、市场竞争状况、国家的宏观政策、消费者的时间与行为努力情况等。在此，我们仅对消费者的需求、过去的经验、参与程度的高低以及商店信誉几个方面进行简单的分析。

（1）需求。需求是指在一定的时期，在既定的价格水平下，消费者愿意并且能够购买的商品数量。一般说来，人们购买商品的数量取决于该商品的价格。商品价格越高，消费者对该商品或服务的需求量就越少。反之，价格越低，消费者的需求量越大。这就是消费者需求弹性，即消费者对价格变化的敏感性。需求富有弹性是指价格变化时，消费者会购买更多或更少的商品；相反，需求缺乏弹性，则意味着价格的上升或下降不会对消费者需求产生很大的影响。

（2）过去的经验。在消费者对价格信息的认知过程中，消费者会把某一商品的标价与他们头脑中已经形成的这一商品的价格或价格范围做一个比较。消费者在头脑中为进行这些比较而形成的价格被称为内部参照价格。这一内部参照价格在消费者看来或许是一个公平的价格，对消费者的购买行为起着向导的作用，例如，某一消费者可能认为2元钱是一瓶罐装饮料的合适价格。所以当街头小店出售的饮料价格是4元钱时，消费者头脑中的内部参照价格可能会阻止消费者购买，因为他们认为价格太高了。

（3）参与程度的高低。一般来说，对于消费者参与程度较低的商品或购买过程，价格对消费者的购买行为影响很小甚至没有影响。比如，对于经常使用某种品牌牙膏的消费者来说，他甚至都说不出来该牙膏的具体价格是多少。而对于那些消费者参与程度较高的商品或购买过程，商品价格对消费行为的影响就可能大些。

（4）商店信誉。有时消费者会对他们经常进行购物的商场的价格信誉形成依赖，因此不用认真地比较分析价格信息。比如，经常去沃尔玛购物的人，常常只管往购物车里装东西，而不认真记住商品的价格。如果这时你问消费者购物车里的某商品是多少钱，有很多人确实答不上来。

4.3　消费者价格心理

消费者价格心理也就是消费者对商品价格水平的心理感知，是影响消费者购买行为的重要因素。消费者价格心理特征主要为以下几个方面：

（1）消费者对价格的感受性。

价格感受性是指消费者对商品价格高低的感知程度。消费者对商品价格的高与低、昂贵与便宜的认识是通过三种途径获得的：①与市场上同类商品的价格进行比较；②与购货现场不同种类商品的价格进行比较；③通过商品本身的外观、质感、重量、大小、包装、使用特点、环境气氛等进行判断。

消费者在根据上述途径对商品价格高低进行判断时，由于受消费者对商品要求紧迫程度的主观因素的影响，以及商品出售过程中的环境气氛、销售方式及商品本身等客观因素的影响，往往会出现感受错误，产生错觉。这种感受错觉会直接影响消费者的价格判断。例如，一瓶红酒，商场售价20元，而在五星级宾馆，则售价可能会在上百元，消费者有可能也会接受，这是因为豪华、优雅的环境和气氛会影响消费者对价格的感受性。

（2）消费者对价格的敏感性。

消费者对价格的敏感性是指消费者对商品价格变动在心理上的反应程度和速度。

衡量价格敏感性的一个最常用指标是消费者的价格弹性，即对价格的反应程度。一般来说，消费者对需要经常购买的日用品价格变动很敏感，而对购买次数少的高档消费品的价格变动比较迟钝。例如，油、盐、酱、醋上涨几毛钱，消费者就会有强烈的反应，而高档电器上涨几十元甚至几百元也不会引起太大的反应。

（3）消费者对价格的习惯性。

消费者对商品价格的习惯性是指消费者根据自己以往的购买经验，对某些商品价格反复感知，从而决定是否购买的习惯性反应。消费者对商品价格的习惯性往往支配着消费者的购买行为，成为消费者衡量商品价格是否合理的一个尺度。

（4）消费者对价格的倾向性。

消费者对商品价格选择的倾向性心理是指消费者在购买商品过程中对商品价格的高低进行比较后选择商品的倾向，是消费者对同类商品价格水平不同档次的偏好性。商品有高、中、低档的区别，它们分别标志着商品不同的品质和质量。消费者价格倾向性心理，主要受消费者所处的地位、经济收入水平、消费水平及文化素养等因素的影响。

（5）消费者对价格的逆反心理。

消费者对价格的逆反心理是指消费者在某些特定情况下对商品价格的反向表现。正常情况下，消费者总是希望买到物美价廉的产品，对于同等质量的产品总是希望其价格更低。但有时消费者往往会产生逆反心理，认为好货不便宜，便宜没好货。市场上常有这种情况，某种商品打出"跳楼"价格，反而无人问津。而一些高档消费品的价格一涨再涨，却仍持续畅销。

模块 二 >> 实习内容

1 消费者的购买决策

1.1 实习目的

结合实际，通过亲身体验，使学生了解消费者购买决策，理解影响消费者购买决策的因素和购买决策类型。在此基础上，提升学生根据消费者购买决策模式分析提出相关营销策略技巧的能力。

1.2 实习步骤

（1）分组考察广百商场，使用恰当工具记录实习过程和实习环节；

（2）通过自己作为一名消费者的亲身经历，互相讨论各自的体验、结果和发现；

（3）总结消费者购买决策过程中各环节企业可以把握控制的方面并提出相对应的营销策略；

（4）参考相关理论知识，形成统一意见；

（5）分组制成报告幻灯片，并公开展示。

1.3 实习重点

通过实地了解、体验和观察，掌握效用理论与消费者购买决策的关系。

消费心理学研究表明，消费者行为的出发点是需要，而归宿是需要的满足。消费者通过购买商品以及对商品的使用，能够使自己某些方面的需要得到满足，从而获得生理或心理上的愉悦。商品这种能满足人们某种需要的特性，就是它的效用。从心理学角度讲，商品的效用就是人们在占有、使用或消费时得到的快乐和满足。

（1）商品的效用与消费者需要的类型、强度等密切相关。例如，当少数人拥有价值较高的手表时，他们会获得一种显示其社会地位和身份的满足感。因此，这一商品对他们来说具有较高的效用；而当社会上拥有这种手表的人数增多，从该商品中获得的满足感不像以前那样强烈时，它的效用就降低了。

另外，由于人们的需要各异，同一商品的效用对不同消费者而言也迥然不同。可见，效用反映了人们在消费活动中的满意程度。研究表明，发现其内在规律，便于科学、客观地研究消费者的行为。

（2）效用与消费数量的关系。边际效用是指消费者每增加一个单位的商品消费量所能增加的需要满足程度。边际效用是西方经济学家分析消费者行为特点时提出的一种理论，也称为效用理论。这一理论认为，追求商品带来的最大满意度是人们消费商品的目的和愿望。随着消费商品数量的增加，给消费者带来的总的满意度也在增加。而在消费者满意度增加的同时，每一单位商品给消费者带来的满意程度却在减少，即边际效用降低。

一种商品的边际效用随消费数量的增加而减少的现象，普遍存在于各种商品之中。

出现消费行为边际效用递减的原因大致有两个方面：一是消费者在消费一种新商品时，出于求新动机的影响，对新商品的满意程度很高。而随着消费商品数量的增加，消费者对其逐渐适应，新鲜感逐渐降低，如果再继续消费这种商品，消费者所得到的满意度就会下降。二是消费者的某种需要得到一定程度满足后，就会产生新的需要，原有的消费需要就变得相对不重要了。这时，继续增加商品的消费数量，所得到的满意度不会等量增加，边际效用递减的现象就出现了。

边际效用现象可以为企业提供有益的启示，即在开发新产品、占领新市场方面要具有长远观念。一种产品一经占领市场后，企业必须做好开发新产品的准备。因为边际效用递减现象一旦出现，消费者就会从心理上逐渐疏远甚至厌恶该产品，并主动寻找让他们感兴趣的新产品。这时，如果经营者不能正确分析这一心理变化，不想方设法开拓市场，就会面临自己的市场被其他商品抢占、替代的局面，这对企业而言是极为不利的。

（3）购后评价。消费者的消费体验通过与别人交流对商品的感受、评价等方式反映出来。这种评价可能是多方面的，一般包括以下几个方面：

①对商品名称做出评价。商品名称会保留在消费者的脑海中，形成记忆和印象。通过向他人、本消费群体及其他群体传输这种记忆和印象，即构成了商品的知名度。这种知名度是影响消费者下一次购买的心理基础。

②对商品数量做出评价。消费者依据通过各种渠道获得的对他人的评价结论和个人的判断标准来评价商品的质量，同时，也从商品的价格、包装、功能和使用效果等方面综合起来对质量做出评价。这种综合评价的方式类似于平衡效应，商品的价格高，消费者要求商品的质量也要好，否则会做出质次价高的评价。

③对经营单位做出评价。对经营单位做出评价包括对于经销单位、售货人员以及生产企业做出的评价。购物场所设施完备，环境优雅舒适，售货员的服务热情周到，消费者一般会做出良好的评价。生产企业对商品的宣传与消费者手中购得的商品差别越小，或者实际购得的商品性能优于宣传所提到的效果，消费者对生产企业也会做出较高的评价。

目前，消费者购物后对商品及购物环境做出的评价已经为许多厂家和经营单位重视。研究消费者购物后的评价反应，已经成为反馈消费者信息的一个主要组成部分。许多生产企业采用调查问卷的方式搜集有关评价结果。有些企业则直接在商品的说明书与质量保证书中附上评价表格，消费者在使用商品后，可以随时把评价结果反馈给企业，从而使企业能够及时搜集消费者的评价意见，处理他们在使用商品中遇到的问题。

消费者购物后的评价不仅影响本人的下一次购物，也会影响到其他消费者的购买行为，并直接影响商品的销售效果。所以，企业有必要对消费者的购后评价进行研究，以便采取适当策略，促进消费者做出良好的购后评价。

2　情境对消费行为的影响

2.1　实习目的

结合实际，通过观察并讨论，使学生初步掌握消费情境的相关知识，学会用商业眼光和商业意识来看待消费情境，提高学生营销意识，以及观察和分析能力。

2.2　实习步骤

（1）分组考察广百商场，用数码相机或 DV 记录下商场人流情况以及消费者的情绪、行为表现等各个环节；

（2）分组分课题（商场播放音乐、顾客密度及拥挤程度等课题）讨论各组的记录结果，形成统一意见；

（3）总结商场音乐播放、调节顾客密度和拥挤程度等的技巧和禁忌；

（4）分组制作幻灯片，并公开展示。

2.3　实习重点

通过在广百实地了解和观察，掌握零售环境的两个重要因素——音乐和拥挤程度及其对消费者行为的影响。

（1）音乐对购物者行为的影响。

商店内的背景音乐被认为会对消费者的购物行为产生影响。梅里曼（Milliman）做的一项研究调查了两种类型的音乐是如何影响超市购物者行为的。在 9 周的时间里，实验的商店或者播放快节奏的音乐，或者播放慢节奏的音乐，或者不播音乐。结果发现，消费者在商场购物时步行速度的快慢取决于音乐节奏的快慢。当播放舒缓的音乐时，按天为单位计算的销售量增加了 38%。

有趣的是当询问顾客是否意识到现在放的音乐与过去放的音乐不同时，他们均未发现其中的差异。由此说明，音乐的影响是潜意识的。由于音乐对顾客、对员工均有正面的影响，所以一些公司专门开发音乐产品用于商场或工作场所播放。提供这类产品的莫扎克公司在广告中声称，使用它所提供的背景音乐，雇员做事效率更高而且差错率更低。

梅里曼在 1986 年做的另一项研究调查了音乐节奏的快慢对销售量的影响。该项研究在一家中等规模的餐馆进行，持续了 6 周，在每周的周五和周六随机播放快节奏和慢节奏的音乐，然后对照不同节奏的音乐下的销售量是否存在不同。

研究显示，在慢节奏音乐下，顾客平均逗留时间为 56 分钟；而在快节奏音乐下，平均逗留时间为 45 分钟。逗留时间的增加对食物消耗的影响并不明显，但酒水的消费量显著增加了。总体而言，每份账单的平均金额由快节奏音乐下的 48.62 美元增加到 55.82 美元。应当指出，这一结论不一定能推广到所有的零售环境，即不是在所有情况下零售店或餐馆都应播放慢节奏音乐。实际上，在有的情况下，快节奏音乐也许更为适合。

例如，如果餐馆的毛利很低，利润主要依靠座位的快速周转，此时播放快节奏音乐效果会更好。

（2）拥挤对购物者行为的影响。

拥挤是指个体由于空间位置的有限而感到移动受到限制。拥挤可能是源于零售店接受服务的人太多，也可能是空间位置狭窄所致，还可能是两者兼而有之。对于零售店来说，拥挤会带来一系列的后果：顾客可能会减少购物时间，改变对店内信息的运用方式，减少与营业员的沟通。另外，还可能导致消费者的焦躁、不安、降低满意水平，损害商店形象。

为开展对拥挤的研究，研究人员对顾客密度（density）和拥挤（crowding）做了区分，前者反映顾客在空间上的疏密程度，后者是指顾客由于感到人流密度水平太高或因为对情境的控制水平低得无法忍受而滋生的不快感觉。费和贝特森的研究探讨了服务场合顾客密度、拥挤程度和感知的控制水平之间的相互关系。研究人员在不同时段从酒吧和银行营业点拍下了50张顾客接受服务时的场景照片，这些照片分别代表高、中、低三种顾客密度水平。实验中的被试在看了这些照片和听了研究人员对当时的情境的描述以后，被要求估计某位正在接受服务的假想顾客在此情境下会做何种反应。其中一半的被试被告知接受服务的那位假想顾客很少有其他的选择，而另一半则被告知该顾客仍有其他选择，例如，在接受银行服务时，有的顾客需要马上提取现金，而另外一些顾客则可能还有其他的解决之途。

研究结果表明，顾客密度和顾客的选择水平影响感知的控制程度，而感知的控制程度与顾客密度又决定了消费者所体验的拥挤程度，拥挤程度和控制水平共同影响、决定消费者的情感和他是否离开当时的购买情境。研究还发现，当假想顾客没有其他选择时，评价者（即被试）所感知的顾客密度较假想顾客有别的选择时要高。另外，当评价者觉得情境中的顾客控制水平很低时，感知的拥挤程度也更高，情感也更趋于负面，并认为该顾客会很快离开这一情境。

3 价格因素与消费者行为

3.1 实习目的

结合实际，通过在广百商场实地考察并讨论，认识产品价格的心理功能，熟悉消费者的价格心理特征、价格变动对消费者行为的影响；掌握产品定价的心理策略及产品价格调整的心理策略。

3.2 实习步骤

（1）分组考察广百商场，用数码相机或DV记录下不同产品类别的标价情况；

（2）分组讨论各标价情况分别采用了什么样的定价策略，并记录讨论结果，形成统一意见；

（3）总结应用消费者心理定价的技巧和注意点，并对广百现有商品标价提出改进意见；

（4）分组制作幻灯片，并公开展示。

3.3　实习重点

通过实地了解和考察，掌握根据商品标价展现出来的企业定价策略。

由于价格的独特作用以及影响价格因素的复杂性，企业在为产品定价的时候不能仅仅采取最原始的那种成本加利润的定价方法与策略，而是要更加注重消费者的需要，迎合消费者的心理，才能达到促进商品销售、提高市场占有率的目的。

心理定价策略是针对消费者的不同消费心理，制定相应的商品价格，以满足不同类型消费者的需求的策略。心理定价策略一般包括尾数定价、整数定价、习惯性定价、声望定价等具体形式。

（1）尾数定价。尾数定价又称零头定价，是指企业针对消费者的求廉心理，在商品定价时有意定一个与整数有一定差额的价格。这是一种具有强烈刺激作用的心理定价策略。心理学家的研究表明，价格尾数的微小差别，能够明显影响消费者的购买行为。一般认为，5元以下的商品，末位数为9最受欢迎；5元以上的商品末位数为95效果最佳；100元以上的商品末位数为98、99最为畅销。尾数定价法会给消费者一种经过精确计算的、最低价格的心理感觉，有时也可以给消费者一种商品价格打了折扣、便宜的感觉。同时，顾客在等候找零时，也有可能发现和选购其他商品。

（2）整数定价。整数定价与尾数定价相反，是针对消费者的求方便心理，将商品价格有意定为整数。由于同类型产品生产者众多，花色品种各异，在许多交易中，消费者往往只能将价格作为判别产品质量、性能的"指示器"。同时，在众多尾数定价的商品中，整数能给人一种方便、简洁的印象。

（3）习惯性定价。某些商品需要经常、重复地购买，因此这类商品的价格在消费者心里已经"定格"，成为一种习惯性的价格。许多商品尤其是家庭日常用品，在市场上已经形成了一个习惯价格。消费者已经习惯于消费这种商品时只愿付出这么大的代价，如买一块肥皂、一瓶洗涤剂等。对这些商品的定价，一般应依照习惯确定，不要随便改变价格，以免引起顾客的反感。善于遵循这一习惯确定产品价格者往往受益匪浅。

（4）声望定价。消费者一般都有求名望的心理，根据这种心理行为，企业对有声望的商品制定高于市场同类商品的价格，即为声望定价策略。它能有效地消除购买心理障碍，使顾客对商品或零售商形成信任感和安全感，并从中得到荣誉感。

微软公司的Windows98（中文版）进入中国市场时，一开始就定价1 998元人民币，便是一种典型的声望定价。另外，用于正式场合的西装、礼服、领带等商品，服务对象为企业总裁、著名律师、外交官等职业的消费者，都应该采用声望定价，否则，这些消费者就不会去购买。

模块 三 实习组织

1　实习目的、对象与要求

1.1　实习目的

通过实践活动，使学生理论联系实践，全面实践课堂所学知识，了解消费者行为在市场营销中的地位和作用，理解消费者购买决策过程，能根据市场动态来识别消费者的新需求，并能具有一定的处理消费者的投诉和抱怨的能力等，从而巩固和加强所学的专业理论知识。通过实习，培养学生具备运用消费者行为学知识的能力，并在此基础上具有为企业制定相应营销战略的能力，使学生成为具有扎实理论基础和较强的独立动手能力的复合型、应用型人才，为今后进入营销领域打下基础。

1.2　实习对象

（1）专业：市场营销、电子商务、工商管理、旅游管理等。
（2）年级：大学三年级。

1.3　实习要求

（1）学生需要通过学习消费者行为学相关理论，了解消费者心理，掌握消费者购买决策过程的内涵，同时要紧密结合实践，利用所学知识分析企业营销策略的现状及存在问题，并能提出解决方案。

（2）学生需填写实习任务书，并按实习任务书的各项内容开展实习活动，虚心向相关人员请教，做到认真细致、耐心、踏实、责任心强。

（3）在实习中要主动、独立、热情地完成实习内容，并按时完成实习日志，即每天记录当天实习情况与实习内容，说明所学到的经验，发现了什么问题及自己是如何解决问题的，实习结束后将实习日志交给指导教师。

（4）实习结束以后，学生要提交实习报告，在实习报告中需陈述企业概况、企业对消费者行为应用的状况、具体的实习内容以及实习体会与收获，此报告需经由企业相关负责人与指导教师共同指导完成。

（5）谨慎行事，注意人身安全、公共财产安全，遵守社会规范和相关规章制度，要体现出大学生的精神文明风貌，不要做有损学校荣誉的事，有事及时向相关的指导教师汇报。

2　实习组织与训练

班级学生 3~4 人一组，由指导教师带领学生到广百开展实习并引导学生操作，小组学生针对提前布置的实习任务进行观察和记录，并进行研讨，形成讨论记录。实习过程中，教师应开展以下工作：

（1）讲述消费者行为学实习的目的及要求；

（2）帮助学生理解消费者行为学的相关理论及内涵；

（3）指导学生学习如何激发消费者的购买动机；

（4）指导学生学习如何运用所学的几个典型的学习理论进行广告设计；

（5）培养学生分析、开发和利用情境营销的能力；

（6）指导学生学习如何从心理角度制定相应的商品价格；

（7）帮助学生理解中国消费者的家庭消费模式以及特色消费。

3　实习考核与报告

3.1　考核办法

（1）实习完成后，学生依据实习过程及收获撰写实习报告，实习报告要符合实习教学的要求，并得到指导教师的认可。

（2）指导教师对每份实习报告或其他结果表现形式进行审阅、评分。

（3）该实习课程内容是纯实践教学内容，实习课的成绩记入课程平时成绩，占总成绩的30%，考核以专题设计为准，成绩占70%。

3.2　评分标准

考核内容及其在评分中所占的比例如下：

（1）考勤、纪律占20%；

（2）实习模块组织实施情况占30%，其中小组成员参与情况占20%，组内成员协调情况占10%；

（3）业务执行完成情况占40%，其中专业知识和技能（实习执行过程中业务操作情况）占20%，工作绩效（业务完成效果）占20%；

（4）合理化建议占10%。

具体评分方法如下：

（1）小组内部成员间相互评分（占20%）；

（2）各小组成果展示投票评分（占40%）；

（3）实习教师根据所指导各小组成员在实习中各方面具体表现评分（占40%）。

3.3　实习报告要求

（1）实习报告要按时独立完成。实习报告是衡量实习效果和评定成绩的重要依据，要求在指导教师指导下完成。一旦发现由他人代写或抄袭他人的实习报告，按不及格处理。

（2）实习报告主要包括以下四部分内容。

①企业概况（包括企业制度形式、组织机构设置）；

②企业营销状况（包括对企业营销环境与市场机会的了解与分析、企业营销战略与营销策略、企业营销管理现状分析等）；

③具体实习内容；

④实习体会或收获。

（3）实习报告要求：实习报告要层次分明，条理清楚，行文必须清晰完整。

项目四　一般销售行为

模块一 ▶▶ 知识要点

1 岗位基本素质和能力

（1）强烈的服务意识。

销售人员要树立服务他人的观念，为顾客提供其所需要的服务，用自己的诚意和行动打动顾客，尊重顾客的想法、知识、人格、职业、地位等，有耐心，善于倾听，会换位思考，尽量从顾客的角度考虑问题。

（2）敏锐的洞察能力。

具有对市场状况，销售状况，顾客的性格、心理和需求的高度敏感性和洞察力，能够及时、准确地了解和把握顾客的需求，有针对性地进行产品推荐。

（3）说服力和影响力。

态度、语气要亲切、诚恳，有诚意；能抓住核心利益点；表达要恰当，语气要委婉，语调要柔和；要通俗易懂；要配合气氛；能够因时、因地、因不同对象而采取恰当的词汇和语言表达技巧去有效地说服顾客和影响顾客。

（4）人际社交和沟通能力。

待客礼仪进退有序、用语文明得当的能力；在交往中使人感到愉快的能力；处理异议争端的能力；控制交往气氛和销售局面，避免顾客情绪激动和矛盾激化等的能力。

（5）自我调节和自控能力。

有正确积极的工作观，会调节和控制自己的情绪，不把私人情绪带到工作当中，把微笑带给顾客。会自我激励，时刻保持主动、积极、勤奋的工作态度和高昂的士气。

（6）优秀的个人品质。

主动：当顾客进入柜台区，要主动与顾客打招呼，顾客选购产品时要主动介绍产品的性能、特点、质量、价格、使用和保管方法等。

热情：热情接待顾客，语言亲切，热情解决顾客特殊需要，无论顾客买不买，买多买少，或者是退换产品，都予以热情接待。

耐心：在接待顾客时要做到有问必有答，百问不厌，百挑不烦，宁可自己麻烦千遍，不让顾客稍感不便。要做到四不计较，即顾客语言轻重不计较、要求高低不计较、多挑多选不计较、态度好坏不计较。

　　周到：在出售产品时，要一切从顾客的利益出发，主动给顾客出示产品，真诚、热情、贴心地为顾客当好参谋。

2 岗位工作职责和工作内容

2.1 工作职责

　　职责一：推广公司形象，传递公司信息；

　　职责二：积极主动接待顾客，向顾客推荐和销售产品；

. 保持笑容

. 耐心及有礼貌地向顾客介绍产品

. 积极的工作态度

. 保持整洁的外观和仪表

　　职责三：按照服务标准服务顾客，保持高水准服务素质；

　　职责四：达到/超越每月的商场销售目标；

　　职责五：保持服务台及销售区域清洁，保持产品及宣传品的良好、生动陈列，保证产品及宣传品的整洁和及时更新；

　　职责六：按照专柜管理规定，做好专柜管理工作；

　　职责七：按照促销活动管理规定，执行促销活动，并提交促销的礼品/奖卡发放记录；

　　职责八：培养市场意识，及时反映顾客意见和需求及竞争对手发展动向；

　　职责九：清晰填写、准时提交销售报表和总结报告及其他零售管理报表；

　　职责十：及时反映商场缺货情况，并做补货跟进工作；

　　职责十一：爱护销售物料，包括工卡、服装等；

　　职责十二：参加公司培训及自我培训，认真学习，不断进行销售能力和业务知识的补充与提高；

　　职责十三：做好商场层面的公关工作，保持与商场及商场管理员的良好关系；

　　职责十四：服从公司的工作调配与安排；

　　职责十五：严格遵守公司的各项规章制度和职业道德规范；

　　职责十六：严格遵守行业和公司的保密制度。

2.2　工作内容

表 4-1　工作内容

工作内容	服务标准	目标
保持销售区域整洁	保持店内地面、展台和展示产品的干净 空调操作正常，空气流通 销售资料齐全、陈列整齐 写字台与柜台保持整洁 写字台上需整齐地放置应用文具、产品广告资料、发票簿等	舒适、整齐的销售环境和便于工作的空间设施
保持个人形象和产品品牌形象	准时上班 任何时间一律禁止阅读报章刊物 任何时间一律禁止在销售区域落座 任何时间一律禁止在店面进食	做好营业前准备，迎接新的一天
做好专柜管理，完成产品销售	1.　根据商场专柜的实际情况，按照产品陈列指引，做好专柜的产品陈列 2.　爱护专柜产品，小心轻放，避免产品的损坏 3.　严格按正确的产品操作方法进行产品示范，示范完毕立即进行必要的清洁工作，并放回原陈列处 4.　每天擦拭展品，保持展品的干净整洁 5.　根据产品的销售情况，在专柜存放少量产品，存量不足时，应立即到商场仓库提取 6.　注意专柜库存产品的保养工作，防潮，防尘，防盗 7.　随时留意商场产品的库存量，存量不足应立即通知零售督导和商场有关人员进行补货工作，并跟进补货工作的进展 8.　每日填报产品销售记录，并请专柜长或商场有关人员签字确认，每月初交零售督导进行数据汇总 9.　每天做好交班时的产品清点工作，至少每两周盘点一次专柜产品的数量 10.　如发现专柜展品有质量问题或破损，应立即更换，并通知商场、零售督导或售后服务部进行处理	传递公司的信息 了解顾客对产品的兴趣和爱好 帮助顾客选择最能满足他们需要的产品 向顾客介绍所推荐产品的特点 向顾客说明买到此种产品后带来的好处 回答顾客对产品提出的疑问 帮助顾客解决问题 说服顾客下决心购买产品 向顾客推荐连带性产品和服务项目 让顾客相信购买此种产品是明智的选择

（续上表）

工作内容	服务标准	目标
做好专柜管理，完成产品销售	11. 根据本专柜的需要，向零售督导提出领用宣传品的种类和数量，并做好登记工作 12. 根据专柜实际情况，按照宣传品陈列指引，做好摆放工作 13. 正确使用宣传品，注意控制使用数量，以免造成浪费 14. 做好本专柜的宣传品保养工作，以免损坏和遗失 15. 做好本专柜宣传品的库存管理工作，保管好库存的宣传品，防潮防尘 16. 过期不再使用的宣传品或数量多余的宣传品，须交回零售督导，以转交其他专柜使用 17. 注意收集本柜台其他品牌的宣传品，并与零售督导共同讨论，提出好的宣传品改进建议 18. 正确领会促销活动的意图，了解其执行方式和规定	传递公司的信息 了解顾客对产品的兴趣和爱好 帮助顾客选择最能满足他们需要的产品 向顾客介绍所推荐产品的特点 向顾客说明买到此种产品后带来的好处 回答顾客对产品提出的疑问 帮助顾客解决问题 说服顾客下决心购买产品 向顾客推荐连带性产品和服务项目 让顾客相信购买此种产品是明智的选择

2.3 应了解的知识

表 4-2 应了解的知识

知识	内容
广百公司基本情况	公司架构、各业态及各门店概况、荣誉情况、发展前景等；企业文化、服务理念（"让顾客感动"）、楼层布局（各楼层的主营业务及入住的各大品类和品牌）、收银台、洗手间位置等
广百公司经营规章制度	学习了解《广百股份有限公司贵宾卡、会员卡使用细则》《广百股份有限公司零售产品售后维修退换办法》《广百股份有限公司员工奖惩办法》等，规范服务
广百公司保密制度	对公司负有保密责任，不得将经营或其他重要的保密资料、经济数据情报泄露给他人（包括口头、文字、传真、电子邮件等）
消防安全知识	熟悉消防通道位置、掌握基本的消防自救技能等，产品摆放严禁堵塞消防通道或遮挡消防器具，防火卷帘门下禁止摆放任何物品等

（续上表）

知识	内容
所销售的产品知识	准确全面地掌握所售产品的相关知识，包括品牌、产地、价格、使用和保管方法、售后服务知识、产品规格质地等知识，以及产品维修退换处理的办法和具体操作流程
商场销售工作流程	学习了解《广百股份有限公司营业服务规范条例》，按照条例要求完成销售工作的每一步，确保手续完整流畅，不丢三落四 售货一般工作流程： 顾客购买过程心理活动　｜　注意——招呼　｜　售货员应采取的相应措施 需求——了解 兴趣——诱导 联想——出样 欲望——展示 比较——介绍 决定——促成 感受——售后服务
投诉处理流程	学习了解《广百股份有限公司营业服务规范条例》，按照条例规定的流程和步骤，妥善地处理顾客投诉。禁止营业员私自处理投诉，应友好地边安抚顾客，边引导顾客至商场总服务台，交由上级管理人员进行投诉接待和处理
其他业务知识	产品推介及搭配、陈列技巧等，开具小票、发票的具体操作要求，产品的折扣优惠情况，广百某时段的促销优惠活动办法等
职业心理	我与工作、我与他人、我与团队、我与自己四个方面的学习调适、团队精神、有效沟通、上传下达

3　顾客关系管理

3.1　顾客营销的 SPIN 法则

3.1.1　了解 SPIN

SPIN 技巧和传统的销售技巧有很多不同之处：传统技巧偏重于如何去说，如何按自己的流程去做；SPIN 技巧则更注重通过提问引导顾客，使顾客完成购买流程。

SPIN 提问式销售技巧实际上就是四种提问的方式：S 就是 Situation Questions，即询问顾客现状的问题；P 就是 Problem Questions，即了解顾客现在所遇到的问题和困难；I 代表 Implication Questions，即暗示或牵连问题，它能够引申出更多问题；N 就是 Need-Pay off Questions，即告诉顾客关于价值的问题。

（1）询问现状问题。

询问现状问题就是 Situation Questions。在见到顾客的时候，如果不知道他处于什么状况，就涉及询问现状问题。询问现状问题的目的就是了解顾客可能存在的不满和问题，因为顾客不可能主动告诉销售人员他有什么不满或者问题。销售人员只有通过了解和发现，才能获知顾客现状有哪些不满和困难。了解顾客现状问题的途径就是提问，通过提问把握顾客的情况。

询问现状问题的时候需要注意以下问题：

询问现状问题是推动顾客购买的基础，也是了解顾客需求的基础。由于询问现状问题相对容易，销售员经常容易犯的一个错误就是现状问题问得太多，使顾客产生一种反感和抵触的情绪。所以，在提问之前一定要有准备，只问那些必要的、最可能出现的现状问题。

（2）发现困难问题。

发现困难问题就是 Problem Questions，它的定位是询问顾客现在的困难和不满的情况。针对困难的提问必须建立在现状问题的基础之上，只有做到这一点，才能保证所问的困难问题是顾客现实中存在的问题。如果见到什么都问有没有困难，就很可能招致顾客的反感。

在传统销售中，所提的困难问题越多，顾客的不满就会越强烈，就越有可能购买新的产品；而以顾客为中心的现代销售并非如此，它所提的困难仅仅是顾客的隐藏需求，不会直接导致购买行为，所以发现困难问题只是推动顾客购买的一个过程。

（3）引出牵连问题。

在 SPIN 技巧中，最困难的环节就是 Implication Questions，即暗示问题或牵连问题。引出牵连问题的目的有两个：

第一，让顾客想象一下现有问题可能带来的后果。顾客只有在意识到现有问题将带来严重后果时，才会觉得问题已经非常紧迫，才希望去解决问题。引出牵连问题就是为了使顾客意识到现有问题不仅是表面问题，它所导致的后果将会是非常严重的。

例如，电脑病毒在没有爆发之前，顾客很可能不会意识到它的严重后果，但是经过推销员提醒之后，顾客就会对后果进行一番联想，于是觉得这个问题非常迫切，应该立刻清除病毒，否则后果不堪设想。

第二，引发更多问题。当顾客了解到现有问题不仅仅是一个单一的问题，而是会引发很多更深层次的问题，并会带来严重后果时，顾客就会觉得问题非常严重、非常迫切，必须采取行动解决它，那么顾客的隐藏需求就会转化为明显需求。也只有当顾客愿意付诸行动去解决问题时，他才有兴趣询问销售员的产品信息，才会关注销售员的产品介绍和展示。

让顾客从现有问题引申出别的更多的问题是非常困难的事情，销售员必须经过认真的准备。还是电脑病毒爆发这个例子——你不可能临时想出很多适合的问题，要提出一系列符合逻辑并足够深刻的问题，需要在交谈之前就认真准备。当牵连问题问得足够多的时候，顾客可能就会出现准备购买的行为，或者表现出明显的意向，这就表明顾客的需求已经从隐藏的需求转为明显的需求，引出牵连问题已经成功。如果没有看到顾客类似的一些表现，那就证明顾客仍然处于隐藏需求的阶段，说明所问的牵连问题还不够多，不够深刻和关键。

（4）明确价值问题。

SPIN 提问式销售技巧的最后一个问题就是 Need-Pay off Questions，称为价值问题（需求—效益问题），其目的是把顾客的注意力从问题转移到解决方案上，并且让顾客感觉到这种解决方案将给他带来好处。

此外，价值问题还有一个传统销售所没有的非常深刻的含义。众所周知，任何一个销售员都不可能强行说服顾客购买某一种产品，因为顾客只能被自己说服。传统销售经常遇到的一个问题就是想方设法说服顾客，但是实际效果并不理想。明确价值问题就给顾客提供了一个自己说服自己的机会——当顾客主动从自己嘴里说出解决方案（即新产品）将给他带来的好处时，他自己就已经说服自己，那么顾客购买产品也就水到渠成了。

明确价值问题的作用有以下两点：

第一，帮助解决异议。

明确价值问题能使顾客从对问题的消极抵触转化为对产品的积极憧憬，这时一定要尽可能让顾客描述使用新产品以后美好的工作环境或轻松愉快的工作氛围。

价值问题问得越多，顾客说服自己的概率就越大，对新产品的异议就越小。显然，价值问题的一个重要好处就是可以让顾客自己解决自己的异议。当运用 SPIN 技巧问完之后，顾客的异议一般都会变得很少，因为顾客自己已经对异议进行了处理。

第二，促进内部营销。

价值问题还有一个非常重要的作用，就是促进内部营销。当顾客一遍一遍地去憧憬、描述新产品给他带来的好处时，他就会产生深刻的印象，然后会把这种印象告诉他的同事、亲友，从而起到了一个替销售员做内部营销的作用。

准确地说，SPIN 是一套针对顾客问题的由浅入深的引导式、启发式、联想式的问答系统，从一些基本问题出发，引导至深层，最终结合产品或服务的利益用提问的方式给顾客提出解决之道。注意，它的特质是引导顾客说出其痛苦点，引导顾客替你说出你的解决方案将带来的利益，而不是传统习惯上那种由销售人员一个人演讲式地叙述产品利益的模式。

表 4 - 3　顾客营销 SPIN 法则详解

S	Situation Questions	背景问题	挖掘顾客现有背景
P	Problem Questions	难点问题	引导顾客认识隐含需求
I	Implication Questions	暗示问题	放大顾客需求的迫切程度
N	Need-Pay off Questions	价值问题	揭示销售员的对策对顾客的价值

3.1.2　掌握 SPIN 的诀窍

SPIN 这种提问方式是为了把顾客的隐藏需求转变为明显需求，而要达到这个目的并不容易，它要求销售人员一定要在拜访顾客之前进行非常充分的准备。只有进行大量的案头工作，把所有的问题提前准备好，才有可能进行成功的提问。

在运用SPIN技巧进行销售的过程中，不可能一下子就非常熟悉，所以需要销售人员进行充分准备，在拜访顾客之前尽可能地演练这种技巧，一个问题一个问题地问，可以从身边的亲人和朋友开始，每次只练习一种提问方式，这样才能使技能逐渐纯熟。

SPIN提问技巧的难度很大，一定要进行大量的练习。在练习的时候有一个要求，就是要先重数量，后重质量。

练完一种问题后，要在实际工作中不断实践。只有不断实践，才可能做到得心应手、脱口而出、驾轻就熟、自然流露，从而很好地通过提问来引导顾客的购买流程，使顾客最终购买你的产品。

3.2 通过维护顾客关系锁定顾客资源

一次五星级的服务体验，不仅可以加大顾客成为忠诚顾客的可能性，还能为企业带来宣传效应。对于房地产行业而言，顾客资源尤为重要。顾客本身是购房的主体，昂贵的房价使得每一名顾客都是公司收入的重要来源，而且，购房是很多人都要考虑并在最后付诸实践的行为，而在这项重要的交易中，人际间的相互影响十分重要。

顾客的重要性决定了企业必须从顾客的需求出发，满足他们的需求。当拥有了同样产品的诸多选择，顾客的需求就从追求某种技术和产品，转变为追求情感的满足、个性的尊重以及服务的附加值。为了在日趋加剧的市场竞争中取胜，企业需要在向顾客提供产品的同时，能够给予顾客美好的心理体验和有价值的关怀式服务。

巩固顾客关系分四步走，即四个目标层次。

第一步：关注顾客体验。

作为销售人员，首先接触的就是来访顾客，包括电话来访顾客和现场来访顾客两大类，这些顾客一般都是随意的、漫不经心的，一线销售人员要想"抓住"他们，就要用企业文化感染他们，让他们对企业产生兴趣，进而使他们成为对产品有意向的顾客。这是销售环节中很关键的一步，之后还要不断跟进、不断说服，使意向顾客转化为成交顾客，产生具体的购买行为。

顾客完成购买之后是不是说顾客关系就到此完结了呢？答案是否定的，因为老顾客往往会带来很多的新顾客。最初，目标顾客和企业有无限距离，通过销售人员的不懈努力，将来访顾客转化为意向顾客，意向顾客转化为成交顾客，把无限远的距离拉成零距离。接着，又通过对顾客的服务和关怀，让顾客零距离的实践能够保持得更为长久，换句话说就是把顾客转化为忠诚顾客，从而使忠诚顾客与企业之间的顾客关系循环往复，为企业带来不断的价值。

第二步：细分顾客。

顾客体验十分重要，因此在销售的时候就要对顾客有充分的了解，这样才能投其所好。要从传统的销售转变为以顾客为中心的销售，这就要在销售环节对顾客进行有效细分，并找出相应的对策。支付能力和购买决策倾向是用来进行顾客细分的两个重要且常用的维度标准。

第三步：培养忠诚顾客。

越来越多的企业已经认识到培养忠诚顾客对企业的重要性，保持现有顾客比吸引新顾客的费用要低得多，培养并维持一个忠诚顾客会给企业带来长期的利益。如何才能将顾客培养成忠诚顾客呢？

首先，销售人员可以充分利用俱乐部效应，让到来的顾客沉浸在一种愉快的会员情绪中，一起融入，让其能够体验到一种归属感。其次，要提供与顾客价值观相符的活动作为对顾客的回报，通过活动产生与顾客的互动，从而强化与顾客的情感交流，最终大大增强顾客对企业的认同感等。

第四步：锁定顾客终身价值。

顾客的价值要从两个角度看，一是企业给顾客带来的价值，二是顾客给企业带来的价值。在追求顾客价值的台阶（销售线索、销售机会、顾客、满意顾客、忠诚顾客、终身顾客）上，顾客不是终极目标，锁定顾客终身价值才是终极目标。

4　服务礼仪

4.1　个人仪容仪表

表4-4　个人仪容仪表

部位	男性	女性
整体	自然大方得体，符合工作需要及安全规则。精神奕奕，干净利落，充满活力	
头发	头发要经常梳洗，保持自然清爽，整齐清洁，自然色泽，切勿标新立异或油迹斑斑	
发型	前发不过眉，侧发不盖耳，后发不触后衣领，无烫发，无非主流或不伦不类的发型造型	发长不过肩，如留长发须束起或使用发髻，发型得体自然，露出五官，整洁齐顺
面容	脸、颈及耳朵绝对干净，每日剃刮胡须，及时剪除鼻毛	脸、颈及耳朵绝对干净，化得体淡妆，不得浓妆艳抹，或当顾客面补妆
身体	注意个人卫生，身体、面部、手部、指甲等保持清洁。勤洗澡，无体味异味。上班前不吃异味食物，保持口腔及牙齿清洁，不在公共场合吸烟，不酗酒，以免散发酒气或烟味，惹人厌恶	
饰物	领带平整端正，长度要盖过皮带扣。领带夹夹在衬衣自上而下第四个扣子处	注意各部细节，必须穿浅色内衣，且内衣不得外露
	不得佩戴夸张或不合性别特征的首饰及饰物，男士除了婚戒和手表以外，一般不得佩戴其他饰物，女士的饰物也要方便得体，不能过分夸张炫耀	

（续上表）

部位	男性	女性
工作服	必须穿着商场统一配发的工作服并佩戴工牌。工作服要勤于熨洗，保持干净、平整，无明显污迹、破损，外出时最好不穿制服 工作服穿着应按照广百公司内务管理规定执行，一经发放到个人，不可擅自改变制服的穿着形式，不得私自增减饰物，不得敞开外衣、卷起裤脚或衣袖 男士衬衣要按规矩扣好顶扣，保证衬衣领、袖整洁，须结领带。衬衣袖口可长出西装外套袖口 0.5~4.0cm 女士夏装工作服内只能穿内衣式衣服且不得超出工作服上装的长度	
裤子	裤子要烫直，折痕清晰，长及鞋面	
手	保持指甲干净，长短适度，不得留长指甲，最好不涂色，特别是颜色样式夸张的指甲油和美甲	
鞋	鞋底、鞋面、鞋侧保持清洁，鞋面要擦亮，以黑色为宜，无破损，勿钉金属掌，禁止穿露趾凉鞋	
袜子	男员工应穿黑色或深蓝色、不透明的短中筒袜	女员工穿裙装须穿肉色长筒袜，无破损，禁止穿着带花边、通花的袜子，袜筒根不得露在外面，应随身带备用袜
工牌	工牌一般应佩戴在左胸显眼处，挂绳式应正面向上挂在胸前，保持清洁、端正 不得不佩戴、转借他人佩戴或佩戴他人工牌，否则按照员工奖惩办法的规定处罚。下班或离开公司时应及时取下工号章并保管好 工牌损坏或表面磨损导致字迹模糊的，要及时按流程重新办理和领取，以免影响公司形象	

4.2 举止礼仪

表 4-5 举止礼仪

项目	规范礼仪礼节
整体	姿态端正，自然大方。注意"三轻"，即说话轻、走路轻、操作轻，不得露出手忙脚乱的神情或产生物品相互碰撞的声音
站姿	站姿要标准：两腿直立，两脚自然分开与肩同宽，两眼平视前方，两手自然下垂或叠放在腹前，挺胸，收腹。售货区内座椅是供顾客休息落脚的，销售人员不得落座 与人交谈时，眼睛盯住对方的眼睛或额头与两眼构成的三角形区域。禁止双手交叉抱胸或双手插兜，歪头驼背，依壁靠墙，东倒西歪，抖腿点脚等不良行为和小动作

（续上表）

项目	规范礼仪礼节
走姿	平衡、协调、有精神，忌低头；上身保持标准站姿，手臂不摆或摆幅不要过大；行走时大腿动作幅度要小，主要以向前弹出小腿带出步伐。忌挺髋扭臀等不雅动作，也不要在行走时出现明显的正反"八字脚" 女性多用小步，切忌大步流星，严禁奔跑（危急情况例外），也不可脚擦着地板走
行走	在商场内的公共通道，员工要靠左行，勿走中间，与顾客相遇时要稍稍停步，主动退后并侧身立于左侧，点头微笑问好，主动让路；几人同行时，不要并排走，以免影响顾客或他人通行。如确需并排走时，并排不要超过 3 人，并随时注意主动为他人让路，切忌横冲直撞 与顾客同时进出门（楼梯、电梯）时，应注意礼让顾客先行，不与顾客抢道或并行；在走廊行走时，一般不要随便超过前行的顾客，若有急事要超越顾客，应先在口头致歉"不好意思""借过"，然后再加紧步伐超越 行走时不得哼歌曲、吹口哨或跺脚
接待顾客	应起身迎上去欢迎顾客，与顾客接触保持 1 米左右的距离进行解说，尽量少用手势，切勿用手指或手中物品在顾客面前比画或直指顾客 在服务或打电话时，如有其他顾客，应用点头和眼神示意欢迎、请稍候，并尽快结束手头工作，不得无所表示而冷落顾客 时刻保持热情和微笑，笑容自然、适度、贴切、庄重；保持自然柔和的目光与眼神，视线接触对方面部时间占全部交谈时间的 30%～60%，保持正视，忌逼视、斜视、扫视和窥视；随时轻轻点头表示理解顾客谈话的主题或内容 自觉将手机调到震动，使用手机要注意回避 工作时不得忸怩作态，没有挖鼻孔、掏耳朵、伸懒腰、打哈欠、抠指甲、挠头皮、整理个人衣物等让人不舒服的小动作。在顾客面前咳嗽和打喷嚏时，应以纸巾遮住口鼻，并将头转向无人之侧处理，并及时道歉，说"对不起""不好意思"等 上班时间不得在营业场所内抽烟、吃东西等，不得在顾客面前嚼口香糖、吹口哨、喧哗、照镜子等
引导顾客	引导顾客时，应保持在顾客前方 2～3 步的距离，与顾客大约成 130° 的角度，步伐与顾客一致。引导顾客上楼梯时，让顾客走在前；下楼梯时，让顾客走在后。引导顾客乘电梯时，应抵住电梯门，让顾客先入，不得自己先行，电梯进门左侧为上位。到达时同样应抵住电梯门，让顾客先步出电梯
引导方向	为顾客引导方向或指点位置时手势要得当，手指并拢用手掌指向所指示方向，手臂微屈，低于肩部，身体向所指方向微微前倾，不得用手指或笔杆为顾客指示方向

4.3　语言态度

表 4 - 6　语言态度

项目	规范礼仪礼节
问候	全体员工在公司内任何场合遇到顾客、上级、同事时都要主动打招呼问候
称呼	注意对顾客的称呼礼仪：男性称呼"先生"，未婚女性称呼"小姐"，已婚女性称呼"太太""夫人"，如果无法断定对方婚否，则可称呼为"女士"。禁止用"喂"称呼顾客或不称呼
礼貌语言	顾客来到公司时，应说"您好""欢迎光临"，送客时应讲"请慢走""谢谢光临"或"欢迎您下次光临"等 无论任何时候从顾客手中接过任何物品或受到顾客的帮助和称赞时，都要说"谢谢"，对顾客造成任何不便都要说"对不起"，顾客讲"谢谢"时，要答"不用谢"或"不用客气"，不得毫无反应 办完手续将证件等递还给顾客时应予以致谢，不能将证件一声不吭地扔给顾客或是扔在桌面上
面对顾客	不得以任何理由批评、否定、顶撞、讽刺、挖苦、嘲弄顾客，不得与顾客争辩，更不允许举止鲁莽和语言粗俗；不管顾客态度如何都必须以礼相待，耐心解释，友善说明；不管顾客情绪多么激动都必须保持冷静
态度	交谈时，态度要诚恳，不能急功近利，急于求成；要耐心倾听顾客的异议、顾虑和需求，不中途打断顾客说话 对顾客的咨询和需求，要表现出充分的关心，并热情地询问和诚心地帮助其解决，永远不说"不知道""不归我们管""这是上头的事"之类不负责任的、不耐烦的言语。要先请顾客稍候，再代客询问，或请顾客直接与相关部门或人员联系。顾客提出过分要求时，应耐心解释，任何时候都应不失风度，并冷静、妥善地处理

注意事项：

（1）三人交谈时，要使用三人均听得懂的语言。

（2）不得模仿顾客的语言、语调、手势及表情。

（3）在他人后面行走时，不要发出诡谲的笑声，以免产生误会。

（4）讲话时，"请""您""谢谢""对不起""不用客气"等礼貌语言要经常使用，不准讲粗言秽语或使用蔑视性和污辱性的语言，不随便跟顾客开玩笑。

（5）几人在场，在与对话者谈话时涉及在场的其他人时，不能用"他"指他人，应呼其名或"某先生"或"某小姐/女士"。

（6）如确有急事而需离开面对的顾客时，必须讲"对不起，请稍候"，并尽快处理完毕。回头再次面对顾客时，要说"对不起，让你久等了"，不得一言不发就开始服务。

（7）如果要与顾客谈话，要先打招呼，如正逢顾客在与别人谈话时，不可凑前旁听，如有急事需立即与顾客说时，应趋前说"对不起，打扰一下可以吗？我有急事要与这位先生商量"，如蒙顾客点头答应，应表示感谢。

（8）说话时声音要自然、清晰、柔和、亲切、热情，不要装腔作势，音量要适中。

（9）顾客或同事相互交谈时，不可以随便插话，特殊需要时必须先说"对不起，打扰您"。

（10）做到讲"五声"，即迎客声、称呼声、致谢声、致歉声、送客声，禁止使用"四语"，即蔑视语、烦躁语、否定语和斗气语。

5 了解顾客需求

5.1 接近顾客

顾客进店后，以端正的姿态、喜悦的神情和文雅的举止主动迎上前打招呼，亲切、真诚、自然地与顾客寒暄，对顾客表示欢迎：

（1）早上好/您好！请随便看。

（2）您好，欢迎光临。

（3）欢迎光临，请随便看看，喜欢的话可以试穿一下。

表 4 - 7　接近顾客的方法

方法	示例
提问接近法	"您好，有什么可以帮您的吗？" "这件衣服很适合您！" "请问您穿多大号的？" "您的眼光真好，这是我公司最新上市的产品。" "小姐/先生，您好，请问您想要什么款式的衣服/鞋子呢？我可以帮您推荐几款。"
介绍接近法	看到顾客对某件产品有兴趣时自然主动地上前介绍产品
赞美接近法	即以"赞美"的方式对顾客的外表、气质等进行赞美，接近顾客。 如："您的包很特别，在哪里买的？" "小朋友，长得好可爱！"（带小孩的顾客） "您气质真不错，身材真好，肯定适合这款产品，要不要试一下？" 通常来说赞美得当，顾客一般都会表示友好，并乐意与你交流。
示范接近法	利用产品示范展示产品的功效，并结合一定的语言介绍帮助顾客了解产品、认识产品。最好的示范就是让顾客来试穿。 试穿的注意事项： 1. 主动为顾客解开试穿服饰的扣子、拉链，鞋子的鞋带等 2. 引导顾客到试衣间，并在外静候 3. 顾客走出试衣间时，为其整理 4. 评价试穿效果要诚恳，赞美不可过于夸张和刻意

最佳接近时机：

（1）当顾客长时间凝视某一款产品或触摸翻看产品时。

（2）当顾客突然停下脚步时。

（3）当顾客目光在搜寻时。

（4）当顾客与销售人员目光相碰时。

（5）当顾客寻求销售人员帮助时。

注意事项：

（1）切忌对顾客视而不理。

（2）切勿态度冷漠。

（3）切勿机械式回答。

（4）避免过分热情，硬性推销。

（5）随时注意顾客动向，留意顾客需要，随时协助。

（6）与顾客保持一段距离，慢慢退后，让顾客随便参观。

（7）与顾客谈话时，放下手头工作，保持目光接触，精神集中。

5.2 了解购买动机

在现实生活中，顾客个人的兴趣、爱好、性格、职业、性别及经济条件各不相同，所以购买动机也因人而异，形成各式各样的具体购买动机，如：

求实、求廉动机：求实、求廉动机的顾客以追求产品实际使用价值及低廉的价格为主要目的，在选购产品时，重视产品的质量、性能、使用方面的实际效用，而不过分强调产品的新款、潮流和品牌。

求美、求新动机：求美、求新动机的顾客在购买产品时，追求的是它的美感及时尚性，对于正在流行的产品，他们重视的是产品本身的造型、色彩和美感，其购买目的主要在于对人的身材、身份、相貌的衬托作用，甚至常常因为该产品所做的新颖、优美的广告而决定购买，他们在购物时追求的是产品的档次、时尚，而不看重产品的价格。

求名、求优动机：求名、求优动机的顾客为显示自己的地位和声望，把名优产品作为主要购买对象，特别重视产品的品牌名和商标，往往追求高价位，希望通过名贵的产品形象以显露其身份、地位和威望。

求实储备动机：为维护生活质量的持续性不变，消除市场的变化影响，以追求产品的安全和健康为主，或为投资、保值、增值而产生的购买动机。

好奇攀比动机：对未曾使用过的新产品或为了向别人看齐和胜过别人而产生的购买动机。有些好奇心比较强的顾客，对一些价格比较低廉的新奇产品往往产生买来试一下的动机，或者发现别人拥有某一"新产品"，为了在心理上不输给对方，也要购买同一产品或更高层次产品的动机。

顾客的具体购买动机是非常复杂而多样的，在同一个顾客身上，有时可以同时存在几种购买动机，但其中必有一个是主要的、起主导作用的动机。因此，在售货服务中，销售人员要特别注意观察和判断顾客的主导消费动机，以便投其所好地进行产品的推荐和利益说服。

5.3　揣摩需要

不同的顾客有不同的需要和购买动机，接触顾客后必须尽快了解顾客的需求，找到顾客最关心的核心利益点，如价位、款式、颜色、品牌等，这样才能向顾客推荐最合适的产品。

5.3.1　两种基本需求类型

表4-8　两种需求类型

需求类型	内容
表现需求	指顾客直接表现出来的需求，是一种外在的需求
主导需求	指顾客真实的、起主导作用的需求，是一种内在的需求

现实生活中，以上两种需求并不总是完全一致的。例如一位女士在商场买大衣，这时她的表现需求是需要大衣，而她的主导需求则有可能是御寒，也有可能是为了漂亮，等等。

5.3.2　了解顾客需求的两种技巧

提问和聆听是了解顾客需求的两种主要技巧。运用提问和聆听技巧，既可以帮助销售人员提高顾客的接受程度，提高与顾客交流的有效性，获得更加全面的信息，也能够更加清楚地了解顾客的状况和需求，提高与顾客沟通的效率。

（1）提问。

①提问的角度。

营业员主动向顾客提问时，不要以自己的语言习惯和语调习惯进行问话，而是要针对顾客的年龄、性别、职业特点等来决定自己的语言组织，设身处地从顾客的角度看问题。做到称呼要符合顾客的年龄与性别，并注意其职业特点和心理状态，所用词汇和语调要符合顾客的身份、文化水平和待人接物的生活习惯。营业员要通过衣着、举止、神态、气质等来判断顾客特点和来意，并依据判断配合语言技巧、语调技巧和表情技巧，做到主动提问的"个性顾客化"。

②提问的方式。

提问的方式有两种：开放式问题和限制式问题。

开放式问题包括"什么""为什么""哪些""如何""什么时候"等。它的目的是让对方畅所欲言，以免自己做出不正确的判断和推测。开放式问题可以帮助销售人员与顾客建立融洽的关系，并且收集到自己所需要的信息。开放式问题主要包括三类：

第一，挖掘顾客的需要。如"你想要什么款式的衣服/鞋子？""你想要什么价位的呢？""我觉得这款挺适合你的，你觉得呢？""您觉得哪里还不太满意，我再帮您选选。"

第二，进一步了解顾客需要。如"你为什么喜欢这个款式呢？是要搭配什么衣服呢？""你是想买来搭配什么类型的衣服呢？"

第三，鼓励顾客多谈一些问题，或做出不同的回答。如"这一点我知道了，除此以外还有其他要求吗？我好为你筛选几款让你试穿一下。""您看这款怎么样？"

限制式问题就是将对方的答案限定在一定范围（如是不是，或某事件的状况等），目的是控制对方的思路，按照自己的方式了解顾客或者影响顾客。例如："你的意思是我们的产品太贵了，对吧？""试过的这两个款式，你比较喜欢哪个呢？"

（2）聆听。

销售人员一定要善于聆听和判断。在同顾客接触的短时间内要对顾客购买情况有一个大概判定，包括了解顾客年龄、文化、品位、衣着、谈吐、支付能力、需求等，为以下的产品推荐和销售做好准备。

①聆听的障碍。

在日常销售工作中，小心和认真聆听不是很容易就做到的一件事情，它会受到周围诸多环境因素的干扰，还会受到销售人员自己的影响。

表4-9　聆听的四种主要障碍

聆听的四种障碍	具体内容
反应过快	销售人员对顾客的问题或话语反应太快，在对顾客的整个情况尚未完全了解前，已经做出了反应
假装的聆听	销售人员其实并不愿接受任何信息，只是等待顾客说完后表述自己这方面的观点
选择的聆听	销售人员早已有了自己的判断，只是等待顾客能够涉及这个方面
冷处理	销售人员对于顾客提到的问题毫无反应，根本不涉及和答非所问

②聆听的技巧。

要克服聆听障碍，不仅需要积极聆听，还需要运用一些技巧来帮助你集中注意力。

A. 言语技巧。销售人员在与顾客沟通时需要保持言语交流、互换信息。提出适当的问题，不仅可以帮助销售人员更好地了解顾客的观点和意见，也可以使自己思想专注。重述或小结顾客的语言可以增强自己的理解能力。而适时使用诸如"对呀""不错""是，但是"等应对话语，可以增加聆听和沟通的效果，体现对顾客的尊重。

B. 非言语技巧。保持身体微微前倾，面对顾客，保持目光接触，点头和微笑。这样，一方面可以帮助销售人员集中精力，另一方面还体现对顾客的尊重。做简单的笔记则可以帮助你记住重要的内容。

C. 了解你的顾客。这是提高对顾客需求的了解程度的最佳方法。

D. 辨别销售机会和顾客需求。销售机会是指任何可能增加销量的机会。顾客需求是指已引起顾客重视的问题或者要求。销售机会无处不在，然而顾客对销售机会的看法是决定是否能够把握机会的关键。销售人员必须努力挖掘销售机会，并且尽力将销售机会转化为顾客的需求。

提问和聆听的要求：

（1）用明朗、自然、亲切的语气和神情交谈。

（2）注意观察顾客的动作和表情。

（3）询问顾客的需要，引导顾客回答，在必要时，提出需特别回答的问题。

（4）精神集中，专心倾听顾客意见。

（5）对顾客的问话做出积极的回答。

注意事项：

（1）切忌以貌取人。

（2）不要只顾介绍，而不认真倾听顾客的谈话。

（3）不要抢话和打断顾客谈话。

（4）不要使顾客有强迫感，不要急于求成。

（5）保持自然微笑，开怀大笑会显得过分夸张，过分热情会把顾客吓跑。

模块 二 实习内容

广百一般销售人员应熟读《广百股份有限公司营业服务规范条例》，在岗期间，要树立正确的工作和服务意识，掌握接待礼仪和激发购买欲望、异议处理等基本的销售技巧。

1　产品介绍与展示

1.1　实习目的

（1）介绍与展示产品要实事求是，要做到不夸大产品的优点，也不隐瞒产品的缺点，不欺瞒和哄骗顾客，这是对商场和品牌形象的维护，也是营业员基本的职业道德。

（2）介绍与展示产品要有针对性。要根据顾客的购买动机和需求，有的放矢、重点突出地进行介绍。营业员要在与顾客的对话过程中，揣摩其对产品最关心的是什么，然后在产品介绍与展示时做到因人而异，针对顾客的购买心理特点有针对性地介绍产品知识。

（3）介绍产品知识时语言要准确鲜明，通俗易懂，生活化和口语化；要具体，不要抽象；要确定、准确，不要模棱两可，不能用诸如"可能""好像""应该"之类的词回答顾客的询问。

（4）介绍产品不能把自己的观点强加于人。营业员介绍产品，是当顾客的参谋，是为顾客服务，而不能左右和催促顾客，特别是对国外顾客和少数民族顾客，更要尊重他们的风俗习惯、宗教信仰等。

（5）介绍与展示相结合，营业员要注意运用恰如其分的展示方法，做出使用的示范动作，还要鼓励顾客亲自试看、试用、试穿、试戴，使顾客更好地了解产品的性能、质量和效果。

1.2　实习步骤

（1）因人而异，强调产品不同特点的介绍展示法。在介绍与展示产品时，强调产品的特点就是对产品的用法、式样、性能、质地、价格等方面，用简单明了的语言介绍出来，要着重于最能打动顾客购买心理的部分，要根据使用产品的不同对象、不同时间、不同地点、不同目的，抓住其主要特点，有重点地进行介绍。

比如，有的顾客购买产品是为了显示经济能力或购买能力，营业员接待这些顾客时，就不必过于强调产品的性能、效果，而是要强调产品品牌的时髦性和紧俏性，必要时可以与顾客身上的高档装饰品进行比较，赞美几句，这样顾客会很快地下定购买的决心。

（2）针对同一顾客购买过程变化阶段的介绍展示法。顾客购买产品是一个过程、一个阶段，营业员应该根据其不同的变化阶段，采取不同的介绍与展示产品的方法。当顾客临近柜台，但没有特地指出想要购买哪种产品时，营业员要以帮助顾客购买的表情，一边微笑，一边亲切地招呼，观察顾客的反应，注意顾客的眼神和动作表情，掌握适当的时机再介绍产品的性能等。

当顾客指明要某种产品时，营业员要立刻应诺并面带笑容地将指定的产品取出，礼貌地递与顾客，但不必急于介绍。

当顾客手拿产品观看时，营业员要趁机将所掌握的产品知识和生活知识，恰当地从产品的材质、款式设计、花样、性能及效果和用途等不同角度向顾客介绍其优越性，并根据顾客的反应，揣摩其心理需求，然后再做进一步有针对性的介绍。

当顾客希望营业员帮助时，比如，当顾客接过产品后露出为难的样子；顾客手拿着产品，同时又在左顾右盼的样子；顾客拿着两种不同的产品露出犹豫的表情，等等，营业员此时要分析，顾客在考虑什么，是对产品质量不放心，还是花色、款式不称心，还是价格太高。做出判断后，可挑选多种其他合适的产品拿给顾客看，提供给顾客更多的选择，并针对顾客的不同情况，比较全面、概括、恰当、对比地介绍每种产品的特点，创造一种使顾客信任的感觉。顾客偏爱其中某种产品时，营业员再对该产品做重点介绍，促使其下决心购买。

当顾客对所选产品仍不满意时，营业员可再选出其他类型的产品给顾客看，并揣摩顾客对先前所看的产品不满意的原因，有针对性地进行介绍。如顾客对先前推荐的产品质量不太满意时，应着重从原料、制作过程、工艺、做工细节等方面介绍其质量；如果是嫌其价高，应强调产品品牌、新款等，也可与同类产品做比较。当推荐的产品未能满足顾客的要求时，或顾客需要的产品暂时无货时，应以抱歉的心情请求顾客原谅，并试图向顾客推荐同类的产品或代用品。

当顾客已决定购买某一产品并感到满意时，还可向其推荐一些有关联的产品。

1.3　实习重点

不同性质产品的介绍展示法。介绍当下流行新款产品时，应强调其潮流和款式的新颖、时髦等；介绍换季产品时，则应强调其质优而价廉的购买实惠和购买时机等。

2　产品推荐

2.1　实习目的

（1）销售人员必须清晰、全面地了解自己的产品。

主要包括三个层次的内容：

第一层，销售人员必须非常熟悉自己所有产品的类型及其相关属性和特征，了解每一个类型产品的价格，了解当期所有促销的内容。

第二层，销售人员必须十分了解企业品牌以及产品的定位，了解各类型产品的目标顾客及其内涵。

第三层，销售人员必须对各类型产品的特征、优势和利益有充分把握。

（2）销售人员必须充分了解顾客的内在需求。

2.2 实习步骤

在实际工作中，依据顾客需求、特点的不同，企业产品特征及市场地位等因素，产品推荐的方法差异也很大，销售人员只有通过不断的积累才能够熟练掌握，这里介绍产品推荐说明的"SBS"理论。

"SBS"是"规格说明（Specification）""利益（Benefit）""场景（Scene）"三者英文单词首字母的缩写。其中，"利益"是指能够将顾客在使用产品之后所得到的价值和需求的满足直截了当地表示出来的要素，是顾客购买产品的理由及该产品与其他产品有差别和优势的地方。"利益"是这三个要素中最重要的环节和组成内容。"规格说明"是指详细表示产品具有什么样的性质和功能的内容，也是顾客能够真正得到的那些利益的证明，可以增强产品推荐的可信度和说服力。"场景"指的是顾客实际使用该产品的作用（情况）以及使用后"应该有的特征"，它是利益具体落实的形象化内容。"这个产品应该在这种情况下，以这样的形式被使用"，像这样的产品描述，为产品的使用想象和假设一种实际情况，就是"场景"。

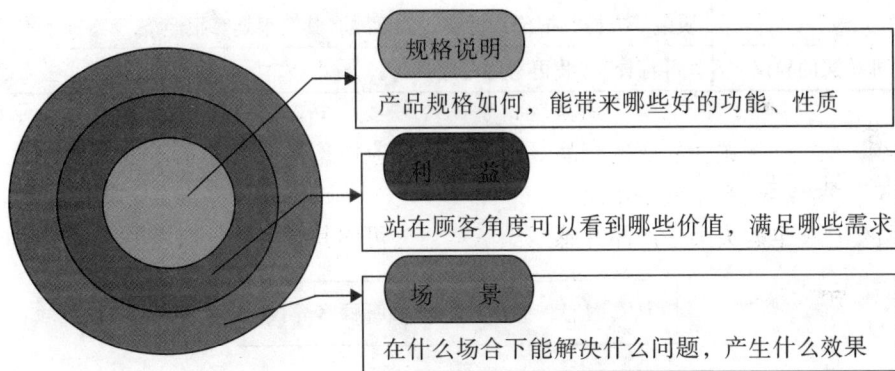

规格说明
产品规格如何，能带来哪些好的功能、性质

利　益
站在顾客角度可以看到哪些价值，满足哪些需求

场　景
在什么场合下能解决什么问题，产生什么效果

图 4 - 1　产品推荐"SBS"理论模型

2.3 实习重点

展示产品规格、利益和场景的方法很多，如明星同款、时尚刊物、时尚报道、使用场景假设和想象等。需要注意的是，销售人员需要找到最能刺激顾客购买欲望的利益和场景组合去展示产品，并附上说明书或宣传画册加以印证。在产品推荐时，要鼓励顾客触摸和试用、试穿、试戴产品；鼓励顾客实际操作产品（如果情形许可）；要根据顾客的需求和表现出来的偏好，主动出击，提供给顾客更多备选产品，让顾客试用，让顾客感受到销售人员的专业和贴心；引导顾客比较本公司产品的优势，实事求是地对顾客进行购买劝说。

3　异议处理

3.1　实习目的

表 4-10　异议类型

常见异议类型	内容
对需求的异议	顾客对你的产品不感兴趣，以自己不需要或用不到为由推辞拒绝
对产品和服务的异议	顾客认为你的这个品牌的产品或服务不能满足他们的需要；对自己现在使用的产品很满意；之前他的朋友使用过而产生了不良印象等
对来源的异议	对提供产品的企业或对产品的品牌存在异议，不了解或没听过
对价格的异议	认为产品价格高，买不起。 解决办法： 1. 先避开价格这一敏感话题，直接介绍产品利益，如"价格我们稍后再谈，我先来给您介绍一下这个产品，好吗?""买不买您定，但是您可以先试穿一下嘛。" 2. 分解产品价格，可以从产品的使用时间长、适用场合多、好搭配、高质量等方面，把价格拆解，告诉顾客其实很划算很经济。
对立即购买的异议	"再看看""我再考虑考虑"等

3.2　实习步骤

```
┌─────────────────────────────────┐
│  认真耐心，态度友好地倾听顾客异议  │
└─────────────────────────────────┘
                 ▼
┌─────────────────────────────────┐
│ 重复，以确认自己正确理解了顾客的异议 │
└─────────────────────────────────┘
                 ▼
┌─────────────────────────────────┐
│   耐心负责地解释和答复顾客异议    │
└─────────────────────────────────┘
                 ▼
┌─────────────────────────────────┐
│   重新争取和挽回顾客，努力成交    │
└─────────────────────────────────┘
```

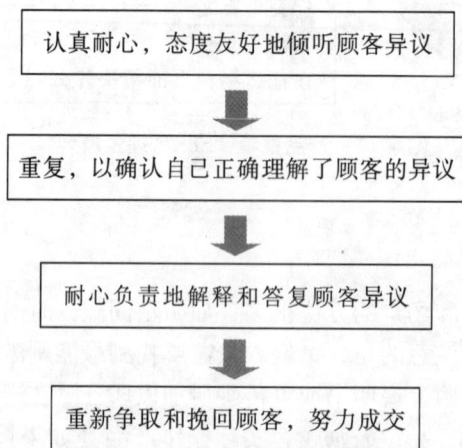

图 4-2　异议处理步骤

一般的异议都可以找到解决途径，只要遵循一定的原则，处理起来就会得心应手。

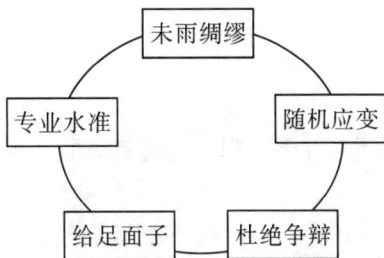

图 4 - 3　异议处理五大原则

原则一：未雨绸缪。

在面对顾客之前，应提前将顾客可能提出的各种拒绝的理由或找出的产品的不足列出来，然后考虑一个完善的答复。这样，在实际工作中，面对顾客的异议，就能够胸有成竹，从容应对。

原则二：随机应变。

优秀的销售人员对顾客提出的异议不仅能给予一个比较妥帖的答复，而且能选择恰当的时机进行答复，即随机应变。

销售人员对顾客异议答复的时机的选择有以下四种情况：

（1）提前回答。

防患于未然，这是消除顾客异议的最好方法。销售人员察觉到顾客会提出某种异议时，最好能在顾客提出之前，就主动提出来并给予解释，这样可使销售人员争取主动，先发制人，从而避免因纠正顾客看法或反驳顾客意见而引起顾客不快。

（2）立即回答。

绝大多数异议需要立即回答，这样既可以促使顾客购买，又是对顾客的尊重，同时还显示出销售人员对产品的信心。对于以下情况，最好立刻处理：

①顾客提出的异议属于他关心的重要事项时；

②当必须先处理完这些异议才能继续进行销售时；

③处理完这些异议后，顾客能立刻决定购买的。

（3）延迟回答。

对于有些异议，急于回答是不明智的。经验表明，与其仓促错答十题，不如从容答对一题。因此，对于以下异议，最好暂时保持沉默，过段时间再回答：

①异议模棱两可、含糊其辞、让人费解；②异议显然站不住脚、不攻自破；③异议不是三言两语能辩解明白的；④异议超过了销售人员自身的知识和能力水平；⑤异议涉及较深的专业知识，解释不易为顾客马上理解。

对于权限之外或确实不能确定的事，销售人员要承认自己无法立刻回答，但要保证自己会迅速找到答案告诉顾客。当顾客在还没有完全了解产品的特性及利益之前就提出价格问题时，最好也将这个异议延后处理。

（4）不回答。

许多异议是不需要回答的，如无法回答的奇谈怪论；容易造成争论的话题；可一笑置之的戏言；异议具有不可辩驳的正确性；明知故问的发难，等等。但是，如果销售人员认为不回答就代表置之不理，那就错了。

不回答不代表对顾客置之不理，而是可以巧妙地转移话题，不用理会这类异议。但是，任何情况之下都不能对顾客置之不理，这是销售的大忌。

原则三：杜绝争辩。

不管顾客如何批评自己，销售人员永远不要与顾客争辩。你越是跟顾客争辩，顾客越不会去管你说的是否正确，顾客会认为自己没有受到足够的尊重，反而会对你产生排斥和反感。

原则四：给足面子。

销售人员要尊重顾客的意见。顾客的意见无论是对是错，是深刻还是幼稚，销售人员都不能表现出轻视的样子，如不耐烦、轻蔑、走神、东张西望、绷着脸、耷拉着头等。销售人员要双眼正视顾客，面部略带微笑，表现出全神贯注的样子。并且，销售人员不能语气生硬地对顾客说："您错了""连这您都不懂"，也不能显得比顾客知道得更多，如"让我给您解释一下……""您没搞懂我说的意思，我是说……"等。因为这些说法明显地抬高了自己，贬低了顾客，会挫伤顾客的自尊心。

原则五：专业水准。

销售人员要精通业务，对所销售的产品和品牌有丰富全面的知识掌握，随时能为顾客做准确的解说，回答顾客的问题，解除顾客的疑虑。

3.3　实习重点

方法1：忽视法。

所谓"忽视法"，是指当顾客提出一些反对意见、要求或犹豫，但并不是真的想要得到解决时，销售人员通过微笑或点头把此类异议一笔带过就好。

（1）不置可否。

顾客：你觉得这两种产品比，哪种更好些？

营业员：这种款式好些，那种功能多些。

（2）转移话题。

顾客：价格能否再降？

营业员：您是对产品质量还有什么不放心吗？

方法2：直接反驳法。

所谓"直接反驳法"，是指顾客一提出异议，销售人员就直截了当地予以否定和纠正。按照常理，在销售中直接反驳顾客的异议是不明智的，因为直接反驳顾客容易陷入与顾客的争辩中，并且往往是不自觉而无法控制的，事后才懊恼不已，但有些情况却必须直接反驳以纠正顾客不正确的观点。比如顾客对企业的服务、诚信等原则性问题有所怀疑或顾客引用的资料不正确等情况。

出现上面两种情况时，就应该直接反驳，如果顾客对企业的服务、诚信有所怀疑，成交机会几乎可以说是零。如果顾客引用的资料不正确，而销售人员能以正确的资料佐证自己的说法，顾客会很容易接受，并且会对销售人员更加信任。

直接反驳法毕竟是与顾客的正面交锋，在运用时，销售人员必须注意以下几点：

第一，态度委婉，以适当的语速、语调和表情相配合。应以惋惜的低语调，表情略显迟疑，使顾客感到这是你本不愿说，又不得不说的事。由于是直接反驳顾客，为了避免触怒顾客或引起顾客的不愉快，在反驳时应当面带微笑，配以诚恳的解释说明，切勿动怒或责备顾客。

第二，注意语言技巧，多使用语气词，如"吗""吧""呢"。

第三，最好在说话前做出道歉的表示，如"恕我直言……"；或在直言后做出道歉的表示，如"我这个人心直口快，希望您别介意"等。

第四，对事不对人。即使顾客是有意说出错误的言论，销售人员也只能对此事作驳证，切勿伤害顾客自尊。

第五，对固执己见、气量狭小的顾客最好不要使用这种方法，否则容易引起这类型顾客的反感及抵触心理，认为自己没有得到足够的尊重，甚至发生争执。

方法3：间接否认法。

所谓"间接否认法"，是指在顾客提出异议后，先给予肯定，然后再说出自己的观点或意见，避免与顾客发生正面冲突。这种方法又叫"迂回否定法"。

人有一个通性，就是不管有理没理，当自己的意见被别人直接反驳时，内心总是不痛快的，甚至会被激怒，尤其是遇到一个素昧平生的人的正面反驳和否定的时候。所以，屡次正面反驳顾客，会使顾客恼羞成怒，就算你说的都对，也没有恶意，还是会引致顾客的反感。因此，除非上述所说的几种情况，销售人员最好不要开门见山地提出反对意见。

在表达不同意见时，尽量利用"是的……如果"的句法，软化不同意见的口语。用"是的"表示肯定顾客的意见，用"如果"表达是否另一种意见比较好（即说出自己的观点）；要灵活使用否定词，改变否定词的用法可使语气更委婉，如"我不觉得您的这种想法完全正确""您是否觉得另一种看法更客观呢？比如……"等表达就显得委婉得多，同样是提出否定意见，但不咄咄逼人；要缓和、推托，这是种委婉的拒绝方式，如表达"不行"，可说成"这件事我们还要认真研究研究""这个解决起来有点困难，但我可以帮您想想其他办法，您看行吗？"，等等。

请比较下面的两种说法，感觉是否有天壤之别。

表4-11 直接否认与间接否认

直接否认	间接否认
"您根本没了解情况，其实情况是这样的……"	"平心而论，在一般的情况下，您说的都非常正确，可是如果状况变成这样，您看我们是不是应该……"
"您的想法是错误的，因为……"	"您有这样的想法，一点也没有错，当我第一次听到的时候，我的想法跟您的完全一样，可是如果我们做进一步的了解后……"

方法 4：补偿法。

所谓"补偿法"，是指当顾客提出的异议有事实依据时，销售人员应该承认并欣然接受，强行否认事实是不明智的举动。要给顾客一些补偿，让他获得心理平衡，也就是让他产生两种感觉：产品的价值等于价格；产品的优点对顾客是重要的，产品没有的优点对顾客是不重要的。

方法 5：太极法。

所谓"太极法"，其实是取自太极拳中的"借力使力"招式，而用在销售上的基本做法是：当顾客提出某些不购买的异议时，销售人员能立刻回复："这正是我认为您需要购买的理由！"也就是销售人员能立即将顾客的反对意见直接转换成他必须购买的理由。

太极法能处理的异议，多半是顾客通常并不十分坚持的异议，特别是顾客的一些借口。太极法最大的目的，就是让销售人员能借处理异议而迅速地陈述他能带给顾客的利益，以引起顾客的注意。

方法 6：询问法。

所谓"询问法"，就是指顾客提出异议后，先通过询问的方式，以把握顾客的真正异议点，然后再化解顾客的异议。此时，销售人员能听到顾客真实的反对原因，并明确地把握反对的项目，也能有较多的时间去思考如何处理顾客的反对意见。并且，在有些时候，通过询问（对顾客提出反问），还可以直接化解顾客的反对意见。

对不同的顾客，在不同的会话情境中，针对异议需要采取不同的处理方法，没有哪一种方法是万能的，销售人员应当随机应变、灵活运用。

4 促使成交

4.1 实习目的

销售人员需要善于发现顾客同意成交的时机，主动促使成交。通常顾客在同意成交时，他的表情、形体或者语言方面均会有明显的体现。

（1）表情方面：眼睛直视销售人员，有着兴奋的反应，彼此之间微笑对视等；

（2）形体方面：突然不住地点头，变换座位靠近销售人员，再次看促销介绍细节等；

（3）语言方面：就产品或促销提问很多，以价格为中心谈话，询问售后服务，了解促销优惠。表露出对某点的喜爱，反复与其他产品仔细比较等。

例如：

（1）当顾客不再提问，进行思考时。

（2）当顾客把话题集中在某件产品的某个细节时。

（3）当顾客不断点头，对销售人员的话表示同意时。

（4）当顾客开始关心售后服务时。

（5）当顾客与朋友商议时。

（6）当价格成为顾客最关心的问题时。

（7）当顾客最大的疑虑得到彻底解决时。

（8）当顾客为你的专业程度折服时。

（9）当顾客讨价还价，要求打折扣时。

（10）当顾客仔细查看产品的瑕疵时。

（11）当顾客再三关心产品的某一优点或缺点时。

（12）当顾客开口询问同伴对产品的意见时。

4.2 实习步骤

表 4 - 12　成交的方法

方法	内容
假设型成交	"如果您没有其他问题了，祝我们合作愉快?"一边说，一边在别人不注意的情况下摆开一切用于开票的工具，准备开具购物小票
归纳法成交	在经过长时间的洽谈之后，将谈判中发现的产品对目标顾客的核心利益诉求点和特性进行概括、归纳和系统的总结、回顾，形成一个文件，以此作为完成交易的方法
直接成交	即直接要求购买。对洽谈气氛和销售人员技术要求比较高，不要过于自信让顾客不舒服
迂回法成交	可以暂时转入其他相关话题，通过对其他话题的讨论，间接促使成交
处理障碍法成交	有的顾客在做出最终决策之前会存在几点关键障碍。这时，你应该问"这样吧，如果我们能解决这些不足或者是就这些不足给你一定的补偿，您是否就购买了呢?"如果得到了肯定回答，那就按照顾客的要求去处理这些障碍，最大程度地满足顾客的要求
选择法成交	把顾客可能喜欢的各种款式的产品摆在他面前让他选，仔细观察顾客最喜欢的产品特性，并积极推荐更多，让其选择
建立"肯定"的成交	对顾客提出一系列肯定回答的问题，通过这种不断提问的方式，把产品的特性与顾客需求联系在一起，使顾客进入积极的思维方式，成交便水到渠成
机会难得型成交	传递给顾客产品供不应求、当下流行款式等信号，给顾客一种压力和超值的感觉，让其尽快下单
特殊让步法成交	提供产品、价格折扣、特殊交货，或顾客感兴趣的其他利益点的让步，促使顾客下决心成交 注意不要过早做出让步，且要有条不紊地和表示不情愿地做出让步，每做出一次让步，都要获得顾客的某种回报。太随意的让步会使顾客看低你的产品的价值。太容易做出让步将会给对方这样一种信息，即你在谈判中处于劣势

4.3 实习重点

在完成上述所有的步骤后，终结销售是销售活动成功的最后一环。应根据顾客的特点、销售条件以及此时你能得到的有益的迹象暗示来选择使用不同的成交方法，并且可以多种方法灵活结合使用。

5 完成销售

5.1 实习目的

成交后，要按照《广百股份有限公司营业服务规范条例》的规定开单，并引导顾客到收银台付款。手续结束后，还应与顾客适当闲聊，准备送客；顾客走后要整理现场，准备接待下一位顾客。

5.2 实习步骤

表 4-13 完成销售操作要点

操作要点	具体内容	操作要求
打包产品	顾客交款后，售货员要按照品牌统一要求的标准将顾客购买的产品包装好，将顾客的购物小票及其他售后服务的相关票据一并装好，边微笑点头边双手递与顾客："您看看，这一件是新的，我帮您包装起来。这是您的购物小票、卡……"	稳：在操作上沉着、冷静、干净利落，切忌毛糙，严格按照操作规范办事
表示感谢	要记得给顾客恭维、感谢和祝福，热情、简洁、自然大方 在达成交易之后切不可当着顾客的面就喜形于色或立刻走开去接待其他顾客	
向顾客保证	详细地叮嘱顾客其所购买的产品可享受的"退、换、修"及其他售后服务，嘱咐其妥善保管好购物小票；肯定顾客做了一个明智的决策和选择，赞美顾客，消除顾客的疑虑和不安："您穿这个真的非常漂亮，这个价钱也很划算。""这是保修证，请注意保管。""我们的产品是统一保修的，质量等各方面您都可以放心。如果有什么问题，您可以咨询，也可凭发票和保修证到维修中心维修。"	准：眼看得准，手拿得准，心算得准，不可马虎出错
销售迁移	通过眼前的顾客开发新顾客，如"希望您可以带你的同学朋友过来看看"	

（续上表）

操作要点	具体内容	操作要求
相关产品销售	基本产品售出后，与其相关的互补产品也出现了销售机会，可以自然而然地问一下顾客对相关配套的互补产品有没有需要，或告知顾客相关促销优惠活动，鼓励顾客多买	快：动作麻利，流畅 美：动作优雅、协调，有礼貌
送客	顾客欲离开时，应随行相送，提醒顾客不要遗忘所带的物品。感谢光临，并欢迎下次光临 送客完毕，如果一时没有顾客临店，营业员不能站在那里无所事事，要及时检查、整理、收好顾客试过的产品，入库、归位或补充，整理销售区桌椅及办公用品，使之恢复整洁。但是，这些工作只应利用接待顾客的空隙来做，只要一发现有顾客临柜，就应马上中止这些动作，迎接顾客。绝对不能以任何借口怠慢顾客，更不能用类似"你没看见我正在忙着吗"等失礼的话来顶撞顾客的询问 打烊曲响起时，对尚未离去的顾客要有耐心，不可无视顾客而收拾产品，要尽心尽责服务到最后一位顾客满意离去	

5.3 实习重点

完成销售任务，让顾客对购物体验感到满意。

模块 三 实习组织

1 实习目的、对象与要求

1.1 实习目的

通过实践活动，使学生理论联系实际，在系统学习和掌握商场销售全过程各环节的销售知识、原则和技巧的基础之上，指导学生对主要销售环节的销售技巧和话术等进行实践操作，使其能够融会贯通，有自己的切身体会，将生疏的知识和技巧与自己的特点、性格等融在一起，灵活运用，为其今后进入商场营销岗位，尽快掌握各种销售技巧、要求等打下良好的基础。

1.2 实习对象

（1）专业：市场营销、电子商务、工商管理、旅游管理等。
（2）年级：大学三年级、研究生二年级。

1.3 实习要求

（1）学生需充分认识课程实习内容的重要性，填写实习任务书，并按实习任务书的各项内容开展实习活动，多向相关人员请教，做到踏实、谦虚、认真。

（2）要求每个上岗学生都对所要销售的产品、品牌、铺位等有一定程度的了解，并能很好地掌握和清楚地强调其特色。能够掌握商品摆放的基本原则，并正确处理各商品的相互影响关系。

（3）事前要对本地顾客偏好有较全面的了解，由此选定商品并摆放相应位置，并不断和特定人群沟通，随时改进商品的陈列形式。

（4）实习中要主动、独立、热情地完成实习项目，注重理论与实际的紧密结合，利用所学知识进行产品的市场调查，分析现状及存在问题，尽可能提出解决对策，对销售结果进行评价，并听取教师点评。

（5）认真完成实习内容，并通过对上述内容的了解对企业品牌和产品的营销工作的全貌建立起完整概括性的认识。

（6）实习期间要求填写实习日志。其具体要求是：每天记录当天的实习情况与主要实习内容，实习结束后将实习日志交给指导教师检查。

（7）谨慎行事，注意人身安全、公共财产安全，遵守社会规范和相关规章制度，要体现出大学生的精神文明风貌，不要做有损学校荣誉的事，有事及时向相关的指导教师汇报。

2 实习组织与训练

班级学生 3~4 人一组，由指导教师带领学生到广百开展实习并引导学生操作，小组学生针对提前布置的实习任务进行观察和记录，并进行研讨，形成讨论记录。实习过程中，教师应开展以下工作：

（1）讲述商品销售实习的目的；

（2）帮助学生理解商品营销的理念；

（3）介绍陈列工具的使用方法和不同产品的陈列要求；

（4）指导学生对各种陈列方式进行操练；

（5）指导学生对各种沟通技巧和话术进行操练；

（6）指导学生对货物清点、总结等进行操练。

具体实习步骤如下：

（1）先分组，然后一起参观考察广百商场，向学生介绍广百商场的整体环境、营业范围、楼层设置、橱窗与门面以及商场内的展柜设计、空间布置等所有环节；

（2）对商场的基本环境熟悉了以后，将各个小组分配到不同的产品和品牌的任务岗位上，各组分别配一名指导教师同岗，负责观察、指导、示范和监督；

（3）分配并告知每个小组应完成的课题任务，如商品陈列、商品销售、商品清点和补货等；

（4）一天的实践结束后，每个小组都应召开简短的例会，组员分别总结自己的心得体会，在小组内讨论、交流和沟通；

（5）以周为单位，每周都要以小组为单位制作幻灯片，总结小组在实际操作中普遍存在的问题和心得，与其他小组分享；

（6）实习期结束后，每组的指导教师对其负责的组员在这期间的表现予以点评，给出改进的意见和建议。

3 实习考核与报告

3.1 考核办法

（1）实习完成后，学生依据实习过程及收获撰写实习报告，实习报告要符合实习教学的要求，并得到指导教师的认可。

（2）指导教师对每份实习报告或其他结果表现形式进行审阅、评分。

（3）该实习课程内容是纯实践教学内容，实习课的成绩记入课程平时成绩，占总成绩的 30%，考核以专题设计为准，成绩占 70%。

3.2 评分标准

考核内容及其在评分中所占的比例如下：

（1）考勤、纪律占20%；

（2）实习模块组织实施情况占30%，其中小组成员参与情况占20%，组内成员协调情况占10%；

（3）业务执行完成情况占40%，其中专业知识和技能（实习执行过程中业务操作情况）占20%，工作绩效（业务完成效果）占20%；

（4）合理化建议占10%。

具体评分方法如下：

（1）小组内部成员间相互评分（占20%）；

（2）各小组成果展示投票评分（占40%）；

（3）实习教师根据所指导各小组成员在实习中各方面具体表现评分（占40%）。

3.3 实习报告要求

（1）实习报告要按时独立完成。实习报告是衡量实习效果和评定成绩的重要依据，要求在指导教师指导下完成。一旦发现由他人代写或抄袭他人的实习报告，按不及格处理。

（2）实习报告主要包括以下四部分内容。

①企业概况（包括企业制度形式、组织机构设置）；

②企业营销状况（包括对企业营销环境与市场机会的了解与分析、企业营销战略与营销策略、企业营销管理现状分析等）；

③具体实习内容；

④实习体会或收获。

（3）实习报告要求：实习报告要层次分明，条理清楚，行文必须清晰完整。

项目五　百货促销礼仪

模块 一 >> 知识要点

1　促销礼仪

1.1　促销的概念

现代营销中，促销（Promotion）有广义和狭义之分。广义的促销是指商家采取的一切有利于扩大销售量的手段，包括广告、公共关系建设、人员推销、营业推广；狭义的促销是指商家为增加销量、提高市场占有率和抢占市场份额而采取的一系列措施。

1.2　促销的目标

促销的目标大致可分为战略目标和战术目标两种。其中，战略目标是为了实现销量和品牌忠诚度的持续提升，而战术目标则是针对产品销量的迅速提升。目前常见的促销目标包括以下几种：新产品促销、提升品牌竞争优势、争夺新顾客、拓展市场、让利消费者、增加销量、延长产品生命周期、回馈老顾客、提升品牌价值。

1.3　礼仪的概念

礼仪是人们在长期社会生活中形成的一种良好的生活习惯，是人们相互交流过程中所产生的一定形式。礼仪存在于人际交往的一切活动中，其基本形态既受礼仪的基本原则制约，也受物质水平、历史传统、民族习俗等众多因素的影响。语言、举止和仪表是构成礼仪最基本的三要素。随着社会的发展，礼仪早就不再局限为一些墨守成规的礼节仪式，它渐渐演化成人们在社会生活中必不可少的言行方式及行为规范等。

1.4　促销礼仪的概念

促销礼仪是指促销人员在促销活动中应遵循的行为规范和准则。它指导促销人员的言行举止，使其能在促销活动中妥善处理客户关系。促销人员代表商家与顾客接触，有责任维护商家在顾客心中的良好形象。促销人员的言行举止要对商家的社会形象负责。商家在社会上有良好的形象，顾客才更愿意接受商家的产品。更重要的是，优雅的礼仪可以使促销人员成为一个有魅力、有修养、处处受人欢迎的人，这是一份终身受益的财富。

1.5 促销礼仪的基本要求

促销礼仪是工作人员人格魅力的展示，是美德的感召，是情感的交融。

1.5.1 文明促销

文明促销应做到"待客三声"和"四个不讲"。

"待客三声"是指促销人员在工作岗位上，面对消费者，必须自然而然做到：来有迎声，问有答声，去有送声。

"四个不讲"是指面对消费者，促销人员有四种话不能讲：不讲不尊重对方的语言；不讲不友好的语言；不讲不客气的语言；不讲不耐烦的语言。

1.5.2 礼貌促销

礼貌促销的要求有以下两点：

（1）聚精会神，动作规范。

促销人员不得在工作时间里"串岗""谈心"，更不能彼此"嬉笑取乐"。接待顾客时，应当轻声细语，不能人为地增加嘈杂声，影响宾客的享受和休息。在商场内无论是促销人员对产品的拿、放、包、扎、算，还是对顾客的迎接，均应显得轻盈利索。

（2）衣着整洁，合乎规范。

礼貌促销要求每个工作人员的衣着均做到清洁、整齐、挺括、规范。

1.5.3 主动促销

主动促销意味着促销人员要对整个促销过程有更多更细致的感情投入。主动促销的本质是能够充分满足顾客的物质需求和心理需求。主动促销在很多场合下，常常以一种超前性的促销行为表现出来，这种促销的超前性表现在促销人员善于急顾客之所急，想顾客之所想，往往在顾客提出要求之前，就主动促销来满足顾客的需要。

在促销工作中，自作聪明，未弄清顾客的要求就草率做出判断向顾客促销，其结果很可能无法达到预期的效果。这种行为是冒失的，故不可取。

1.5.4 热情促销

美国哲学家、散文家及诗人拉尔夫·沃尔德·爱默生说过："没有热情，任何伟大的事业都不可能取得成功。"要说服别人，首先就要说服自己；要想顾客充满激情，自己先要充满激情。促销过程中，热情多表现为精神饱满、热情好客、动作迅速、满面春风。

2 促销礼仪的原则

礼貌和规矩反映出一个人的修养水平。促销人员要善于聆听顾客的发言，从顾客的言谈中捕获有价值的信息，根据客户的需求，及时调整自己的促销策略，以实现共赢。

2.1 三A规则

2.1.1 接受顾客（Accept Consumer）

三A规则，首先要求促销人员亲和友善地接受顾客。

接受顾客，主要体现为促销人员对顾客的热情相迎，来者不拒。促销人员不应怠慢顾客、冷落顾客、挑剔顾客、为难顾客，而应当积极、热情、主动地接近对方，淡化彼此之间的抵触和对立的情绪，恰到好处地向顾客表示亲近友好之意，将顾客当作自己人来看待。

在工作时，促销人员应注意，在自己与顾客的见解截然相反时，要尽可能地采用委婉的语气进行表达，不要直接与对方针锋相对。绝对不要用"你们这种人""谁说的，我怎么不知道"等怀疑、排斥他人的话语跟顾客讲话。更不要任意指出顾客的不足之处，特别是对方生理上、衣着上的某些缺陷。否则，就是等于宣告自己不接受顾客。

2.1.2 重视顾客（Attention Consumer）

三A规则的另一个内容就是要求促销人员真心实意地重视顾客。

重视顾客是促销人员对顾客表示敬重之意的具体化，主要表现为认真对待顾客，并主动关心顾客。总之，在促销活动中，要让对方真切地体验到工作人员对自己的关注和重视。

重视顾客的具体方法：①牢记顾客姓名；②善用顾客尊称；③倾听顾客要求。

2.1.3 赞美顾客（Appreciate Consumer）

三A规则的最后要求是工作人员恰到好处地赞美顾客。

赞美顾客，实质上就是工作人员接受、重视顾客并肯定顾客的表现。人们大都希望能够得到他人的欣赏与肯定。而获得他人的赞美，就是对自己最大的欣赏与肯定。赞美顾客，具体而言，主要是促销人员在向顾客进行促销时，要善于发现对方的所长，并恰到好处地对其表示肯定与称赞。在促销人员需要婉转地指出顾客的不足，或有必要否定对方见解时，适当地辅以一些对对方的赞美之词，效果会好得多。

工作人员在有必要赞美顾客时，要注意以下三点，否则自己对对方的赞美难以奏效：①适可而止；②实事求是；③恰如其分。

2.2 首轮效应

首轮效应，又称首因效应。其核心是人们在日常生活中初次接触某人、某物、某事时所产生的即刻印象，通常会在对该人、该物、该事的认知方面发挥明显的甚至是举足轻重的作用。具体地说，首轮效应是由第一印象、心理定式、制约因素这三个主要内容所组成的一个整体。在促销礼仪中，工作人员应当对此予以高度重视。

2.2.1 最佳的第一印象

心理学实验证明，人们在接触某人、某物、某事之时，大都会对对方产生第一印象，而第一印象的形成通常只需要30秒左右的时间。在人际交往中，强调第一印象重要性的原因是塑造和维护良好的形象。因此，促销人员要充分意识到树立良好形象的重要性。

2.2.2　心理定式的形成

在人际交往和认知过程中，人们的心理定式大体上可以分为肯定与否定两种形式。肯定式的心理定式，主要表现为对交往对象产生好感和积极意义上的评价。否定式的心理定式，则主要表现为对交往对象产生反感和消极意义的评价。第一印象形成心理定式后，若想再去改变它，通常会非常麻烦，而且还有可能会弄巧成拙。所以，在促销礼仪上，工作人员都必须努力地给外界留下良好的第一印象。这一点促销人员务必要认真把握并予以高度重视。

2.2.3　制约因素

在日常生活中，一个人或一种事物，在留给他人的第一印象中所发挥制约作用的主要因素通常是不相同的。

对于一个促销人员来讲，直接影响到消费者对他的第一印象的因素主要有以下五点：

（1）仪容。一个人如果仪容整洁、神采奕奕、文质彬彬，往往会给人以好感。相反，如果邋里邋遢、无精打采、扭捏作态的话，自然难以被他人欣赏。

（2）仪态。包括人们的举止与表情。在许多情况下，人们的"身体语言"所传递的信息，较之于口头语言与书面语言，通常会更为真实准确。

（3）服饰。生活中，一个人的服饰，不仅仅是其遮羞、御寒、防暑之物，更重要的是，它体现了一个人的个人修养、生活阅历和审美品位。

（4）语言。在人际交往中，语言是最重要的一种交际工具。利用语言，除了可以传递信息之外，亦可向交往对象表现出自己对其尊重与否。所以，对一个成年人来讲，重要的不是话多话少，而是如何才能把话说好。

（5）应酬。不论是在工作中，还是私人交往时，人们都免不了要接触其他人，并与其进行一定程度的交际应酬。应酬时的态度、表现，往往会给交往对象留下极其深刻的印象。

2.3　亲和效应

所谓亲和效应，是指人们在交际应酬里，往往会因为彼此之间存在某些共同之处或近似之处，从而感到彼此更容易接近。而这种相互接近，通常又会使交往对象之间萌生亲切之感，从而会更加亲近。人们往往更喜欢把那些与自己志向相同、利益一致，或者同属于某一团体、组织的人，视为"自己人"，在与"自己人"交往时，大都会让人们形成肯定式的心理定式，从而更为亲近对方，甚至能更容易地与之进行更加深入的交往或合作。

亲和力的形成有以下三个关键点：

（1）待人如己。一般情况下，人们通常都会优先考虑自己的处境。爱护自己，善待自己，是人类的一种共性。所以，促销人员在接待顾客时，要像善待自己一样善待顾客。

（2）出自真心。促销人员在向顾客进行促销时，对顾客的友善之意要出自真心，实心实意。切勿为得一时之利，而假情假意并利用顾客对自己的信任去欺骗愚弄顾客。

（3）不图回报。总体上，商家的运营是注重投入与产出比例的。但具体到促销人员的每一项行为，如对顾客的待人如己、亲密无间等，就不能够立即要求回报。

2.4 末轮效应

末轮效应主要指在促销过程中，促销人员和促销单位所留给顾客的最后印象，这也是非常重要的。它往往是其整体印象的重要组成部分，有时甚至直接决定着其整体形象是否完美，以及完美的整体形象能否继续得以维持。因此，促销人员在促销的过程中，应当做到善始善终。

2.4.1 抓好最后环节

抓好促销最后环节的措施包含以下两点：

（1）商家单位力臻完善"硬件"设施。

对商家而言，要抓好促销过程的最后环节，主要应该从自己的"硬件"方面着手。即有必要对促销最后环节所涉及的设备、设施，以及其他一切有可能为顾客所接触或使用的用具、物品等，力臻完善，切勿滥竽充数。

（2）促销人员始终如一地保持促销热情。

在整个促销过程，工作人员不仅要做到笑脸相迎，还要自觉做到笑脸相送，这是热情待客的应有之义。

2.4.2 做好后续促销

所谓后续促销，又叫售后促销，在此特指促销人员在为顾客提供直接促销后，商家和员工有责任与义务，主动或应邀为顾客提供连带性、补充性的促销。

后续促销的主要内容包括以下几点：①允许退货；②准予更换；③保质保修；④安装检修；⑤提供咨询；⑥接待投诉；⑦开通促销热线；⑧促销上门。

2.5 零度干扰

零度干扰是礼仪中的一种重要支柱理论。其基本主张是在向顾客提供具体促销的过程中，必须采取一切行之有效的措施将对方所受到的一切干扰，积极减少到所能够达到的极限，也就是要力争达到干扰为零的程度。

2.5.1 创造无干扰环境

所谓干扰顾客，主要是指由于促销人员在促销过程之中的某些表现，有意无意地扰乱了顾客对促销的享受，败坏了顾客的心境，甚至因此而使促销难以正常而顺利地进行。

创造无干扰环境的措施：①注意环境卫生；②注意陈设与装潢；③注意控制噪声；④注意气象条件；⑤注意光线色调。

2.5.2 保持适度的距离

所谓人际距离，一般是指在人与人所进行的正常交往中，交往对象彼此之间距离的远近。心理学实验证明：人际距离过大，容易使人产生疏远感；人际距离过小，则又会使人感到压抑、不适或被冒犯。总之，人际距离过大或过小均为不当的。

五种常规的人际距离：

（1）促销距离。

一般情况下，促销人员与顾客之间的距离以 0.5 ~ 1.5 米为宜。

（2）展示距离。

工作人员需要在顾客面前进行操作示范，以便使顾客对产品有更直观更充分的了解。进行展示时，工作人员既要使顾客看清自己的操作示范，又要防止对方妨碍自己的操作。因此，展示距离在 1 ~ 3 米之内为宜。

（3）引导距离。

引导距离是指工作人员在为顾客带路时双方之间的距离。根据惯例，在引导时，工作人员行进在顾客的左前方约 1.5 米是最合适的。

（4）待命距离。

待命距离特指工作人员在顾客尚未传唤自己、要求自己为之提供促销时，与对方自觉保持的距离。在正常情况下，它应当是在 3 米之外，只要顾客能够看到自己即可。

（5）信任距离。

采用此距离时必须注意两点：一是不要躲在附近，似乎是在暗中监视顾客；二是不要去而不返，以防顾客在需要人员帮助时找不到人。

2.6　其他原则

促销礼仪本质上是商家市场营销活动的一部分。在促销礼仪实施过程中，促销人员除遵守平等、诚信和互利互惠原则之外，还应坚守自信、谦虚的原则。

3　促销人员的仪容礼仪

推销大王乔·吉拉德说："推销产品前先推销自己。"积极健康的仪容给顾客以朝气蓬勃、诚实可信的感觉。作为促销人员，要想给客户留下良好的第一印象，就一定要注意仪容仪表的修饰，在尊重客户的基础上，突出自己的职业性。

3.1　面部修饰

面部，又称面孔、脸部。面部仪容不仅指一个人的长相，还包括得体自然的面部修饰。在人际交往中，容貌是最为他人所注意的。促销人员在工作中必须高度重视自己面部的修饰。

3.1.1　基本要求

在进行个人面部修饰时，促销人员必须遵循促销礼仪的总体要求，唯有这样，促销人员才能给顾客留下较好印象。

进行个人面部修饰时，促销人员应遵守总的指导性规则，做到洁净、卫生、自然。具体要求如下：

（1）注重面部洁净。

在进行面部修饰时，促销人员要注重面部洁净。尤其需要强调的是，促销人员在当班时，务必要保持自己的面部干净清爽，其标准是要使之无灰尘、无汗渍等。这就要求促销人员要养成平时勤于洗脸的良好习惯。促销人员在清洗自己的面部时，还应重视质量问题。眼角、鼻孔、耳后、脖颈等易于藏污纳垢之处，切勿一带而过。

（2）讲究面部卫生。

讲究面部卫生要求促销人员兼顾讲究卫生与保持卫生两个方面。促销人员面部一旦出现明显的过敏性症状，或是长痤疮、疱疹等，务必及时去医院治疗。通常，促销人员面部患病时不宜与顾客进行正面接触，需要暂时休息或暂做其他工作。

（3）面部的自然修饰。

促销人员在进行面部修饰时要注意保持自然，尤其要注意自己的面容是否呆板。促销人员的面容修饰要讲究美观也要合乎常情。按照人们对促销人员所要求的角色定位，庄重、大方是其维护个人形象的第一要旨。促销人员按其工作性质进行面部修饰时，要"秀于外"与"慧于中"二者并举，不可只是片面地强调面部的美化。

3.1.2　局部修饰

（1）眉部的修饰。

眉形的美观对每个促销人员都是十分重要的。美观悦目的眉形大都形态正常而优美，而且应当又黑又浓。在平时应当对眉毛认真梳理修饰，并养成及时清洁眉毛的好习惯。

（2）眼部的修饰。

对促销人员来说，应及时去掉自己眼角上出现的分泌物。对于配戴眼镜的促销人员来说，不仅要注意眼镜的选择，而且应注意保持眼镜的干净。还需注意的是在室内进行促销时不可佩戴墨镜。此外，要注意眼病的预防和治疗。

（3）耳部的修饰。

人到了一定岁数，耳孔周围会长出一些浓密的耳毛，促销人员要及时进行修剪。此外，促销人员务必每天进行耳部的除垢，但不能在接待顾客时清理。

（4）鼻部的修饰。

促销人员应当注意的是，切勿当众以手去擤鼻涕、挖鼻孔、乱弹或乱抹鼻垢，更不要用力将其吸入腹中。有需要时，可以在无人的场合以手帕或纸巾进行辅助。鼻毛和黑头应该及时修剪和清理。

（5）口部的修饰。

促销人员应搞好口腔卫生，避免产生口臭，应注意避免食用一些气味过于刺鼻的食物，如蒜、韭菜等。

3.2　发部修饰

头发通常是他人所关注的重点。对发部的修饰，一般是指人们依照自己的审美习惯、工作性质和自身特点，而对自己的头发所进行的清洁、修剪、保养和美化。

3.2.1　保持发部整洁的方法

一般来说，促销人员每周至少清洗头发两次。及时梳理头发也是必要的，尤其是上班出门前，换装上岗前，摘下帽子时以及下班回家时。不能当众梳理头发，且断发等不宜随手乱扔。

3.2.2 发型的选择原则

对于一般的促销人员而言，发型选择必须优先考虑的因素是应当符合自己的职业要求。

（1）长短适中。

对男性促销人员来讲，要求不能有刘海，且两侧的头发不能遮挡耳朵，不应蓄留鬓角，脑后的头发不宜长至衬衣的衣领，而且男性促销员不许剃光自己的头发。

对女性促销人员来讲，主要要求是不宜长于肩部，不宜遮挡眼睛，不允许随意披散开来。上岗前，可以将头发盘起来或束起来。

（2）风格庄重。

促销人员在选择发型时，应有意识地使之体现庄重而保守的整体风格。唯有如此，才与促销员的身份相称，才更容易获得消费者和顾客的信任。

3.2.3 头发的美化

头发的美化有以下几点规定：①正确护发；②适当染发；③慎重烫发；④佩戴假发；⑤佩戴帽子；⑥佩戴发饰。

3.3 肢体修饰

在人际交往中，肢体动作是最多的，在某些情况下，可能肢体动作会比面部修饰受到更多的关注，因此，对促销人员的肢体修饰也是有要求的。

3.3.1 手臂的修饰

应主要注意两点：

（1）促销人员在岗位上不能乱用双手，比如揉眼睛、掏耳朵、搔头发等，或是双手四处乱摸、乱捡地上的物品。在一些特殊的工作岗位上，如在化妆品试用的体验促销时，促销人员必须戴上手套。

（2）修饰手臂时要注意三点：不要蓄长指甲，不要涂画刺字，不要腋毛外露。

3.3.2 下肢的修饰

要求服务人员注意下肢的清洁，特别应对以下三个方面的细节问题加以强调：勤于洗脚，勤换袜子，勤换鞋子。

3.4 化妆

"化妆上岗，淡妆上岗。"对促销人员来说，化妆有两个重要功能：①使商家形象更为鲜明；②能够向客户表示尊重之意。因而，促销人员一定要化妆上岗。

3.4.1 化妆守则

化妆守则主要有以下几点：淡雅、简洁、适度、庄重、避短。

3.4.2 化妆方法

（1）打粉底。

促销人员在打粉底时，有四点应予注意：①先清洗好面部，拍上适量的化妆水、乳液；②选择粉底霜时要选择适合自己肤色的；③打粉底时要做到取用适量、涂抹细致、厚薄均匀；④切勿忘记脖颈部位，不要"泾渭分明"。

（2）画眼线。

在画眼线时，一般应当把它画得紧贴眼睫毛。具体来说，画上眼线时，应当从内眼角朝外眼角方向画；画下眼线时，则应当从外眼角朝内眼角画，并且在距内眼角 1/3 处收笔。画完之后的上下眼线，一般不要在外眼角处汇合。

（3）施眼影。

在施眼影时，浅咖啡色的眼影是最合适的，收敛效果好。注意应施出眼影的层次之感，使之由浅而深，层次分明，有助于强化化妆者眼部的轮廓。

（4）描眉形。

描眉形的具体手法：两头淡、中间浓，上边浅、下边深。

（5）涂唇膏。

涂唇膏前，应以略深于唇膏颜色的唇线笔描好唇形，可以先描上唇，后描下唇。涂唇膏时，应从两侧涂向中间，并要使之均匀而又不超出早先以唇线笔画定的唇形。

（6）喷香水。

促销人员可选择气味淡雅清新的香水，喷涂在腕部、耳后、颌下或膝后等。但不宜使用过量，或将香水直接喷在衣物、头发上等。

3.4.3 禁忌

化妆的禁忌：离奇出众、技法出错、惨状示人、岗上化妆、随意指教他人。

4 促销人员的服饰礼仪

商家形象的体现依赖于促销人员。促销人员在一线工作，直接面对顾客，其形象直接体现商家的形象。而促销人员给顾客的第一印象非常重要，如果留给对方的第一印象良好，这就有了一个很好的开始。要留下一个良好的第一印象，首先就要注意礼仪与装束。

4.1 服饰礼仪需遵循的原则

4.1.1 了解客户

就是要了解客户的观点，服装必须与时间、地点等因素符合，自然大方。还得与自身的身材、肤色相搭配，获得顾客的信任与认同。

4.1.2 贴近客户

如何使自己的装束贴近、靠近客户呢？答案就是非常专业的装束。专业的装束要求促销人员装扮整洁。

4.1.3 不要太突出

促销人员应避免奇装异服，因为服装首先是一种社会符号，选择整洁、雅致、恰如其分的服装可以表现人的自尊和责任心。此外，选择的服装要大小合身，要使自己的身材与服装的质料、色泽保持均衡状态。

4.2　男性促销人员的着装

4.2.1　男性促销人员着装的基本点

（1）西装：穿西装要得体，突出风度。在正式交往场合中的着装，要求西装必须合身，领子贴近领口并低于衬衫领口 1～2 厘米。上衣的长度宜于垂下手臂时与虎口相平。肥瘦以穿一件厚羊毛衫后松紧适宜为好。裤子应与上衣相配合。

（2）领带：领带与西装的搭配也很重要。打条纹或格子领带时，不宜穿条纹西装。领带的长度要求其下端不超过皮带扣。领带的颜色应不宜过暗或过亮。

（3）在非正式的场合，穿西装可以不打领带，但衬衫最上面的扣子应当不系，里面不要穿高领棉毛衫，以免外露。

（4）如果商家有上班须穿工作服的规定，就应穿工作服，但须注意衣服的清洁；穿白色汗衫的，要注意领口和袖口的整洁；避免穿白色袜子，最好选择素雅深色的袜子；鞋子也应注意擦亮。

4.2.2　男性着西装八忌

①西裤过短；②衬衫放在西裤外；③不扣衬衫扣；④西服袖子长于衬衫袖子；⑤领带太短；⑥西服上装两扣都扣上（双排扣西服除外）；⑦西服的衣、裤袋内鼓鼓囊囊；⑧西服配便鞋。

4.3　女性促销人员的着装

4.3.1　保持衣服平整

皱巴巴的衣服会让人觉得邋遢，而平整的衣服会显得整个人比较精神。女性促销人员应当自备一双丝袜，在丝袜被弄脏或破损时可以及时更换，避免尴尬。

4.3.2　选择服饰不能过于严肃

女性的表现如果异常严肃，容易引起他人的反感，让客户望而却步。但在客户面前也不宜过于柔弱，那样会让客户丧失对你的信心。

4.3.3　女士着西装时要注意"六不"

①套装不允许过大或过小；②不允许衣扣不到位；③不允许不穿衬裙；④不允许内衣外露；⑤不允许随意搭配；⑥不允许乱配鞋袜。

4.4　饰品的佩戴

首饰固然可以起到装饰美化作用，但在佩戴时要学会掌握分寸，不宜戴得过多、过于华丽。首饰的佩戴应精致和谐，增添服装美感和仪容的风采。其基本要求，可以概括为：质地精良、质地一律、以少为佳、符合规范。

以下介绍一些首饰的佩戴方法：

（1）戒指一般戴在左手，而且最多不得超过两枚。当然，戴在不同的手指上表达不同的含义。

（2）耳环的佩戴必须同整体服饰协调一致，这样可以映衬服装的色彩。例如身穿暖色系的米黄或浅棕色的服装，宜佩戴黄色、象牙白的耳环。

（3）可以戴一只手镯，也可以同时戴两只，但不宜在一只手上戴多只手镯。

（4）男女均可戴项链，但男士的项链一般不应外露。一般来说，衣着较薄时以金银项链为佳；衣着较素色时，则宜佩戴色泽鲜艳的项链。通常所佩戴的项链不应超过一条，但可将一条长项链折成数圈佩戴。

（5）男女都可佩戴手链，通常情况下，应戴在左手上。但不宜在一只手上戴多条手链，双手同时戴手链，或手链与手表同时佩戴在一只手上。

（6）胸针适宜别在西装左侧领上；穿无领上衣时，则宜别在左侧胸前。

5 促销人员的仪态礼仪

5.1 表情

美国著名推销员乔·吉拉德曾说："当你笑时，整个世界都在笑。一脸苦相没人理睬你。"作为促销人员，其首要条件是一副亲善的笑容及一份对客户的热诚。诚挚热情是打破与客户之间障碍的唯一良方，礼貌亲切的笑容会很容易打动客户，使其做出认购决定。即使客户不能成功认购，也会给其留下良好的印象，为下次认购做铺垫。

微笑有几条简单的规则：

（1）和别人分享你乐观的思想，微笑是会蔓延的。当你笑的时候，人们会感觉很好，就会快乐。

（2）用你整个脸微笑，一个成功的微笑是整个脸让人看起来很高兴，微笑布满整个脸，可以点燃别人的自信心，可以引起别人的信赖。

（3）把眉头舒展开来，微笑时眉头是舒展的，如紧着眉头则是苦笑；要从心里笑，看上去一脸开朗、快乐地微笑。

（4）运用你的幽默感，幽默感不是指那种低格调的笑话，或是寻别人开心的恶作剧，而是指那些好的真正有趣的故事，当玩笑开在你身上的时候你只要跟着笑，对别人微笑，但永远不要冷笑。

（5）笑容是建立信赖的第一步，它会成为心灵之友；没有笑的地方，必无工作成果可言；笑容可除去悲伤、不安，也能打破僵局；笑容会消除自己的自卑感，且能补己不足；笑容会增加健康、增进活力。

5.2 站姿

5.2.1 基本站姿

（1）头部抬起，面朝正前方，双眼平视，下颌微微内收，颈部挺直。

（2）双肩放松，呼吸自然，腰部直立。

（3）双手相握，叠放于腹前。

（4）两腿立正并拢，双膝与双脚的跟部紧靠在一起。

5.2.2 为客人促销的站姿

（1）头部微微侧向促销的对象，面部保持自然的微笑。

（2）手臂持物时：肩以下，腰上方，向里倾斜 15°；产品正面朝向顾客。

（3）小腹不宜凸出，同时臀部应当紧缩。双脚一前一后站成"丁字步"；在双膝靠拢的同时，两腿的膝部前后略为重叠。

5.2.3　不良站姿

不良站姿的类型包括以下八种：身躯歪斜、弯腰驼背、趴伏倚靠、双腿交叉、脚位不当、手位不当、半坐半立、浑身乱动。

5.3　行姿

5.3.1　基本要求

与顾客交谈应注视对方脸底线和前额构成的三角区域。

（1）男士：抬头挺胸，步履稳健、自信；避免八字步。

（2）女士：背脊挺直，双脚平行前进，步履轻柔自然，避免做作；可右肩背皮包，手持文件夹置于臂膀间。

行姿礼仪的基本要求可以概括为：方向明确、步幅适度、速度均匀、重心放准、身体协调、造型优美。

5.3.2　规范的行姿

（1）头正。双目平视，收颌，表情自然。

（2）肩平。双肩平稳，前后自然摆动，摆幅在 30°～40°，双手自然弯曲，在摆动时离双腿不超过一拳的距离。

（3）躯挺。上身挺直，收腹立腰，重心稍前倾。

（4）步位直。双脚尖略开，脚跟先着地，两脚内侧落地，走出的轨迹要在一条直线上。

（5）步幅。行走中两脚落地的距离大约为一脚长，前脚的脚跟与后脚的脚尖相距一只脚的长度为宜。

（6）步速。行进的速度应当保持均匀、平衡。行走时也要注意防止八字步、低头驼背。不要摇晃肩膀、双臂大甩手，不要扭腰摆臀、左顾右盼，脚不要擦地面。

5.3.3　行姿中的特例

（1）上下楼梯。

上下楼梯的注意事项：①要走专门指定的楼梯；②要减少在楼梯上的停留；③要坚持"右上右下"的原则；④要注意礼让顾客。

（2）进出电梯。

进出电梯的注意事项：①要使用专用的电梯；②要牢记"先出后进"；③要照顾好顾客；④要尊重周围的乘客。

（3）出入房门。

①进门前通报敲门；②要以手开关门；③要"后出后入"；④要为顾客开门。

5.3.4　不当行姿

错误不当的行姿：横冲直撞、悍然抢行、阻挡道路、不守秩序、蹦蹦跳跳、制造噪音。

5.4 蹲姿

5.4.1 蹲姿的基本标准

（1）男性促销人员：一般采用高低式蹲姿。下蹲时，左脚在前，右脚在后。左脚应完全着地，小腿基本垂直于地面，右脚则应脚掌着地，脚跟提起。此时右膝须低于左膝，右膝内侧可靠于左小腿的内侧，形成左膝高右膝低之态。

（2）女性促销人员：一般采用交叉式蹲姿。下蹲时，右脚在前，左脚在后，右小腿垂直于地面，全脚着地。右腿在上，左腿在下，两者交叉重叠、前后靠近，合力支撑身体。上身略向前倾，臀部朝下。

5.4.2 允许蹲姿的情景

（1）整理工作环境。

在需要对自己的工作岗位进行收拾或清理时，可以采用蹲的姿势。

（2）给予客人帮助。

需要以下蹲姿势帮助客人时，如与一位迷路的儿童进行交谈，可以这样做。

（3）提供必要服务。

当客人坐处较低，以站立姿势为其服务既不文明、方便，又因高高在上、失敬于人时，可改用蹲的姿势。

（4）捡拾地面物品。

当本人或他人的物品掉到地上，或需要从低处被拿起来时，若弯腰去捡则极不雅致，此时可以采用蹲的姿势。

（5）自己照顾自己。

有时，需要自己清理自己的鞋袜等，也可采用蹲的姿势。

5.4.3 蹲姿注意事项

采用蹲姿时应注意以下几点：

①不要突然下蹲；②不要距人过近；③不要方位失当：在人身边下蹲，侧身相向；④不要毫无遮掩；⑤不要蹲在椅子上；⑥不要蹲着休息。

5.5 坐姿

5.5.1 坐姿的基本要求

坐姿要求端庄、稳重、大方，上身要端正，双膝并拢。

（1）男性坐姿：一般从椅子的左侧入座，紧靠椅背，挺直端正，不要前倾或后仰，双手舒展或轻握于膝盖上，双脚平行，间隔一个拳头的距离，大腿与小腿成90°。如坐在深而软的沙发上，应坐在沙发前端，不要仰靠沙发。

（2）女性坐姿：双脚交叉或并拢，双手轻放于膝盖上，嘴微闭，面带微笑，两眼凝视说话对象。

5.5.2 入座的基本要求

①在他人之后入座；②在适当之处就座；③从座位左侧就座；④向周围人致意；⑤毫无声息地就座；⑥以背部接近座椅；⑦坐下后调整体位。

5.5.3　离座的基本要求

①先有表示；②注意先后；③起身缓慢；④站好再走；⑤从左离开。

5.5.4　错误的坐姿

（1）错误坐姿中的腿。

在就座后，切记不可双腿叉开过大、跷二郎腿、抖动双腿，甚至将腿放在桌椅上。

（2）错误坐姿中的手。

以手触摸脚部、将手置于桌下、双肘置于桌上、双手抱腿都是不可取的。

（3）错误坐姿中的上身。

坐后上身趴伏在桌椅上或本人大腿上，或者将头倚靠在椅背上，都仅仅用于休息，在工作岗位上，是不可以这么做的。

5.6　手势

促销员的手必须摆好姿势：尽量将手心面向对方，手指轻轻并拢，不要用手指指人或物品，应用整个手掌进行指示；为顾客进行讲解、拿产品或进行包装时应熟练、正确，并使用双手。

5.6.1　手势的要求

规范的手势应当是手掌自然伸直，掌心向内向上，手指并拢，拇指自然稍稍分开，手腕伸直，使手与小臂成一条直线，肘关节自然弯曲，大小臂的弯曲以140°为宜。

在做出手势时，要讲究柔美流畅，做到欲上先下、欲左先右，显得协调大方。避免僵硬死板，缺乏韵味。

5.6.2　握手时的姿态

（1）注意握手方式。

通常应以右手与人相握。握手时，应首先走近对方，右手向侧下方伸出，握住对方手掌的大部，且应目视对方双眼，将手上下晃动两三下。不要只握对方的指尖，或在握手时左右乱摇。

（2）注意先后顺序。

"尊者在先"：男女之间，女士先；长幼之间，长者先；上下级之间，上级先，下级屈前相握；迎接客人，主人先；送走客人，客人先。

（3）注意用力大小。

握手时，力量应当适中。用力过重或过轻，都是失礼的。

（4）注意时间长度。

与人握手时，一般3~5秒即可。没有特殊情况，不宜长时间握手。

5.6.3　错误的手势

要有礼节性，忌下列手势：

（1）单伸一个食指指点人（教训、威胁之意）。

（2）单伸一个拇指拂人（表示藐视、嘲弄）。

（3）双手相握，搓动或不断玩弄手指（拘谨缺乏自信）。

6 促销人员的语言礼仪

人交往的目的就是沟通思想，明确交往的主题，达到自己的意愿。通过语言的交谈，双方的思想趋于接近、排除误会和干扰，从而实现各自的意愿。在与客户进行交谈时要注意以下三个原则：语调和缓，表达热情，语气充满信心。

6.1 礼貌用语

促销人员要语言清晰，语调柔和，语速适中；专业用语生活化，通俗易懂；使用礼貌用语，体现商家工作人员的良好素质。

（1）"欢迎光临，欢迎再次光临"。

在打招呼时，注意语调要因人而异。接待年龄较大的顾客，语调应略微低沉稳重；接待年纪较轻的顾客，语调应轻快活泼。在店门口迎接顾客的促销员要礼貌、亲切、友善地为顾客服务，对距离3米内的来客，都应主动点头，并说"您好"。

（2）"好的"。

这是促销员被顾客呼唤时的回答用语。

（3）"请您稍等"。

不管顾客等待的时间长短，只要发生让顾客等待的情况就要说"请您稍等"，还可简明解释让顾客等待的原因。

（4）"让您久等"。

因拿取或包装商品令顾客等待，将商品拿给顾客时要说"让您久等了"或"很抱歉，让您久等了"。

（5）"对不起"。

在对顾客的要求无法做到时要表示歉意。如"对不起，这款产品刚好卖完，不过，请您留下您的姓名和电话。一到货，我马上通知您，好吗?"

（6）"谢谢您"。

在促销过程中可多次使用这句话，也可对同一顾客使用多次。

6.2 文明用语

文明用语是促销人员在工作岗位上应当遵守的基本礼仪规范之一。在平时，促销人员应当在称呼恰当、口齿清晰、用词文雅等方面多下功夫。

文明用语要注意以下几点：

（1）口齿清晰、音量适中，最好用标准普通话，但若客人讲方言，在可能的范围内应配合客人的方便，以增进沟通的效果。

（2）当接待等候多时的顾客时，应先向对方道歉，表示招待不周恳请谅解，不宜敷衍了事。

（3）顾客有疑问时，应以愉悦的态度为客人解答。不可不耐烦或一问三不知。

（4）与顾客交谈时宜用询问、商量的口吻，不可用强迫的口气，使人不悦。不可一味称赞商品，而应先询问客人满意的程度。

（5）在终端促销的过程当中，如有顾客咨询其他的商品，促销人员不可以说一些推卸责任和敷衍的话，如"不知道，不是我负责的""没时间，你自己看吧，全都在这里了"等。如果确实不清楚该商品的相关知识，可以帮助寻找一位专柜营业员为其做详细准确的介绍。

6.3 行业用语

促销人员应语言语调诚恳真挚，不可漫不经心、傲慢无礼。将买主的利益放在第一位，才能赢得客户的信赖。

（1）与顾客交谈时要注意掌握分寸，不可把话说得过于完美，这会使客户产生怀疑，对有把握的事情最好能提供事实依据。

（2）不要说别人的坏话来突出自己产品的优点，不可恶意批判竞争对手。最好是只讲述事实，不加以评判。

（3）可请客户多做试用和体验，用真正的亲身体会去说服客户。

（4）质量保证是一种很好的促销手段，尤其适用于新产品上。但质量保证本身必须具有可靠性和公信证明，如品牌信誉、商家承诺等。

（5）善于利用其他顾客的表扬，这是因为顾客的口碑往往比促销宣传更能令人信服。可列举其他顾客购买的事实，展示自己产品受欢迎的有力凭证。如客户好评、客户购买名单、名人专用、专家评论、新闻介绍等。

6.4 书面用语

日常工作中，需要促销人员使用书面用语的方面很多。小到价签、发票、便条、通知，大到协议、合同、介绍、说明、书信等。这就要求促销人员做到以下几点：

6.4.1 正确无误

促销人员在书写时除了注意书写正确和格式正确，也要注意在遣词造句时慎用词语，避免出现歧义造成理解偏差，影响到书面用语的正确性。

6.4.2 工整清晰

书面用语工整清晰的要求：

①一笔一画写字；②字体大小适中；③保持美观整洁；④符合书写习惯。

6.4.3 内容完整

在书写时要做到内容完整，并且在具体书写时，要做到语句、结构、表达完整。不可随意杜撰词语、任意使用外文、滥用方言俚语、语句长短不当、错用标点符号、数据日期不准。此外，促销人员应注意反复检查。

6.5 电话用语

促销人员为了维护与客户的关系，需要经常打电话给客户，特别是直销人员，更需要通过电话与客户建立业务关系。打电话说起来很简单，实际上它是一门语言艺术，也是促销人员思维能力高低的表现。

首先，拨打电话前应对通话内容有所准备，有一份通话提纲，既可节省时间成本，又可做到条理分明，突出重点。此外，通话时间不宜选在节日、假日、午休或用餐等时间，要以便利对方为宜。打电话给国外时，应当考虑时差因素。其次，接通电话时，主动问好后，作简单的自我介绍。注意咬字准确，语言亲切，语速适当。在接电话时，要注意礼貌用语，语调要柔和，显示出良好的修养，尽量避免打断对方的讲话。

在通话结束时可以通过以下几点来给顾客留下更好的印象：①再次重复通话重点；②暗示通话结束；③感谢对方帮助；④代向他人问候；⑤互相进行道别。

6.6　提高表达能力

促销人员要不断提高自己的表达能力。加强自己的表达能力，须注意以下几点：

（1）声音洪亮：促销人员一定要注意自己的声音大小，声音不可太小，让人听不清楚。

（2）避免口头禅：每个地方都有方言，每种方言都有自己的口头禅，语言表达时应避免这种口头禅。

（3）避免语速过慢：表达时要掌握好语速，语速过快，别人听不清楚；语速过慢，就会给别人充分的准备时间。

（4）避免发音出错：例如，在南方有许多促销代表对"十"和"四"两个读音区分不清楚，这会酿成大错。

7　其他促销礼仪

7.1　名片礼仪

7.1.1　携带名片

（1）促销人员携带的名片一定要数量充足，确保够用。

（2）名片要保持干净整洁，完好无损，切不可出现褶子、破烂、肮脏、污损等情况。

（3）名片应统一置于名片夹、公文包或上衣口袋，在办公室时还可放于名片架或办公桌内。切不可随便放在钱包、裤袋之内。

7.1.2　递交名片

（1）观察对方意愿。除非自己想主动与人结识，否则名片务必要在交往双方均有结识对方并欲建立联系的意愿的前提下发送，切勿强加于人。

（2）把握时机。发送名片要掌握适宜时机，只有在确有必要时发送名片，才会令名片发挥功效。

（3）讲究顺序。双方交换名片时，应当首先由位低者向位高者发送名片，再由后者回复前者。但在多人之间递交名片时，切勿以职务高低跳跃式进行发送，以致遗漏某些人。最佳方法是由近而远、按顺时针或逆时针方向依次发送。

7.1.3　接受名片

（1）面含微笑，双手接过名片。无法双手接受时则用右手，不得使用左手。

（2）认真阅读。接过名片后，先向对方致谢，然后至少要用一分钟时间将其从头至尾默读一遍，遇有显示对方的职务或头衔的，可轻读出声，以示尊重和敬佩。若对方名片上的内容有所不明，可当场请教对方。

（3）精心存放。接到他人名片后，应将其谨慎地置于名片夹、公文包、办公桌或上衣口袋。

（4）有来有往。接受了他人的名片后，一般应当即刻回给对方一枚自己的名片。如若没有名片，应向对方做出合理解释并致以歉意。

7.2　赠送礼仪

商场工作人员为了使顾客获得惊喜或促使顾客购买，一直在试图寻找"与众不同"的礼品或"举世罕见"的礼品，但往往达不到所期待的效果。其实，促销人员可以事先咨询一下顾客的意见，了解其爱好特点，再投其所好。

7.2.1　礼品挑选的特性

礼品可从以下几点来挑选：

①突出礼品的纪念性；②体现礼品的民族性；③明确礼品的针对性；④重视礼品的差异性。

7.2.2　中国人的赠礼习惯

中国人的赠礼是很有讲究的。一般有以下几点：

（1）礼轻情意重。

常见礼品有文具：书、笔；食品：酒类、特色食品、茶叶；艺术品；鲜花等。这些小礼品均能体现工作人员的热情和关怀。

（2）把握送礼的时机与方式。

礼品一般当场赠送。节日贺礼、年礼，可派人送上门或邮寄。这时应该随礼品附上送礼人的名片，也可手写贺词，装在大小相当的信封中，信封上注明收礼人的姓名，贴在礼品包装皮的上方。

（3）态度友善，言辞勿失。

送礼时，要注意态度、动作和言语表达。平和友善、落落大方的动作并伴有礼节性的语言表达，才是顾客乐于接受的。在对所赠送的礼品进行介绍时，应该强调的是自己对顾客所怀有的情谊，而不是礼物的实际价值。

（4）顾及习俗礼俗。

在中国普遍有"好事成双"的说法，所以大贺大喜之事，均好双忌单。另外，白色在中国是比较忌讳的颜色，而红色则代表了喜庆、祥和，受到大众的普遍喜爱。可见，赠送礼品前，有必要了解习俗礼俗。

7.2.3　不合适的礼品

八类不宜礼品：①一定数额的现金、有价证券；②天然珠宝和贵金属首饰；③药品和营养品；④广告性、宣传性物品；⑤易于引起异性误会的物品；⑥为受礼人所忌讳的物品；⑦涉及国家机密或商业秘密的物品；⑧法律法规禁止流通的物品。

7.3 促销技巧

7.3.1 促销人员在促销礼仪的基础上可以使用的技巧

（1）了解客户心理并满足他们的需求。

想要顾客购买产品，首先要了解客户并满足他们的需求，才能触发客户的购买动机，从而通过各种途径进行促销。

（2）促销是件互惠互利的事，要有帮助客户的思想。

顾客在购买时优先考虑的是自己的利益，促销人员应以客户利益为第一位，帮助客户满足需求，不可光想到自己的佣金而不管顾客的利益。

（3）要先有自信才能令别人相信自己的商家和产品。

唯有相信自己的商家与产品，对自己有信心，才能去说服别人。自己都不相信的东西实在很难叫别人去相信。

（4）真诚而有修养。

真诚的促销行为能够令客户信赖，而信赖又是促销成功的基础。真诚的促销除可靠可信外，还要多为顾客着想。客户的信赖是购买的基础，这主要取决于促销员的仪态、品格和如何运用营销技巧。

（5）善用幽默，令客户轻松愉快。

在促销过程中，双方往往因为立场不同而产生一些隔膜或摩擦。促销人员要善用幽默减少彼此的顾虑。想办法让准客户笑出来，那促销就成功了一半。

7.3.2 促销人员要做到对商品了如指掌

要彻底了解商品，促销人员应该做到以下几点：

（1）多了解商家以及商品的历史和背景材料。

这样会更加了解商家为何会出售这种产品，其政策是基于什么原因制定出来的，商家的风格是如何产生的。

（2）了解商品的生产方法。

了解生产的全过程，包括最后的售后促销在内，这样就能对产品的生产成本、实用效能有更深一层的理解，才能更详细地向客户解说产品的成本及价值。

（3）熟悉售后促销流程。

有生命力的品牌信誉、商家知名度都是由商品积累的。从商品售出后才开始评价其价值，直至售后促销到产品使用周期结束才算全部价值的完结。因而不可只顾眼前售出产品而不顾售后促销。

（4）分析竞争因素。

客户的购买决定往往是在比较下做出的，往往是在比较过价格、性能、质量、数量、促销、关系等因素后决定的。在商场上要战胜对手，须分析竞争因素，再制定最适当的策略，争取到客户才是最重要的。

（5）了解发货方式。

这包括何时发货，怎样安排发货，如何确保发货不会发生问题。促销人员还必须熟悉运费、等级、车期、路线和包装等，以确保客户满意。

（6）强调好处，而非特点。

顾客是购买好处，满足需要而非特点（除非是特点带来的好处）。

顾客最想知道的，恐怕莫过于该商品如何满足他的需求，解决他的问题。当和其他品牌的产品主要用途不相上下时，该商品相对别的产品就要有其他的好处和优点。

（7）陈述事实，不欺骗、不夸张，只可适度地避重就轻。

在与顾客接触时，只有诚实可靠，才会使客户信服，才有可能与客户建立长期关系。上过当的顾客是不会再回头的。在竞争激烈的市场，客户稍有不满就会另寻卖家。因而促销人员要做到陈述事实，不欺骗，不夸张，真诚相待。

（8）留心购买信号，把握最佳促销时机。

当客户有意购买时，在语言上、行动上、表情上就会有所表现，优秀的促销人员要善于捕捉这些购买信号，把握最佳时机。

7.3.3　促销高手应有的心态

①保持平常心；②以结果为导向；③100％相信你的产品；④100％相信自己；⑤保持自信积极的心态。

模块 二 》 实习内容

1　促销礼仪原则的掌握

1.1　实习目的

初步认识促销礼仪的原则，对三 A 规则、首轮效应、亲和效应、末轮效应等进一步认识和掌握，理解促销礼仪的各原则，为后续内容中促销礼仪的学习做好铺垫。

1.2　实习步骤

（1）基本理解促销礼仪的各个原则：三 A 规则、首轮效应、亲和效应、末轮效应、零度干扰等。

（2）分组观察广百商场内各商铺的工作人员，并对接待顾客量和成交量做记录。

（3）分组讨论并了解促销礼仪原则的作用。

1.3　实习重点

促销人员每天会接待各种顾客，而使顾客能够高兴而来，满意而归的关键在于能灵活采用多样的接待技巧，满足不同顾客的需求。通常将进店的顾客分为三类。

（1）纯粹闲逛型。

这类顾客没有购买计划，进入商店只是消磨时光，但也不排除他们具有冲动购买的可能。这类顾客进店以后，有的行走缓慢，东瞧西看；有的行为拘谨，徘徊观望；有的则哪有热闹往哪去。

对于这类顾客，促销人员不必急于接触，但要随时关注其动向，当他到货架查看商品时，促销人员就可热情接待。

（2）巡视商品行情型。

这类顾客无明确购买目标和打算，进店是希望能碰上自己心仪的商品。他们进店后，脚步一般不快，神情自若，环顾四周的商品，不急于提出疑问和购买要求。

对于此类顾客，促销人员应让其轻松自在地随意浏览。只有当其对某商品产生兴趣时才可进行接触。不可紧盯顾客以防其产生紧张或防备心理；不可过早接触顾客。

时机恰当时，促销人员可主动向此类顾客介绍和推荐新商品、畅销品、限量商品、促销商品。

（3）胸有成竹型。

这类顾客一般具有明确的购买目标，并有详细的预算计划。他们进店后一般目标较集中，迅速走到某个商店柜台，主动提出购买需求，不太可能有冲动购买行为。

对于此类顾客，促销人员应迅速接触他们，以求快速成交。需要注意的是，在此期间不宜有太多游说或建议之词，以免令顾客产生反感，导致销售中断。

分析不同类型的顾客，采取不同的促销策略，才能将促销礼仪发挥到极致。

2　仪容礼仪的要领与技巧

2.1　实习目的

使学生掌握仪容礼仪的基本常识，对面部修饰、发部修饰、化妆等有初步了解和学习，提高学生对仪容礼仪的掌握与运用。

2.2　实习步骤

（1）请专业人士教授仪容礼仪，进行相关培训，包括发型修饰和化妆等。

（2）分组讨论考察广百商场内各商铺工作人员的仪容，并做记录。

（3）分组讨论仪容礼仪的分类并了解仪容礼仪设计的作用。

2.3　实习重点

通过实地考察，并结合相关销售报表数据分析，了解促销人员的仪容礼仪与销售额之间的关系。

（1）仪容礼仪错误引起销售额的变化。

不修边幅、夸张的发色、妆容与时间场合的不搭配，一只耳朵戴多个耳环等错误的仪容礼仪，不仅损坏促销人员自己的形象，而且也让顾客"见而远之"，大大影响销售额。顾客可以从促销人员对妆容一丝不苟的态度中感受到尊重，反之，对方会觉得自己受到了轻视。

（2）发型和装饰的选择是有要求的。

男性促销人员在选择发型时要重点体现刚毅有力、自然大方的男子气概，而女性则应重点体现温柔妩媚、典雅端庄的女子风韵。但是不论何种发型，在工作岗位上都不能在头发上乱加装饰之物。男性促销人员不宜使用任何发饰，女性促销人员在有必要使用发卡、发绳时，应使之朴实无华，不带任何花式。

3　服饰礼仪的要领与技巧

3.1　实习目的

使学生掌握服饰礼仪的基本常识，能够在工作环境中搭配合适的服装，给顾客展示非常专业的形象。

3.2　实习步骤

（1）实物展示，分组参观正装店，掌握服饰礼仪要点。

（2）分组讨论服饰礼仪的重要性及对销售额产生的效果。

（3）分组观察并设计广百各商铺的工作人员的服饰。

3.3 实习重点

对于促销人员来说，要有效地销售自己，进而成功地销售产品，首先应从着装修饰开始。

（1）穿衣要懂得扬长避短，这样才有利于在顾客心中留下良好印象。应注意以下几点：

①肤色较暗的人可以用明亮色彩的服装进行弥补，肤色白皙的人可以用深色服装来衬托。

②脖子短的人可穿 V 领衣服，从视觉上拉长脖子。

③腿粗的人不宜穿贴身剪裁的裤子和短裙。

④女性在商务场合应该穿 3~4 厘米高跟鞋。

⑤穿西装时，不能穿塑料鞋、旅游鞋、布鞋、拖鞋，且不能穿款式新潮怪异的皮鞋。

（2）不同颜色代表不同的意义，不同颜色的服装有不同的效果。

一般来说，黑、白、灰是最安全的配色，它们最容易与其他色彩搭配并取得良好的效果。此外，配色的方法是整套服装的色彩上下呼应或内外呼应。比如，上身穿黑底红花纹上衣，下身着黑色裙子，内衣采用红色，配上黑色帽子、黑色手包，红与黑呼应给人以美感。

色彩对比强烈的服装需采用衔接配色的方法。比如，上身穿黄色衬衣，下身着蓝色裙子，腰间系上黑色或白色皮带，会产生美的效果。

4 促销人员仪态设计

4.1 实习目的

结合实际，通过自己观察并讨论，使学生初步了解促销人员仪态礼仪的相关知识，提高学生促销意识。

4.2 实习步骤

（1）学习和掌握促销人员仪态礼仪的基本知识。

（2）分组考察广百商场，对工作人员的表情、站姿、坐姿、蹲姿、手势等特征行为进行描述和记录。

（3）总结表情、站姿、坐姿、蹲姿、手势等的技巧与禁忌。

（4）分组制作幻灯片，并公开演示。

4.3 实习重点

在促销人员与顾客的互动过程中，约有 80% 的信息是通过举止这种无声的语言来传递的。一个眼神、表情、微小的手势或体态都可以传达出重要的信息。

学生在进行仪态总结时应注意以下几点重要事项：

（1）不要强行。

促销人员在工作时要有"礼让三分"、让道于人的良好习惯。在单人同行的门口，不可两人挤出挤进；遇到顾客或同事对面擦过时，应主动侧身退后，并微笑着做出手势"您先请"；几人通行时，不要并排走，以免影响顾客或他人通行，如果确实需要并排同行，不要超过三人，并随时注意主动为他人让路；促销人员需谨记的是，不到万不得已，不要在顾客面前奔跑，以免让不明真相的顾客猜测和怀疑，引起混乱。

（2）培养良好的站姿要掌握以下四个要点：

第一，要腿直、腰直、背直、颈直，两肩平。立正姿势，两脚自然开立，做到腿、腰、背、颈形成一条直线，使全身骨骼、肌肉伸展，经络血脉畅通。

第二，两肩下压，两臂垂直，尽力下伸，并紧贴两体侧，但手腕、手指要自然放松。

第三，颈椎向上伸，抬高下颌，闭嘴，舌尖轻抵上齿龈。挺胸能扩大胸腔，激活胸腺，增强抗体功能和免疫力。收腹和提臀对减肥和健身都有重要作用。

第四，头正颈直，集中意念，双目平视或微闭，做深呼吸 12 次，使全身氧气充裕，还能刺激循环系统，带来轻松的感觉。

（3）通常座位有上座、下座之分，位置的选择也是很有讲究的。

在会客室，通常都是摆设全套的沙发座椅，距离长条沙发入口最远的一端就是上座。如果是在等待接见的时候，就应在坐在长条沙发的下座；如果进入的房间摆有办公桌和接待客人的桌椅，则离办公桌最远处就是接待处，若不知道该如何坐时，就先坐在面向对方进来的座位；和他人一起搭计程车时，驾驶的正后方是主位，所以应该请对方先上车，三个人一起时，自己要坐在驾驶旁边的助手席位置；自己开车时，可请顾客坐在助手席，若对方为异性时，则可请对方坐在后座，可以避免彼此尴尬或产生不必要的压力。

（4）有节制的微笑更能体现个人魅力。

在与顾客的交往中，难免会遇到令人发笑的话题，这时促销人员要适宜地展露笑容，但要笑得既不夸张也不做作，而且要表现出倾听的热情。当然，有时听到顾客过于直露的指责或涉及不中听的话题时，也可用微笑改变一下气氛，为销售营造轻松愉快的氛围。

（5）销售实践中，销售人员应与顾客保持合适的距离。

对于陌生的顾客，首先遵从社会距离（1 米左右），不要离顾客太近，否则会让顾客感到压力。随着和顾客的熟悉程度增加，可以逐渐接近顾客。

5　促销人员语言设计

5.1　实习目的

使学生了解促销人员语言礼仪的重要性和基本作用，掌握合适的音量、音调、语速、语气等对顾客的心理影响的相关知识，学会控制自己与顾客交流时的语言。

5.2 实习步骤

（1）学习和掌握促销人员语言礼仪的基本知识。

（2）去广百实地调查，分组讨论不同音量、音调、语速、语气等产生的不同结果，其中有什么技巧与禁忌。

（3）分组讨论不同商场、不同规模、不同行业促销人员语言设计上有何技巧与禁忌。

（4）参考相关理论知识，形成统一意见，提交实习报告。

5.3 实习重点

通过实地了解和观察，促销人员若想成为"沟通之王"，可以参考以下两点内容。

（1）调整自己的语速，以提高销售额。

①从1数到10，第一次用5秒说完，第二次用10秒，第三次用20秒；

②经常高声朗诵杂志上的文章，先用铅笔将你认为要连贯的字词做个记号，朗读时，同时移动铅笔，来引导声音，若感觉平常说话语速太慢，就加快一些，反之就放慢些；

③用录音机录音，然后倒回重放，检查自己的速度，是否流畅，是否跳跃停顿；

④录下一些好的新闻报道，试着模仿播音员的播音。

通过控制语速，促销人员可以加快或放慢自己的语速，来与不同的顾客沟通；可以根据一天的工作安排、顾客的类别、气氛等因素来调整自己的音调、语速，以应对不同情景需要。

（2）选择顾客感兴趣的话题，让顾客更容易接受自己。

在与顾客交谈时，促销人员首先要选择顾客熟悉的、感兴趣的话题，打开"话匣子"，缩短和顾客之间的距离，让顾客更容易相信自己，从而使促销成功。

一般而言，顾客可能会对以下话题感兴趣：

①涉及顾客的爱好，如体育运动、娱乐休闲方式等；

②谈论顾客的工作，如顾客在工作上曾经取得的成就或将来的美好前景等；

③谈论时事新闻，每天早上迅速浏览一遍报纸，与顾客沟通时可就新闻事件进行讨论；

④谈论时下大众比较关心的焦点问题，如房地产是否涨价、如何节约能源等；

⑤和顾客一起怀旧，如提起顾客的故乡，或最令其回味的往事等。

在与顾客进行销售沟通之前，促销人员有必要花费一定的时间和精力对顾客的特殊喜好和品位等进行了解，这样在沟通中才能有的放矢。

6　促销活动其他方面的要领与技巧

6.1　实习目的

通过实习，让学生亲自实践，了解促销活动结束的事项，也能冷静应对突发事件，让促销活动完美收官。

6.2　实习步骤

（1）学习了解促销人员需学习的其他礼仪的基础知识。

（2）分组考察和记录广百各商铺促销活动结束时和面对突发事件时采取的措施和应对方式。

（3）分组讨论总结，并进行幻灯片展示。

6.3　实习重点

6.3.1　营业即将结束时的工作任务

（1）清点商品与助销用品。

根据商品数量的记录卡，促销人员要清点当日商品销售数量与余数，同时检查商品状况是否良好、助销用品（如产品宣传册、POP）是否齐全，若破损或缺失则及时向店长汇报并领取。

（2）结账。

"货款分责"的商店，促销人员需要结算票据，并向收银员核对票额。

"货款合一"的商店，促销人员需要按当日票据或销售卡进行结算，清点货款及备用金，如有溢或缺应做好记录；及时做好相关账务，填好缴款单，签章后，交给店长或商店管理员。

（3）及时补充商品。

在清点商品的同时，对缺档或数量不足的商品以及在次日待售的特价商品或新品需及时补充时，"零售店"的促销人员应先查看商店库存，及时加货；若库存无货，应及时向店长汇报，督促公司销售人员次日进货。"店中店"的促销人员应协助商家做好货源供应工作（向其询问或查看库存），及时向店长汇报并向公司订货，争取不断货。

（4）整理商品与展区。

当清点、检查商品及助销品时，促销人员要一边清点、一边进行清洁整理。对所辖展区、商品、助销用品及销售辅助工具进行卫生清理并陈列整齐；小件物品要放在固定的位置，高级物品及贵重物品应盖上防尘布，加强商品养护。

（5）完成与提交相关报表。

书面整理、登记当日销售状况（销售量、库存数、退换货数、畅销与滞销品数），及时填写各项工作报表，在每周例会上提交，重要信息应及时向店长反馈；每次促销活动后，需填写促销活动报告，在每日、周、月工作例会上提交。

（6）留言。

实行两班制或一班制隔日轮休的促销人员，遇到调价、削价、新品上柜以及当天未处理完的事宜，均要留言告知次日当班的同事，提醒注意和协助处理。

（7）确保商店与商品的安全。

销售高级商品及贵重商品的商店应检查展柜和小库是否上锁，同时将票据、凭证印章以及商店自行保管的备用金、账后款等重要物件都入柜上锁。做好营业现场的安全检查，不得麻痹大意，特别注意切断电源、熄灭火种、关好门窗，避免发生火灾和盗窃事件。在离店之前，还要认真地再检查一遍，杜绝隐患，确保安全。

营业活动结束前后的工作，不要求一定要在确认顾客全部离店之后才开始，但务必要接待好最后一名顾客。

6.3.2 异常事务处理

（1）对突然患病顾客的处理。

如果发现或听说有危急病人时，促销人员应先让病人躺下或坐下，然后立即通知店长。在通知店长之前，一定要请周围的同事代为看护病人。接着，需要在现场判断是否需要救护车，如果不能搬动顾客，同时又需要安静时，应防止其他人围观，寻找病人的亲戚家属或同伴，一定要记下病人的姓名、家庭住址、电话号码等信息，若病人情况比较严重，应与警方取得联系。

（2）突然停电时的处理。

在突然停电时，促销人员应沉着冷静，听从店长或其他上级领导的指挥。首先应使顾客安心，防止发生混乱以及混乱中发生失窃或踩踏等事件。

（3）安全管理。

促销人员须有防人之心。对于偷盗者来讲，不给他们机会比抓住他们更重要。应当注意以下情况：两人一同进店，一人主动与促销人员讲话，而另一人有意躲避促销人员；只看促销人员而不看商品者；盯着出入口附近商品或专挑顾客多的柜台东张西看的人。对此，促销人员应主动打招呼以作预防。

促销人员一旦发现偷窃者，不能大声呼叫。如果偷窃者尚未得手，促销人员应尽量将商品收回；如果偷窃者已经得手，促销人员应在一边监视其行动，并尽快与保安人员联系，自己不能草率地直接劝阻顾客；不论证据如何确凿，促销人员和其他人员都不能强行搜身，因为这是一个极为敏感的话题，一旦有误，就会伤害到顾客的名誉和人格，所以必须认真、妥善处理。即使人赃俱在，也应当尽量不惊动其他顾客，然后立即通知警方。

（4）防火管理。

促销人员首先要牢记灭火器、火灾报警器的放置场所和使用方法。其次，严格遵守有关消防规定，在主要通道、紧急出入口、电梯、楼梯等地方，不要随便堆放易燃易爆品；最后，防止顾客将烟蒂扔进商店内的垃圾箱，而且注意预防有意放火的行为。

6.3.3 促销支持

为了刺激顾客购买，商家会竞相推出各种促销。例如，限量销售、减价、打折、馈赠礼品、店庆等，无论哪种促销方式，促销人员在执行促销活动时都应严格做到以下几点：

（1）活动前的准备。

认真了解活动内容，确保对促销内容及要求有清楚的认识；领取活动用具及促销宣传品并签名登记；将各种宣传品、辅助用具运抵促销现场；随时听从店长的安排，"店中店"则要与商店事先联系好，并就活动事宜做出妥善安排。

（2）活动的执行。

严格按照商店的要求执行促销活动，穿戴商店制服并统一佩戴胸卡；将活动用的POP贴于或悬挂于醒目位置，以营造良好的促销气氛；促销礼品、宣传品需摆放整齐，以便顾客取阅，促销商品一定要摆放价签；积极地向顾客散发宣传品、推销商品，不可擅自离岗；对礼品的发放做有效管理；赠出的礼品数要与售出商品相符合；促销过程若出现问题，及时向店长汇报并尽快解决。

（3）活动结束后。

收拾促销物品和设备，清理促销卖场卫生；根据商品数量的记录账卡，清点当日商品的销售数量与余数；同时清点当日剩余的促销用品、宣传品并及时申领不足的用品，仔细保存；交换促销用品时必须登记，对非易耗促销品的毁坏、遗失需做出解释或赔偿；填写当日促销活动报告，记录销量及赠出礼品，并请店长签字。

模块三 实习组织

1 实习目的、对象与要求

1.1 实习目的

通过实践活动，学生能了解促销礼仪在实践操作中的重要性，理解促销礼仪基本原则，掌握促销礼仪各种方式和方法，指导学生对主要商品进行促销的具体操作。为今后进入营销领域，尽快掌握促销宣传的各种手段并融入该行业打下基础。

1.2 实习对象

（1）专业：市场营销、电子商务、工商管理、旅游管理等。

（2）年级：大学三年级。

1.3 实习要求

（1）学生充分认识课程实习的重要性，填写实习任务书，并按实习任务书的各项内容开展实习活动，多向相关人员请教，做到踏实、认真。

（2）要求每个上岗学生对所销售的产品有一定程度的了解，掌握促销礼仪的基本原则。

（3）对本地顾客偏好有较全面的了解，把握顾客的喜好和当地风俗，能充分发挥促销礼仪带来的优势和便利。

（4）要主动、独立、热情地完成实习项目，注重理论与实际的紧密结合，利用所学知识进行产品的市场调查，分析现状及存在的问题，尽可能提出解决对策，对销售结果进行评价，并听取教师点评。

（5）实习期间要求填写实习日志。要求每天记录当天的实习情况与主要实习内容，实习结束后将实习日志交给指导教师检查。

（6）谨慎行事，注意人身安全、公共财产安全，遵守社会规范和相关规章制度，要体现出大学生的精神文明风貌，不要做有损学校荣誉的事，有事及时向相关的指导教师汇报。

2 实习组织与训练

班级学生3~4人一组，由指导教师带领学生到广百开展实习并引导学生操作，小组学生针对提前布置的实习任务进行观察和记录，并进行研讨，形成讨论记录。实习过程中，教师应开展以下工作：

（1）讲述促销礼仪实习的目的；

（2）帮助学生理解促销礼仪的基本原则；

（3）指导学生设计促销人员礼仪。

3　实习考核与报告

3.1　考核办法

（1）实习完成后，学生依据实习过程及收获撰写实习报告，实习报告要符合实习教学的要求，并得到指导教师的认可。

（2）指导教师对每份实习报告或其他结果表现形式进行审阅、评分。

（3）该实习课程内容是纯实践教学内容，实习课的成绩记入课程平时成绩，占总成绩的30%，考核以专题设计为准，成绩占70%。

3.2　评分标准

考核内容及其在评分中所占的比例如下：

（1）考勤、纪律占20%；

（2）实习模块组织实施情况占30%，其中小组成员参与情况占20%，组内成员协调情况占10%；

（3）业务执行完成情况占40%，其中专业知识和技能（实习执行过程中业务操作情况）占20%，工作绩效（业务完成效果）占20%；

（4）合理化建议占10%。

具体评分方法如下：

（1）小组内部成员间相互评分（占20%）；

（2）各小组成果展示投票评分（占40%）；

（3）实习教师根据所指导各小组成员在实习中各方面具体表现评分（占40%）。

3.3　实习报告要求

（1）实习报告要按时独立完成。实习报告是衡量实习效果和评定成绩的重要依据，要求在指导教师指导下完成。一旦发现由他人代写或抄袭他人的实习报告，按不及格处理。

（2）实习报告主要包括以下四部分内容。

①企业概况（包括企业制度形式、组织机构设置）；

②企业营销状况（包括对企业营销环境与市场机会的了解与分析、企业营销战略与营销策略、企业营销管理现状分析等）；

③具体实习内容；

④实习体会或收获。

（3）实习报告要求：实习报告要层次分明，条理清楚，行文必须清晰完整。

项目六　客户关系管理

1　客户关系管理概述

1.1　客户关系管理产生的背景

客户关系管理（CRM，Customer Relationship Management）最早由世界著名 IT 系统项目论证与决策权威机构——Gartner Group 于 20 世纪 80 年代提出，它是 90 年代随着互联网和电子商务涌入中国的最重要的 IT 技术和管理理念之一，目前已经成为学术界及企业界研究的热点问题。

客户关系管理（CRM）被描述为利用现代技术手段，使客户、竞争、品牌等要素协调运作并实现整体优化的自动化管理系统，其目标定位在于提升企业的市场竞争能力、建立长期优质的客户关系、不断挖掘新的销售机会，帮助企业规避经营风险、获得稳定利润。

客户关系管理是在早期的数据库营销中发展和完善起来的，在早期的数据库营销阶段，企业已经意识到掌握丰富的客户信息能够为他们带来巨大的效益，于是纷纷投巨资用于建立客户资料数据库，以获取客户的信息。同时，为取得客户的"忠诚度"，企业推出消费积分或价格折扣等营销活动，但是并没有取得令人满意的效果。因此，精明的营销商已经意识到，营销的关键在于通过长期引导客户行为、强化企业与客户的联系，建立并有效地管理客户与企业的关系。这是一种营销方式，但已经超出了营销的范围；这是在企业与客户之间建立一种双向关系，并从客户利益和企业利润两个方面实现这种双向关系，以获得客户和企业的价值最大化。

1.2　客户关系管理的概念与内涵

1.2.1　客户、关系及管理的基本概念

要理解客户关系管理的概念与内涵，首先要对客户、关系与管理三个概念有深刻的理解。

（1）客户（Customer）。

客户的概念有广义和狭义之分，狭义的客户是指市场中广泛存在的，对企业的产品和服务有需求的个体或群体消费者。而广义的客户要结合过程模型来理解，任何一个过程输出的接受者都是客户。因此，在广义的客户范围内，除了狭义客户之外还包括企业的上游供应商、下游分销商以及企业内部下属的不同职能部门、分公司等分支机构。

现有客户：过去买过或正在购买的客户。

潜在客户：还没有买但今后有可能向你购买的人或组织。

客户关系管理的一个基本观点就是不同的客户具有不同的价值。企业通常应以顾客终身价值来对客户进行衡量和区分。对客户群分类时，可以运用 8/2 原则（即 80% 的利润由 20% 的客户带来）来区分不同的客户，从而形成客户金字塔，如图 6－1：

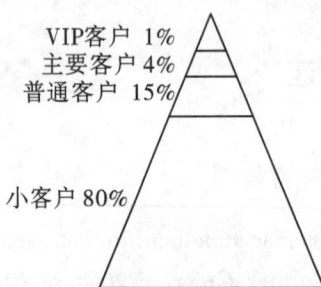

图 6－1　客户金字塔

表 6－1　客户分类表

客户分类	含义	客户总量的比例	重要性
VIP 客户	企业最具有价值的客户	约占企业客户总量的 1%	消费额在企业总销售额中占有的比例很大，对企业贡献的价值最大，是企业需要特别关注的客户群体
主要客户	除去 VIP 客户后，消费金额所占比例较大的客户	约占企业客户总量的 4%	能够为企业带来较高利润，是企业需要重点关注的客户群体，企业要努力促使主要客户向 VIP 客户升级
普通客户	企业具有一定价值的客户	约占企业客户总量的 15%	消费额所占比例一般，能够为企业带来一定的利润，是企业值得关注的客户群体，通过企业的努力，普通客户中的一部分会向主要客户升级
小客户	位于金字塔最底层的客户	约占企业客户总量的 80%	能为企业提供的盈利不多，甚至使企业不盈利或亏损。由于资源的有限性，企业对这类客户只是一般管理，对有潜力的客户要积极培养，而对缺乏潜力的客户可能需要放弃

（2）关系（Relationship）。

关系即两个人或两组人之间其中的一方对另一方在行为和感觉上的倾向。对客户关系的理解可以从以下三个方面进行：

①关系的时间跨度。好的感觉需要慢慢积累，因此，企业要有足够的耐心进行培养。企业同客户的行为和感觉是相互的，关系的双方无所谓谁大谁小，客户对企业有好感便有可能触发相应的购买行为，相互强化和相互促进之后才可以产生良好的客户关系。

②企业在加强关系的过程中，不要只关注关系的行为特性（物质因素），也要考虑到关系的感觉特性（非物质的情感因素）。从效果上说，后者不易控制和记录，但竞争对手很难拷贝。

③关系有一个生命周期，即关系建立、关系发展、关系维持以及关系破裂周期。如果客户对企业有购买行为，但具有很坏的感觉，那么就有可能停止未来的购买行为，从而导致"关系破裂"或"关系消失"。

（3）管理（Management）。

简单地说，管理就是对资源的控制和有效分配，以实现特定组织所确定的目标的过程。CRM 中的管理指的是对客户关系的生命周期要积极地介入和控制，使这种关系能最大限度地帮助企业实现它所确定的经营目标。

CRM 中的管理，一方面指企业要积极地而不是消极地管理何种关系，没有关系时要想办法"找关系"，有关系时，应培养和发展这种关系，使客户和企业双方向良好的互利关系转变，并使关系永久化；另一方面的含义是企业要利用最大资源去发展和维持最重要的客户关系，即要区别对待具有不同"潜在回报率"的客户关系，而不是面面俱到。

1.2.2 CRM 的定义和内涵

（1）企业管理理念的演变过程。

表 6-2　企业管理理念演变过程

演变阶段	产生的背景	管理焦点	核心活动
产品中心论	卖方市场，产品供不应求	产值（量）	扩大生产规模
销售中心论	经济危机，产品大量积压	销售额	促销、质量控制
利润中心论	竞争激烈，实际利润下降	利润	成本管理
客户中心论	客户不满意，销售下降，客户流失	客户满意、客户忠诚	客户关系管理

（2）企业界对 CRM 的定义与理解。

SAS 公司从技术的角度定义了 CRM 的内涵，认为"CRM 是一个过程，通过这个过程，企业最大化地掌握和利用顾客信息，以增加顾客的忠诚度，实现顾客的终身挽留"。大型数据库供应商 Sybase 公司认为，CRM 就是利用已有的数据库，整合相关的资料，使其容易进一步分析，让组织能确定、衡量现有的潜在顾客需求、机会风险和成本，从而实现企业价值的最大化。

Gartner 则从战略角度出发，并从战术角度来阐述定义："CRM 是一种以客户为中心的经营策略，它以信息技术为手段，对业务功能进行重新设计，并对工作流程进行重组。"

麦肯锡公司则认为 CRM 应该是持续的关系营销，企业应该寻求最有价值的顾客，以不同的产品和不同的销售渠道来满足不同的顾客需求，并经常与顾客保持不同层次的沟通，进行反复的测试，进而随着顾客消费行为的改变调整销售策略，甚至是组织结构。

IBM 认为，CRM 是通过提高产品性能，增强顾客服务，提高顾客交付价值和顾客满意度，与客户建立起长期、稳定、相互信任的密切关系，从而为企业吸引新客户、维系老客户，提高效益和竞争优势。这个定义兼顾了各种因素的影响：对顾客来说，CRM 关心一个顾客"完整的生命周期"；对企业来说，CRM 涉及企业"前台"和"后台"，需要整个企业信息集成和功能配合；对具体操作来说，CRM 体现在企业与客户的每次交互都可能加强或削弱客户参与交易的愿望。

（3）学术界对 CRM 的定义与理解。

Philip Kotler 与 Armstrong（2004）将 CRM 定义为："通过传递超级顾客价值和满意以建立和维持有利可图的顾客关系的整个过程。"

《哈佛商业评论》将 CRM 定义为："CRM 将企业流程与客户战略相结合，以建立客户忠诚，增加利润。"

美国营销学会（AMA）对 CRM 的定义很简单：CRM 是协助企业与顾客建立良好关系、使双方都得利的管理模式。

Zikmund，Mcleod 与 Gilbert 提出了以技术为导向的 CRM 定义，即"它是一个商业战略，此战略利用信息技术为企业提供一个基于顾客的复杂的、可靠的和整合的观点以至于所有的过程和顾客互动，帮助维持和扩大双边利益的关系"。

但就其功能来看，CRM 是通过采用信息技术，使企业市场营销、销售管理、客户服务和支持等经营流程信息化，实现客户资源有效利用的管理软件系统。其核心思想是以客户为中心，提高客户满意度，改善客户关系，从而提高企业的竞争力。

综合分析上述文献及观点，业界对 CRM 的理解分成三种观点：

一是从商业哲学的角度来理解，认为 CRM 是把客户置于决策出发点的一种商业哲学，它使企业与客户的关系更加紧密；

二是从企业战略的角度来理解，认为 CRM 是企业通过对客户关系的引导，达到盈利最大化的企业战略；

三是从系统开发的角度来理解，认为 CRM 是帮助企业以一定的组织方式来管理客户的互联网软件系统。

客户关系管理首先是一种管理理念，其核心思想是将企业的客户（包括最终客户、分销商和合作伙伴）作为最重要的企业资源，利用 CRM 系统，通过完善的客户服务和深入的客户分析来满足客户的需求，从而提高顾客满意度，进而提高顾客忠诚度，最终实现客户的终身价值最大化。客户关系管理应是一种旨在改善企业与客户之间关系的新型管理机制，它实施于企业的市场营销、销售、服务与技术支持等与客户相关的领域。一方面通过向企业的销售、市场和客户服务的专业人员提供全面、个性化的客户资料，并强化跟踪服务、信息分析的能力，使他们能够协同建立和维护一系列与客户和生意伙伴之间卓有成效的"一对一关系"，从而使企业得以提供更快捷和周到的优质服务、提高客户满意度，吸引和保持更多的客户，进而增加营业额；另一方面则通过信息共享和优化商业流程来有效地降低企业经营成本。

1.3 客户关系管理的意义与作用

随着市场环境的变化，企业管理理念逐渐从单纯的关注内部管理转向内外兼顾，从以产品为中心转向以客户为中心。因为在当今快速发展和高度竞争的市场空间中，产品不断更新换代，新产品层出不穷，单纯依靠产品已很难延续持久的竞争优势，而忠诚的客户关系却具有相对的稳定性，能消除环境变化带来的冲击，通过提高顾客满意度与忠诚度，最终实现企业与客户的双赢。

1.3.1 客户关系管理的重要意义

（1）CRM 有利于提高企业的盈利能力。

①实施 CRM 有利于降低企业的经营成本。

Reichheld 和 Sasser（1990）的研究表明：每增加 5% 的客户保持率将使客户净现值增加 35% ~ 95%，从而使公司利润大幅度增加，其增加的幅度依行业不同而不同。因为寻找新的客户需要花费，CRM 通过顾客满意计划和忠诚计划维系企业的现有客户并通过老客户的口碑效应扩大企业影响、提升企业形象、吸引新客户，大大降低了企业的经营成本。

②实施 CRM 可以使企业获得更多的收入。

客户关系管理会为企业带来忠诚客户。忠诚客户会重复购买，从而增加钱包份额。他们对价格的敏感程度较低，并会推荐其他人前来购买。CRM 使企业的管理重点由短期交易变为长期交易，并通过客户分类识别最有价值的客户。客户关系管理对客户份额的关注，能为企业带来更高的投入回报。它强调企业客户在该行业高价值客户总体中所占的份额，此份额越高，企业获利能力就越强。

（2）CRM 有利于降低企业的经营风险。

当今企业的经营环境高度不确定、不稳定，变化迅速。这表现在客户需求的不确定性增加、多元化趋势加剧、变化快。企业传统的"为产品找客户"的"以产品为中心"的经营理念将面临极大的风险。而"为客户找产品"的"以客户为中心"的经营理念却成为企业缓冲市场扰动造成的冲击、最大限度地降低企业经营风险的有效途径。

（3）CRM 有利于为企业创造竞争优势。

CRM 关注、识别、保留和发展有价值的客户，通过顾客满意计划和忠诚计划提高客户满意度和忠诚度。CRM 关注与客户的长期关系，一旦企业与客户建立了长期持久的关系，那么企业就具有了可持续的竞争优势。它不易被竞争者模仿，这就为企业营造了很好的市场壁垒，使其享受创新的垄断收益，对企业的竞争力影响重大。

（4）企业实施 CRM 是提高交易效率的重要途径。

尽管信息时代买卖双方可以不断获取交易对方的信息，激烈的竞争和技术的突飞猛进使得顾客的选择权越来越大，但要实现交易的高效率还是很困难的。一方面交易的双方依然处于信息不对称的环境下，因为获取信息需要成本，对买卖双方而言，不惜代价地获取信息、传递信息并不是经济的行为，再者要获取交易双方的所有信息也是不可能的，因为交易双方的信息存在很多变数，受很多不确定因素的影响，人们难以预料和控制；另一方面除了信息成本还有其他的交易费用。CRM 从长期的投资回报考虑，架构企业与客户的各种要求，为客户创造性地设计各种交易结构，使买卖双方均为了支持对方，即为对方创造价值而进行专有性的投资，从而形成一种持续性的关系，这种治理结构有助于降低交易成本，提高交易效率。这种依赖关系越持久，双方由此获得的收益也越大。

1.3.2　CRM 对企业的作用

表 6-3　CRM 对企业的作用

作用	内容
管理客户资料	将零散的客户资料集中管理，及时、准确地了解老客户和新客户的准确信息
增加销售机会，提高销售额	利用 CRM 系统的跟踪、管理销售机会，确切了解客户的需求，增加销售的成功率，提高销售收入
提高客户满意程度	提供给客户多种形式的沟通渠道，确保各类沟通方式中数据的一致性与连贯性。利用这些数据，销售部门可以对客户要求做出迅速而正确的反应，让用户在对购买产品满意的同时也认可并愿意保持与企业的有效沟通
降低市场销售成本	利用 CRM 的数据挖掘和分析功能可以分地区、类别等进行数据分析，从而辅助企业进行决策，使企业在进行市场推广和制定销售策略时避免盲目性，节省时间和资金
提高员工的工作效率	利用 CRM 系统，了解员工每天的工作情况，及时得到员工的合理建议，修改公司的销售策略，使公司获得更多的利润
资源共享	利用 CRM 系统可以在涉及跨部门的业务时，协调好各部门的运作

2　客户关系管理系统

2.1　CRM 系统的发展历程

在客户关系管理软件方面，从早期的帮助办公桌（Help Desk）软件、接触管理（Contact Management）等应用系统到今天这种以客户为中心的相对完整的客户关系管理

（CRM）软件服务系统，其间经历了十多年的演变。

表 6 – 4 客户关系管理系统演变表

系统名称	应用
简单客户服务	CRM 系统的雏形，以帮助办公桌（Help Desk）软件和错误跟踪系统（Bug Tracking System）为典型应用
复杂客户服务系统与呼叫中心	以客户服务管理（Customer Service Management）、现场管理（Field Services）和呼叫中心为典型应用
销售自动化系统	销售自动化系统可以帮助公司获取和保留客户，同时这种新的管理方式可以提高管理效率，缩短销售周期，实现利润的最大化。此外，它还可以有效地管理销售人员的销售活动，增大销售情况能见度，为公司提供更好的财务保证
前台办公室（Front Office）	指应用在销售部门，客户服务、呼叫中心和技术支援方面的软件，其目的在于提升企业的销售、行销和客户服务的效率
客户关系分析	数据分析最初应用的只是简单的统计方法，但在管理决策中起到了重要的作用，商业的需要促使数据分析基础和工具快速发展起来，产生了数据仓库技术、数据挖掘方法、联机分析应用等手段
客户关系管理系统	由客户服务、销售自动化、客户关系分析等组成，它的模块是 CRM 演变过程中各功能模块的集合，是一幅相对完整的拼图

CRM 的产生是市场需求和管理理念更新的需要、企业管理模式更新的需要、企业核心竞争力提升的需要、电子化浪潮和信息技术的支持等四方面背景所推动和促成的。

2.2 CRM 系统的分类

美国的调研机构 Meta Group 把 CRM 分为操作型、分析型和协作型三类，这一分类方法已得到业界的认可，是目前市场上流行的功能分类方法，其详细的功能说明如下图：

（1）操作型 CRM（Operational CRM）。

操作型系统也称为营运型系统，目的是提供自动化的业务流程，为各个部门的业务人员的日常工作提供客户资源共享，减少信息流动滞留点，为客户提供高质的服务，使客户就像在和一个虚拟个人做交易一样。操作型系统目前主要有销售自动化、营销自动化、服务自动化、现场服务、移动销售等模块组。

销售自动化要求及时提供客户的详细信息，业务内容涉及订单管理、发票管理及销售机会管理等；营销自动化是操作型 CRM 的主要模块，其中的促销活动管理工具可用于计划、设计并执行各种营销活动，寻找潜在客户并将他们自动集中到数据库中，通过自动派活功能分配给销售人员；服务自动化包括现场服务和自助服务，具体有自动派活工具、问题追踪、服务合同及保质期管理、维修管理等。

（2）分析型 CRM（Analytical CRM）。

分析型 CRM 系统不需要直接同客户打交道，它的作用是从操作性 CRM 系统产生的大量交易数据中提取有价值的各种信息。它主要是面向客户数据分析，针对一定的业务主体，设计相应的数据仓库和数据集市，利用各种预测模型和数据挖掘技术，对大量的交易数据进行分析，对将来的趋势做出必要的预测或寻找某种商业规律，并将之作为企业决策支持依据，用来指导企业的生产经营活动，提高经营决策的有效性和成功率。

分析型 CRM 与决策支持系统（Decision Support System，简称 DSS）密切相关。分析型 CRM 所需要的核心技术通常包括：数据仓库、数据挖掘、联机分析处理（OLAP）、先进的决策支持技术。决策支持系统通过结合个人的智力资源和计算机的能力来改进决策的质量。作为分析型 CRM 基础的决策支持系统具有高度的灵活性和良好的交互性，将决策者与决策支持系统密切联系在一起，并通过信息基础为其决策提供特定的支持功能。

（3）协作型 CRM（Collaborative CRM）。

协作型 CRM 的参与对象是两种不同类型的人，即企业客户服务人员和客户共同参与。显然，协作型 CRM 有其本身的特点，员工和客户由于要同时完成某项工作，都希望快一点解决问题。这种速度需要就要求 CRM 的应用能够帮助员工快速、准确地记录客户请求内容以及快速找到问题的答案。换句话说，对特定工作业务必须具有知识丰富和智能查询等特点；同时，员工本身也必须经验丰富。如果问题无法在线解决，协作型 CRM 还必须提供智能升级处理，员工必须及时做出任务转发的决定。

协作型 CRM 目前主要有呼叫中心、客户多渠道交互中心、帮助开台以及自助服务帮助导航等模块。多媒体、多渠道整合能力的客户交互中心是今后协作型 CRM 的主要发展趋势。

3　关系营销

3.1　关系营销的定义

1983 年美国学者贝利（Berry）在服务营销研究中正式引入了关系营销的概念，并将之定义为"吸引、保持和增进顾客关系"。早期的关系营销主要集中于工业市场和服务市场，以后逐渐扩展并被"期望"发展成一个具有普遍意义且系统的"营销理论"——一个营销的新范式。

关系营销，又称为顾问式营销，指企业在盈利的基础上，建立、维持和促进与顾客和其他伙伴之间的关系，以实现参与各方的目标，从而形成一种兼顾各方利益的长期关系。关系营销把营销活动看成是一个企业与消费者、供应商、分销商、竞争者、政府机构及其他公众发生互动作用的过程，正确处理企业与这些组织及个人的关系是企业营销的核心，是企业经营成败的关键。

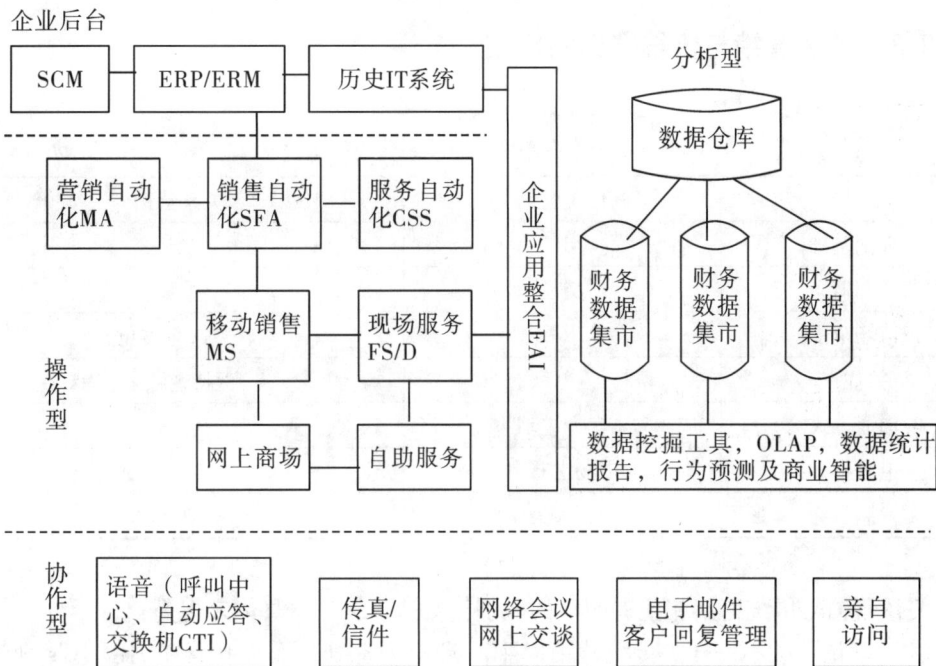

图 6-2 CRM 系统分类图

3.2 关系营销的特征

（1）信息沟通的双向性。

社会学认为关系是信息和情感交流的有机渠道，交往双方关系良好才能保证渠道通畅。在关系营销中，交流应该是双向的，而非单向的。只有具备双向的信息沟通，彼此才能进行广泛的信息交流和信息共享，才能使企业赢得各个利益相关者的支持、信任和合作，才能实现真正意义上的关系营销。因此，信息沟通的双向性是关系营销的基础。

（2）战略过程的协同性。

关系营销理论认为，企业与各个利益者之间是一种分工协作的关系，他们共同构成一个大的营销系统。系统的各个成员之间相互联系、相互影响，只有战略过程协同，才能促使各方进行合作；同时，也只有通过合作，才能实现更大的协同互动。因此，战略过程的协同性是关系营销的保证。

（3）营销活动的互利性。

在关系营销的大系统中，每个成员都是独立的经济实体，都有着各自相对对立的经济利益，单纯追求一方的利益是不可能实现关系营销的。关系营销就是要通过各方的合作增加关系各方的利益，不能通过损害其中一方或多方的利益而使一方的利益增加。因此，营销活动的互利性是关系营销的关键。

（4）合作的长期稳定及利益最大化。

随着合作关系的长久与稳定，企业的营销成本将越来越少，在其他条件不变的情况下，获得的利益就会增大。因此，追求合作的长期稳定以及利益最大化是关系营销的最终目的。

3.3　关系营销与传统营销的比较

表 6 – 5　关系营销与传统营销的比较

	传统营销	关系营销
理论基础	4P's	4C's
核心概念	交易	关系
市场范围	较窄（顾客）	较宽（全方位）
关注点	开发新顾客	保持老顾客
沟通方式	卖方主动	互动式
追求指标	市场占有率	顾客忠诚度
发展目标	利润最大化	双赢

关系营销与传统营销相比有明显的区别（如表 6 – 5），具体表现为：

（1）理论基础不一样。传统营销以 4P's 理论为基础，而关系营销则以 4C's 理论为基础。

（2）传统营销强调对市场营销过程的分析，其核心是交易，关注的是一次性交易，企业通过与对方发生交易活动而获利；而关系营销重视的是市场营销过程中与企业利益相关者的相互关系和相互作用，其核心是关系企业通过建立双方良好的合作关系而获利。

（3）传统营销把视野局限于目标市场上，即各种顾客群；而关系营销所涉及的范围广得多，包括顾客、供应商、分销商、竞争对手、银行、政府及内部员工等。

（4）传统营销围绕着如何获得新顾客而展开，发展了新顾客却流失了老顾客，着眼于短期利益；而关系营销更多的是强调保持老顾客，老顾客比新顾客更重要，着眼于长期利益。

（5）传统营销是有限的顾客参与和适度的顾客联系，而不太强调为顾客服务；而关系营销却强调高度的顾客参与和紧密、长期、稳定的顾客联系，特别重视为顾客服务和与顾客进行双向的沟通，并借助为顾客服务来了解顾客需求，从而满足顾客需求。

（6）传统营销强调市场占有率；关系营销则注重回头客比率以及顾客忠诚度，强调与顾客建立长久的关系，使顾客满意。

（7）传统营销认为产品的质量应是生产部门所关心的，关系营销则认为是所有部门都应关心的。关系营销以顾客的满意与忠诚度取代了传统营销中作为决定利润的主要因素——市场份额的规模。从追求每笔交易利润最大化转化为追求同各方面关系利益最大化是关系营销的特征，也是当今市场营销发展的新趋势。

3.4　关系营销的市场结构

Payne 在 1995 年提出了关系营销的市场结构，是目前为止对关系营销中市场的表述最全面和系统的。他认为关系营销有六大市场：顾客市场（customer markets）、供应者市场（supplier markets）、内部市场（internal markets）、相关市场（referral markets）、影响者市场（influence markets）和雇员市场（recruitment markets）（见图6-3）。

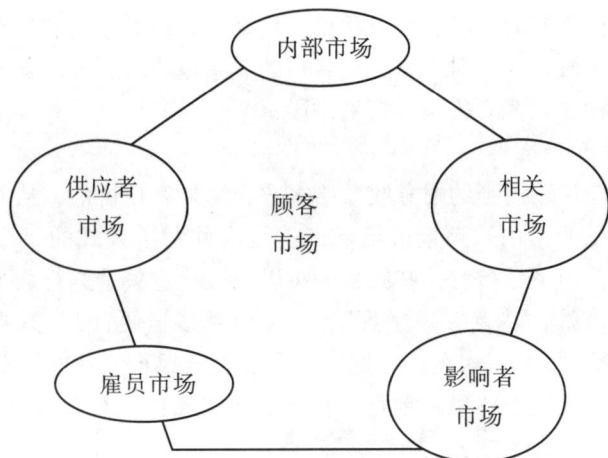

图6-3 关系营销市场结构图

顾客市场处于中心地位，企业在其他市场的关系营销都是为了更好地满足顾客的需求。关系营销偏重于保持顾客活动，注重顾客价值和长期效果，强调高质量的顾客服务，鼓励顾客参与和顾客接触，属于全员质量观。

相关市场指那些中介组织，比如批发商、零售商、其他各种类型的分销商、代理商以及广告商、银行、市场调研机构等中介组织。这些中介组织除了帮助企业进行正常的交易以外，与那些忠诚顾客一样，也常常是未来生意的来源。处理好与他们的关系，不仅有利于企业稳定现有的客源，而且还能够带来新的客源。

供应者市场指原材料、零部件或产品的供应者。传统营销更注重供应者与购买者之间讨价还价的对立关系，关系营销则注重二者的合作关系，即通过合作达到双赢的局面。

雇员市场指那些有能力的待聘人员，企业要吸收的是优秀人才，而优秀人才又是稀缺资源，所以很多大公司为了得到适用的人才，经常向一些大学的优秀学生提供奖学金（关系营销），当然，一个重要条件是这些学生毕业后要加盟这些公司。

影响者市场指政府部门、法律部门、社会团体和一些投资基金等。企业所处的行业或发展阶段不同，所面对的影响者市场也是不同的。影响者会对企业的发展起到支持与限制作用。对影响者市场的关系营销主要是处理好与那些对企业影响较大的影响者之间的关系，以获取最大限度的支持，避免可能发生的各种各样的限制。

最后，内部市场是指企业内部的人员和部门，他们互为供应者和顾客。内部关系营销的目的，一是保证每一个人和部门都既是高质量服务的提供者，又是高质量服务的接受者；二是保证所有人员都联合起来，为实现企业目标，执行企业战略而服务。

3.5　关系的推动

建立和维系与客户的关系，其基础是企业提供给客户的价值。价值是指客户从拥有和使用某种产品、服务中所获得的收益与取得该产品所付出的成本之差。较高价值的体现是多方面的，比如优秀的产品、服务质量，良好的客户满意度和口碑等，这些措施是吸引新顾客的重要手段，同时对于增进老客户的关系也非常有效。除此之外，贝瑞和帕拉苏拉曼归纳了三种建立客户关系的营销手段：

3.5.1　一级关系营销

这种方法是企业让渡适当的财务收益给客户，增加客户价值，从而起到提高客户满意度和增进客户关系的作用。频繁市场营销就是这种营销方式的一个很有代表性的例子。所谓频繁市场营销，是指对那些频繁购买以及按稳定数量进行购买的顾客给予财务奖励的营销策略，也就是"老客户优惠"，"买得越多越便宜"。需要指出的是，这个"多"是指积累消费，而非一次购买。例如，香港汇丰银行、花旗银行等通过它们的信用证设备与航空公司开发了"里程项目"计划，当积累的飞行里程达到一定标准之后，就奖励那些经常乘坐飞机的顾客。

一级关系营销的另一种常用形式是对感到不满意的顾客给予合理的财务补偿。例如，新加坡奥迪公司承诺，如果顾客购买汽车一年后不满意，可以按原价退款。

3.5.2　二级关系营销

关系营销的第二种方法是增加目标顾客的财务利益，同时也增加他们的社会利益。二级关系营销尽量了解单个顾客的需要和愿望，并使服务个性化和人格化，来增加公司与顾客的社会联系。具体来讲就是，在二级关系营销中，企业把对客户（customer）的营销方式引入对消费者（consumer）的营销。在这种情况下，二级关系营销在建立关系方面优于价格刺激。多奈利、贝瑞和汤姆森是这样描述客户和消费者区别的：对于一个机构来讲，消费者也许是不知名的，而客户则不可能不知名；客户是针对一群人或一个大的细分市场的一部分而言的，消费者则是针对个体而言的；消费者是由任何可能的人来提供服务，而客户是由那些指派给他们的专职人员服务的。二级关系营销的主要实现方式是建立消费者俱乐部。以某种方式将消费者纳入企业的特定组织中，使企业与顾客保持更为紧密的联系，实现对顾客的有效控制。

3.5.3　三级关系营销

第三种方法是增加结构纽带，与此同时附加财务利益和社会利益。结构性联系要求为客户提供这样的服务：它对客户有价值，但不能通过其他来源得到，我们可以把这种关系称为"合作伙伴"或者"客户联盟"。这种关系的建立是企业间的行为，而不是仅仅依靠企业销售或者服务人员交际的态度和技巧。良好的结构性关系将提高客户转向竞争者的机会成本，同时也将增加客户脱离竞争者而转向本企业的利益。特别是当面临激烈的价格竞争时，结构性联系能为扩大现在的社会联系提供一个非价格动力，因为无论是财务性联系还是社会性联系都只能支撑价格变动的小额涨幅。当面对较大的价格差别时，交易双方难以维持低层次的销售关系，只有通过提供买方需要的技术服务和资金援助等深层次联系才能吸引客户。特别是在产业市场上，由于产业服务通常是技术性组合，成本高、困难大，很难由顾客自己解决，这些特点有利于建立关系双方的结构性合作。

3.6 关系营销策略

企业的关系营销策略可分解为顾客关系营销策略、员工关系营销策略、供销商关系营销策略、竞争者关系营销策略和影响者关系营销策略。其中顾客关系营销是关系营销的核心和归宿，员工关系营销是关系营销的基础。

（1）顾客关系营销策略。

顾客是企业生存与发展的基础，是市场竞争的根本所在。那么，企业该如何与顾客建立良好关系，促使其成为忠诚顾客呢？

①树立以顾客为中心的观念，如顾客至上、顾客永远是对的、一切为了顾客等。

②了解顾客需要，提高顾客满意度，加强与顾客之间的双向沟通。通常顾客的需求分为四个层次，即期望型需求、表达型需求、未表达型需求、兴奋型需求。

③建立顾客关系管理系统，培养顾客忠诚度：建立与顾客关系的数据系统是企业实施关系营销的第一步，继而在公司各个部门之间共享同一个客户资料数据库。

（2）员工关系营销策略。

员工关系营销也就是企业内部营销，内部营销是一种把员工当成顾客的哲学，是一种从营销角度进行人力资源管理的哲学。它把外部营销内部化，把员工当成内部市场，通过营造适宜的环境，应用营销思想和方法，为员工提供满足物和附加价值，从而影响员工的态度和行为，使员工同心协力共同推动外部营销的发展，实现企业与外部顾客的交换，更多地为企业创造价值。实施内部营销的最终目的是更好地满足外部顾客的需求，具体策略如下：

①了解员工需求：运用科学的员工满意度调查，通过一对一的访谈、问卷调查、行为观察等方法去获悉员工的动机、情绪和价值观等，对不同的群体采取有针对性的措施以提高员工的满意度。

②进行科学激励：针对员工的不同特点、不同需求层次进行激励。合理安排工作，赏罚分明，采取激励措施，如教育培训等。

③有效的沟通：拓展沟通的渠道，保证沟通渠道的畅通。

（3）供销商关系营销策略。

当今市场的竞争，不是单独的企业之间的竞争，而是整条供应链之间的竞争，企业与供应商、分销商之间有着共同的利益。企业与供应商、分销商建立起长期的、彼此信任的互利关系对企业的生存与发展起着至关重要的作用。

①求实为本，增进了解。企业应该让供销商充分了解企业的实力，培养供销商对企业的信心，同时必须让供销商充分了解企业的营销战略，特别是将企业的战略目标、营销计划充分传达给供销商，树立供销商与企业长期合作的信念。

②讲究信用，互利互惠。企业和供销商之间，必须保持畅通和平衡。在这一过程中，实现企业利益的同时必须保证供销商应得的利益，企业在市场活动中对待供销商的态度应从长远利益出发，重视、建立与供销商之间长期互惠互利的关系。

③诚意合作，共同发展。企业建立与供销商之间的良好关系，必须以诚相待，共同解决供应与销售中存在的问题。一方面，提供各种资料与建议，促使采购、收货、营销、会计等部门与供销商加强合作；另一方面，企业应接受并考虑供销商所提的意见和建议，并传达给企业各部门，保证予以合理解决，从而使企业与供销商共存共荣。

（4）竞争者关系营销策略。

竞争对手的确可以给企业带来威胁，但合适的对手能够加强而不是削弱企业的竞争地位。企业之间不仅存在着竞争，而且存在着合作的可能，如何实施这种合作呢？

①入市合作。入市合作最典型的是市场调查合作和市场进入合作。市场调查由于工作量太大，专业性太强，费用太高，往往令中小企业望而却步，企业联合起来，就可以避免以上各种不足。

②产品和促销合作。这是指在相同的市场上推出精心组合的产品，并进行促销合作。最常见的是功能型和品牌型的促销组合。

③分销合作。它主要是通过渠道建设合作，以强化渠道管理，决胜终端。通过实体流通合作，使产品安全、及时、高效、经济地从生产者手中转移到消费者手中。

（5）影响者关系营销策略。

企业作为一个开放的系统从事活动，必须拓宽视野，注意企业与股东的关系，企业与政府的关系，企业与媒介、社区、国际公众、名流、金融机构、学校、慈善团体、宗教团体等的关系。影响者关系营销策略通常可借助公共关系模式来实施，主要有以下几种：

①宣传型公共关系活动模式。即企业运用大众媒介和内部沟通方法，开展宣传工作，树立良好的企业形象。其基本形式包括举办展览、经验和技术交流会、座谈会，进行新闻报道、专题通讯，组织记者专访、记者招待会等。

②服务型公共关系活动模式。即企业通过向公众提供各种形式的实惠服务，强化企业信誉和形象，使消费者得到最大限度的满足。

③社会型公共关系活动模式。即企业利用举办各种社会性、公益性、赞助性活动，塑造企业形象，扩大企业社会影响，提高企业社会声誉，赢得公众支持。

④交际型公共关系活动模式。即企业在人际交往中开展公共关系工作。目的是通过人与人的直接接触，进行感情上的联络，为企业广结良缘，建立广泛的社会关系网络，形成有利于企业发展的人际环境。

⑤征询型公共关系活动模式。即以采集信息为主，了解民情、民意，了解社会舆论，为企业的决策者提供咨询，保持企业与社会环境之间的动态平衡。

4   建立客户关系的方法

4.1   寻找潜在客户

寻找潜在客户的基本方法包括以下几种：

（1）资料搜索法。资料搜索法是销售人员通过搜索各种外部信息资料来识别潜在的客户以及客户信息。此方法适合于寻找大客户，通过提前了解客户，为把潜在客户转换为新客户做好准备。

（2）内部资源法。此种方法是指通过对企业内部提供的信息资源，进行整理分析，从中发现新的潜在客户。

（3）个人现场法。这个方法包括逐户寻访与现场观察，通过现场观察，寻找潜在客户。

（4）连锁介绍法。即请求现有客户介绍潜在客户的方法，分为直接介绍与间接介绍两种，直接介绍就是请现有的客户介绍与其有关系的客户，间接介绍就是在现有客户的交际范围内寻找潜在客户。

（5）中心开发法。在某一特定的销售客户中发展一些具有影响力的中心人物，通过他们来影响该范围内的其他人，使这些客户成为潜在客户。

4.2　把潜在客户变为新客户的方法

（1）介绍接近法。

通过向潜在顾客作自我介绍，来接近潜在顾客的一种方法。其具体做法是，当初次介绍自己时，在顾客不认识的情况下，先向顾客介绍自己的身份，并可出示证件，以求得到顾客对自己的认识和了解，消除戒备心理，乐意接受自己的访问，从而为下一步进行销售面谈创造良好的气氛。

（2）服务接近法。

直接利用自己的服务，来引起潜在顾客的注意和兴趣，以便接近潜在顾客的一种方法。这种方法的特点是：在接触过程中免费帮助他，使他产生购买意向，进而愿意接受你的访问，顺利转入面谈。

（3）利益接近法。

和客户接触时，可以强调自己能给顾客带来什么，以便接近潜在顾客目的的一种方法。由于客户购买产品时都有一种求利心理，直接告诉潜在顾客购买自己的产品能获取的实际利益，就比较容易引起潜在顾客的兴趣，继而使他们愿意进行购买洽谈。

（4）问题接近法。

直接向潜在顾客提出问题，利用所提的问题引起潜在顾客的兴趣，以达到接近潜在顾客目的的一种方法。在得到回答后，可以继续诱导，通过这一番提问，就很容易吸引住潜在顾客，使之愿意洽谈购买。在运用这种方法时，应注意所提的问题必须是潜在顾客所关心的问题，否则，便难以达到接近潜在顾客的目的。

（5）好奇接近法。

利用客户的好奇心理，来达到接近潜在顾客目的的一种方法。由于客户普遍具有好奇心，受这种好奇心的驱使，大多数会产生兴趣。业务员可以通过各种各样的方法，来唤起潜在顾客的好奇心，然后再把话题转向交易上来。

（6）演示接近法。

通过熟练的演示展现出自己的能力，以达到接近潜在顾客目的的一种方法。这样可使潜在顾客产生浓厚的兴趣，从而为销售活动铺平道路。

（7）引见接近法。

通过熟人介绍推荐，以接近潜在顾客的一种方法。由于是熟人引见，出于信任和礼节，潜在顾客往往会热情接待，这样便可直接达到接近潜在顾客的目的，采取这种方法定能促进销售的成功。

（8）调查接近法。

借着进行市场调查之机，以求接近潜在顾客的一种方法。销售服务的过程，实际上也是市场调查的过程。在调查时，可先向潜在顾客调查了解他们对产品及服务有什么意见、愿望和要求，待到气氛较为融洽、交谈比较投机之后，再转向其自身，这样就容易达到接近潜在顾客的目的，掌握不同客户群的决策和需求的心理状态。

4.3　了解客户需求的技巧

（1）6W2H 原则。

表 6 - 6　6W2H 原则

原则	含义和举例
What（什么）	指客户正在做或者期望做的事情或者目标
	"您想选择外套还是裤子呢？"
Why（为什么）	指客户这样做背后的原因和动机
	"您一直犹豫不决，是什么原因呢？"
How（如何）	指客户是如何去做某件事情的
	"您当时是如何决定购买这个的呢？"
When（何时）	指某件事情的具体时间
	"您是平时有空还是周末有空？"
Who（谁）	指的是和这件事情产生联系的人
	"这件衣服是给谁选的呢？"
原则	含义和举例
Where（在哪里）	指的是具体的地点或场所
	"您看这个送到哪儿呢？"
Which（哪一个）	是让客户做出某种选择
	"您是付现金还是刷卡？"
How much（多少、多久）	指的是与时间、费用、日期等方面有关的计划或具体定义
	"您大概什么时候有空？"

（2）提问方式。

表6-7 提问方式及举例

方式	举例
权利式提问	您的意思我可不可以这样理解?
探索式提问	您以前用过这款化妆品吗?
引导式提问	您觉得什么样的化妆品适合您的皮肤呢?
确认式提问	我可不可以这样理解您的意思,您现在是觉得价格有些贵是吗?

5 顾客投诉管理与服务补救

5.1 顾客投诉管理

顾客投诉是顾客对企业管理和服务不满的表达方式,它为企业创造了各种各样的机会,既是企业发现问题和失误的机会,也是促进企业改进的机会,还是企业留住不满意客户的最后机会。因为:

（1）顾客的投诉是因为企业的产品和服务有瑕疵、有不足,从而造成顾客的损失或对其的伤害,所以顾客的投诉可以使企业及时发现产品与服务的失误,及时采取措施修正或改进,从而提高企业产品与服务的质量,提高顾客的满意度。

（2）顾客投诉可能反映了企业产品和服务未能满足的顾客需求,企业可以从中发现新的商业机会,故企业的产品创新往往来源于顾客的投诉。

（3）顾客的投诉可使企业避免流失顾客,再次获得顾客。

5.1.1 不满意顾客投诉和不投诉的原因

（1）不满意顾客投诉的原因分析。

表6-8 不满意顾客投诉原因

类别	具体问题
产品问题	产品质量、性能、可靠性、耐用性、易用性等
服务问题	人员的服务态度、服务技能、服务水准,服务的可靠性、及时性等
其他原因	虚假广告宣传、假劣产品、产品性价比低、售后服务不到位、不信守对顾客的承诺等

（2）不满意顾客不投诉的原因分析。

表 6-9　不满意顾客不投诉原因

类别	具体内容
投诉成本	投诉要花去顾客很多时间成本、精力成本、货币成本，甚至心理成本
没有适当的投诉渠道	顾客不知道损失该由谁承担，应该通过何种渠道向谁反映问题
心理上的担忧	顾客认为企业不会理会其投诉，企业不在乎他们的感受，不会做出任何改进
其他原因	如文化因素等

5.1.2　顾客投诉管理

顾客投诉是难免的，顾客投诉有其特殊的心理需求，那么如何管理顾客投诉呢？

（1）重视顾客投诉。

认识到顾客投诉对企业的重要意义，认识到向企业投诉的顾客是企业的朋友，那些对企业"沉默"的顾客会给企业造成更大的损失。

（2）鼓励顾客投诉。

制定明确的产品和服务标准以及及时补偿措施，告知顾客如何进行投诉及可能获得什么结果，在此基础上要增加接受和处理顾客投诉的透明度，设立奖励制度鼓励顾客投诉。

（3）建立高效的顾客投诉系统。

①设立处理顾客投诉的组织机构，由全职的、专一的、训练有素的员工处理客户的投诉，管理日常操作以及向公司的其他部门报告客户的相关信息，并设置监督执行官。

②提供顾客投诉解决方案，尤其是为顾客进行物质赔偿的财政支持。

③方便顾客投诉。企业应尽可能降低顾客投诉的成本，减少其花在投诉上的时间、精力、货币与心理成本，使顾客的投诉变得容易、方便和简捷，投诉系统不能向客户要求过多的文件证据，避免客户付出额外的努力。

④同情心。站在顾客的角度思考问题，认同顾客的感觉，不要跟顾客辩解。

（4）快速回复。

一个良好的投诉系统应能提供快速的、个性化的回复。一方面告知顾客公司已经收到了投诉，并且正在对问题进行调查，另一方面公司必须以某种方式快速处理投诉问题。

（5）合适的补偿。

对投诉顾客进行必要且合适的补偿，包括心理补偿和物质补偿。心理补偿是指客户服务人员承认确实存在问题并对顾客造成了伤害，然后道歉。心理补偿可以令顾客平静下来，为了提高心理补偿方式的效率，员工必须主动倾听客户的投诉并代表公司对客户表示歉意。员工应当体谅客户的处境，从而感受到快速解决问题的重要性，如果可能，员工应立即采取措施，进一步提供物理的或物质的补偿。所谓的物质补偿是指一种"让我们现在就做些实际的事情解决这个问题"的承诺，如经济赔偿、调换产品或对产品进行修理等。

5.1.3 顾客投诉处理流程

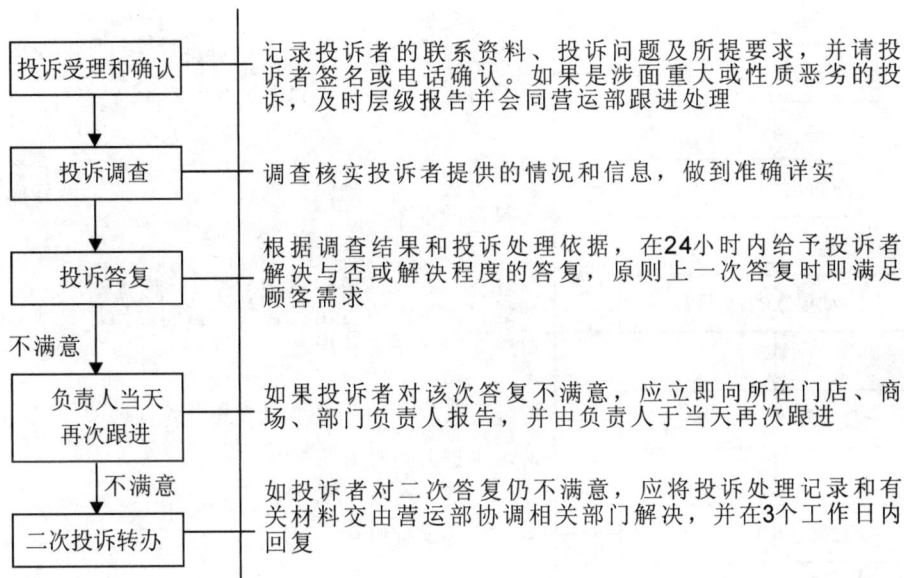

图 6-4　投诉处理流程

流程图文字内容：

投诉受理和确认 —— 记录投诉者的联系资料、投诉问题及所提要求，并请投诉者签名或电话确认。如果是涉面重大或性质恶劣的投诉，及时层级报告并会同营运部跟进处理

投诉调查 —— 调查核实投诉者提供的情况和信息，做到准确详实

投诉答复 —— 根据调查结果和投诉处理依据，在24小时内给予投诉者解决与否或解决程度的答复，原则上一次答复时即满足顾客需求

不满意

负责人当天再次跟进 —— 如果投诉者对该次答复不满意，应立即向所在门店、商场、部门负责人报告，并由负责人于当天再次跟进

不满意

二次投诉转办 —— 如投诉者对二次答复仍不满意，应将投诉处理记录和有关材料交由营运部协调相关部门解决，并在3个工作日内回复

5.1.4 处理非正常投诉的程序

（1）非正常投诉的定义。

非正常投诉是指在正常投诉中提出过高的、无理的要求或在非正常心理支配下，采用非正常手段和方法，并往往通过非正常渠道，向公司提出缺乏事实与法律依据，明显超过并高于法律、法规、规章、政策、惯例规定及双方约定要求，并使公司难以实现或根本无法实现，往往对公司产生负面影响，甚至造成重大损失的投诉。

（2）非正常投诉的特征。

①无理索赔；②索赔额度不断升级；③手段升级，不断施加压力；④不走正道走邪道，不愿公了愿私了；⑤不给出具法定证据；⑥恶意炒作；⑦多选名优企业、名牌产品或名人为对象；⑧特殊任务或特殊背景；⑨地方保护主义色彩；⑩恶意要挟；⑪提出其他明显缺乏事实与法律依据的要求。

（3）处理非正常投诉的原则。

①快速果断；②查找依据和证据，确定维权方式、处理方案和处理程序；③依法维护公司及消费者权益；④冷处理原则；⑤注意控制好现场，避免群体性突发事件发生；⑥适时开展危机公关。

（4）处理非正常投诉的运作程序。

启动非正常投诉处理应急机制	门店遇到非正常投诉，立即向负责人报告，及时逐层报告并会同营运部跟进处理
维持现场正常经营秩序	非正常投诉者有过激行为，门店督导员应立即前来维持秩序；如果不能制止，门店负责人或值班经理决定是否拨打"110"
应对投诉的准备工作	要求相关供应商准备好与本次投诉有关的所有资料，以作备用；通过咨询公司法律顾问，做好应对投诉的准备工作
主动要求行政调解	向社会行政管理机构（12315、工商局等）要求调解，力争在双方出具合法证据和经国家权威部门鉴定的前提下作出处理结果
适时开展危机公关	向公司领导反映，寻求政府和有关部门的保护，并通过企划部及早与媒体沟通协调，防止不实报道，维护公司良好形象
通过法律途径解决	通过法律途径解决

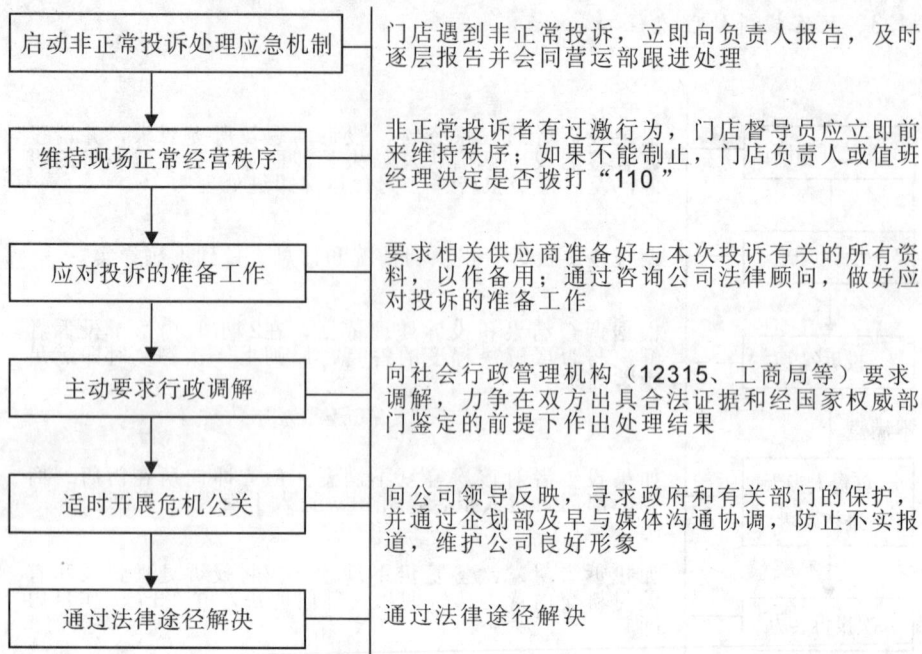

图6-5　处理非正常投诉的运作程序

（5）投诉接待规范。

①顾客来电、来访接待规范用语。

表6-10　顾客来电、来访接待规范用语

途径	情景	规范用语
来电	接线	您好，广百服务热线，工号9933，我是Jeany，热情为您服务！为了大家权益，以下通话将被录音。亲爱的顾客，请问怎么称呼？
	听取意见后	客人：我姓梁，今天早上我在你们太阳新天地店买东西，结账时员工编号1234态度非常恶劣，客人插队她不理还语气很差地对我说话，太不专业了，可以加强你们的人员培训吗?！ 客服：梁小姐您好，您的情况我已经了解了，您的意见已被详细记录，我们会立刻通知相关部门协助处理，并在24小时内与您联系。
	通话结束	客服：请问还有什么需要帮忙的吗？ 客人：没有了！ 客服：十分感谢您的意见，期待下次我能继续为您服务！再见。

（续上表）

途径	情景	规范用语
来访	迎客	您好，有什么可以帮到您？
	听取意见后	（可以立即处理的）请稍等，我立刻为您解决。 （不能立即处理的，应请顾客到办公室或宾客接待室）请允许我先把您的情况记录下来。您的意见已被详细记录，我们会立即通知相关部门协助处理，并在 24 小时内给您答复。抱歉让您多跑一趟。
	送客	请问还有什么需要帮忙的吗？ 十分感谢您的意见，再见，慢走/我送您。

②关于投诉接待的要求。主要包括：鼓励客户发泄，排解愤怒；充分道歉，控制事态稳定；收集信息，了解问题所在；承担责任，提出解决方案；让客户参与解决方案；承诺执行，跟踪服务；接待员应礼貌、热情、诚恳接待，不应在表情、言语、动作中表现出不耐烦、藐视等态度。

5.2 服务补救

5.2.1 服务补救定义

服务补救是以顾客（包括内、外部顾客）为导向，以优质服务为目标，针对潜在的或已经出现的服务失败所进行的预防和修正活动，其最终目的是实现优势服务和不断提升企业竞争力。它主要包括预应性服务补救（Proactive service recovery）和反应性服务补救（Reactive service recovery）。

预应性服务补救是针对可能导致服务失败的企业内外部因素而做出的一种前瞻性和预防性的控制和改进活动；反应性服务补救则是针对服务过程中已经出现的隐性服务失败（即已经发生但未被顾客察觉的失误）和显性服务失败（已被顾客察觉并提出抱怨的失误）的一种即时性和主动性的反应活动。

5.2.2 服务补救策略

Tax & Brown 提出了服务补救的程序，即确认服务失误，解决顾客问题，对服务失败进行剖析、分类和传达，整合资料并改进服务（如图 6-6）。

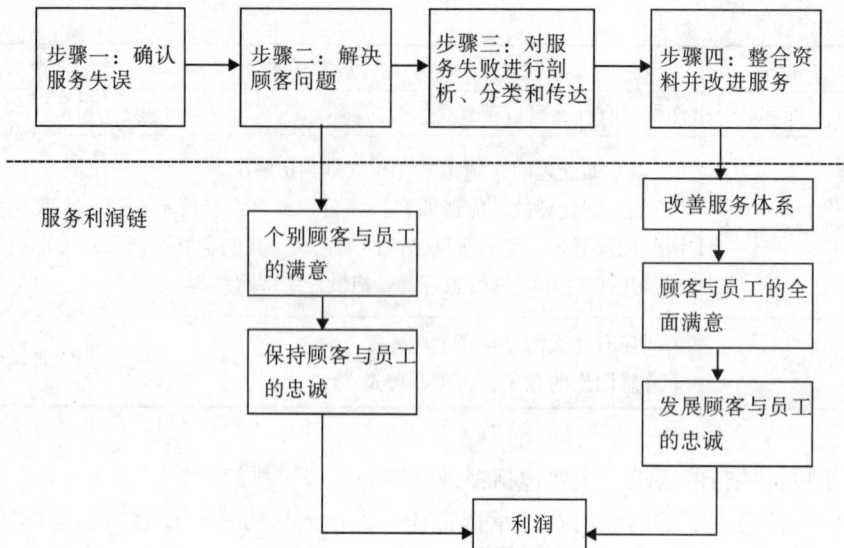

图 6-6　服务补救流程示意图

步骤一、二是针对个别服务失败所采取的补救行为与措施，步骤三、四是对补救过程中所获得的资料进行剖析，并运用于服务体系的改善。其中，解决顾客问题主要是解决顾客所抱怨的具体问题，解决的结果是既要使顾客满意又要使员工满意，能够保持和提高顾客与员工的忠诚度，最终获取利润；整合资料并改进服务主要是提高服务水平，通过改进服务系统提高顾客与员工的整体满意度，依靠发展顾客与员工之间的良好关系获取利润。这一过程的优点是具体服务补救问题与整体服务系统优化、外部服务补救与内部服务补救整合在一起，并将其统一到服务利润链体系中。

以上各步骤的补救策略如下：

（1）确认服务失误。

服务失误是指企业所提供的服务没能达到顾客可接受的最低标准，不能满足顾客的要求和期待而导致顾客不满意的情况。确认服务失误是服务补救过程的逻辑起点，主要包括判定服务失误的类型和推定服务失败的原因。

关于服务失误的类型。百货业的服务失误分为核心服务失误和服务接触失误，前者包含所有与服务本身有关的失败或其他技术问题，例如，商品质量、会员卡出现问题等；而后者则指顾客在与一线服务人员互动过程中所发生的服务问题，例如，服务态度导致顾客不满、等待过长等。

关于服务失败的原因。当服务失败发生后，顾客会努力寻找发生失误的原因，不同原因的服务失败对顾客满意度的影响不一样。百货业的服务失败原因大致可以分为服务提供系统失败（如正常服务不可获得；服务延迟；提供不可接受服务等）、前台员工的不合理言行（如对顾客的需求偏好反应不当、前台员工自身行为不当等）、顾客言行控制不力三类。针对不同类型的原因，解决服务失败的方式存在较大差异。需要注意的一个问题是，客户本身所引起的服务失败，由于基本归因错误和自我服务偏见的存在，顾客往往回避自己的过错。

（2）解决顾客问题。

确定服务失败的类型和原因后，解决顾客问题便成为具体实施服务补救行为的关键步骤。一旦出现服务失败，顾客总是希望企业能够快速有效地进行补救，不满的顾客会出现抱怨甚至投诉行为，投诉的一个重要目的就是获取补偿。

公司在服务失败发生以后，在解决顾客的问题时应遵循以下流程：主动承认错误→解释失误发生的原因→真诚地表示道歉并给予顾客适当的补偿。

百货零售业行业解决问题的措施包括纠正错误、更换产品或重新服务、上级干预解决、道歉、退款、提供折扣和额外补偿等七项非常有效的措施。顾客自行更正、给予折让、不满意的更正、加大错误和不做任何处理等方式，是消费者不太接受的补救方式，应加以避免。从整体角度来看，服务失败后采用道歉与更正方式是零售业常用的服务补救工具。不同补救措施的有效性和重要性有着显著区别，就国外零售业的补救效果而言，依次为提供折扣、更正和上级干预解决、额外补偿等。

（3）对服务失败进行分类。

在服务补救过程中，解决具体顾客抱怨问题并不意味着服务补救的结束，总结服务失败的教训、将服务失败归类是服务补救重要的后续工作，也是优化服务系统、整合并从整体改进服务的宝贵资源和前提条件。

另外，需要每季度针对服务失败的案例进行分类统计。现有受理宾客意见统计主要是分析不同商场（员工或者专柜推销员）的投诉和表扬，若对服务失败原因的分析比较欠缺，则很难发现服务失败的根源并予以纠正。服务失败案例的统计需要从多维度展开（例如，原因、商场、接触环节等），人工综合分析所有投诉工作量比较大，建议在客户关系管理系统中增加相关内容予以解决。

（4）整合资料并改进服务。

仅把具体顾客抱怨的问题解决好只是实现了服务补救的部分目的，没有完全实现服务补救的价值，服务补救的真正价值在于"通过服务补救消灭服务失败"，即通过一次又一次的服务补救行为发现服务过程中存在的问题，针对问题提出改进措施，以此来优化服务系统，防止类似的服务失败再次发生。因为如果让顾客在无差错服务和高超的服务补救间进行选择，顾客还是更加认可无差错的公司。因此，整合并从整体改进服务是服务补救的终极目的和价值所在。与解决顾客问题相比，整合并从整体改进服务不是为了赢得单个顾客的满意，而是赢得所有顾客的满意与忠诚。整合并从整体改进服务涉及组织结构、服务流程、运作规范、人员素质、文化氛围等各方面要素，应该坚持全面改革、整体提高的原则和策略。

服务补救并非一个单一的过程，而是一个不断循环的过程。企业需要通过不断整合资料改进优化服务，促进企业服务过程中的商品管理、客户管理、售后服务、团队建设、现场管理等不断优化，不断迈向新台阶。

上述的确认服务失败、解决顾客问题、分类服务失败和整合并从整体改进服务共同构成了一个完整的服务补救流程体系，成为解决服务失败或顾客抱怨的预防机制和应对机制。

模块 二 实习内容

1   广百公司 VIP 客户信息管理

1.1   实习目的

通过对广百股份有限公司 VIP 客户信息管理的学习与实践，让学生在掌握相关知识的基础上，全面实践课堂所学的知识，从而巩固和加强专业理论知识；通过实践，使学生对广百 VIP 客户关系管理的实务有深刻的认识，一方面了解 VIP 客户的界定和办理流程，另一方面懂得 VIP 客户管理对于企业的重要性，并掌握与 VIP 客户建立良好互信关系的技巧。

1.2   实习步骤

（1）通过培训了解 VIP 客户关系的基础知识，熟悉 VIP 客户的等级，以及各等级申领条件和基本流程。

（2）协助收集、整理、归纳 VIP 客户资料，熟练操作 VIP 客户关系管理系统。

（3）亲身实践对 VIP 客户的开发与管理，包括后期如何对 VIP 客户进行升级、降级、保级以及如何为 VIP 客户进行积分兑换等活动。

（4）检查 VIP 客户的意见或信息的记录并及时做好相关回访工作。

（5）从具体的实践工作回归到理论，加深对所学知识的理解和掌握。

1.3   实习重点

（1）探讨 VIP 客户关系管理对于企业发展的重要价值。

（2）熟练掌握 VIP 客户信息系统，并能在一定程度上对客户信息进行分析处理。

（3）将客户关系理论与商业实践结合。

2   广百公司客户满意度管理

2.1   实习目的

通过参与广百股份有限公司客户满意度管理的相关实践，一方面从客户关系管理的应用功能出发，了解客户满意度在企业中的重要作用，并全面掌握广百公司提升客户满意度的方法；另一方面将自己所学的有关满意度的理论与广百公司具体的实践措施结合起来，加深对理论知识的理解和掌握。通过培养学生对客户满意度管理的综合运用能力，使学生成为具有扎实理论基础和较强的独立动手能力的复合型、应用型人才。

2.2　实习步骤

（1）通过对理论知识和相关技能的学习与培训，掌握顾客满意度调查的常用方法，知道如何进行顾客满意度的测量。

（2）亲身体验广百公司顾客满意度调查和测量的具体操作过程，并及时记录下自己对每一个环节的理解与体会。

（3）针对顾客满意度调查结果，运用常用的科学方法（如方差分析法、休哈特控制图、双样本 t 检验、过程能力直方图和 Pareto 图等）分析顾客变化的状况和趋势。研究顾客消费行为有何变化，寻找其变化的规律，为提高顾客满意度和忠诚度打好基础。

（4）在对收集的顾客满意度的信息进行科学分析后，协助公司相关人员立刻检查自身的工作流程，在"让每一位顾客满意"的企业服务理念指导下，开展自查和自纠，找出无法使顾客满意的管理流程并进行改进。

（5）协助广百公司的工作人员去处理一些客户的不满与抱怨，并总结一些应对突发事件的经验。

（6）把具体的实践工作回归到理论，加深对所学知识的理解和掌握。

2.3　实习重点

（1）充分理解客户满意度对企业客户关系管理的重要价值，真正树立以顾客为中心的理念。

（2）懂得如何去分析客户满意度的相关调查数据，针对不满意的调查结果寻找原因，并制定有效的解决措施。

（3）学会将客户满意度相关的实践工作与具体的理论知识结合起来，要做得有理有据。

3　广百公司客户投诉处理

3.1　实习目的

通过对广百股份有限公司顾客具体投诉问题的相关处理，一方面充分认识到正确处理顾客投诉对于客户关系管理与维护的重要作用，另一方面全面掌握顾客投诉处理的相关原则与流程，知道如何运用相关知识去处理突发事件，明确处理投诉的目的是将顾客的不满意转为满意，培养企业忠诚顾客。

3.2　实习步骤

（1）通过培训了解投诉处理的相关流程，以及处理非正常投诉的程序。

（2）亲身体验投诉处理的过程，用广百公司的相关规定来规范自己接待投诉的行为。

（3）及时记录投诉处理的结果并与投诉处理要达到的要求进行对照，寻找自己的不足并加以改进。

（4）从具体的实践工作回归到理论，加深对所学知识的理解和掌握。

3.3　实习重点

（1）充分认识到正确处理顾客投诉对于客户关系管理与维护的重要作用。及时有效地处理客户的投诉，最大限度地满足客户需求，有利于提升客户的忠诚度和美誉度。

（2）知道如何分析顾客投诉或者不投诉的原因，提升自己接待"意见客户"的能力。

（3）运用客户关系管理理论中投诉管理的知识去分析广百公司顾客投诉管理的各个环节，提出自己的想法或意见。

模块 三 》 实习组织

1　实习目的、对象与要求

1.1　实习目的

通过客户关系管理实习，使学生能够将理论与实践相结合，了解客户关系管理在企业管理和营销管理中的地位和作用，掌握客户关系管理的基本理论与方法，并学会运用客户关系管理的理论与方法对实践中的问题进行分析以及提出解决方案。要求学生掌握客户分层以及重点客户管理的理论与实践；熟悉管理客户满意度的基本方法；掌握投诉处理和服务补救的理论及策略。

1.2　实习对象

（1）专业：市场营销、电子商务、工商管理、旅游管理等。

（2）年级：大学三年级。

1.3　实习要求

（1）通过学习客户关系管理相关理论，了解客户关系管理的演变过程，掌握客户关系管理的内涵，同时要紧密结合实践，利用所学知识分析企业现有客户关系管理活动的现状，找出存在问题并提出解决方案。

（2）要做到细致、耐心、踏实、责任心强，还要有较高的客户服务意识，虚心向相关人员请教，了解客户关系管理在企业中的开展情况及相关流程，从而了解客户关系管理对企业的意义与作用。

（3）在实习中要认真完成实习内容，并按时完成实习日志，即每天记录当天的实习情况与实习内容，说明所学到的经验，并说明自己是如何解决所产生的问题的，实习结束后交给指导教师。

（4）实习结束以后，学生要提交实习报告，在实习报告中需陈述企业概况、企业客户关系管理状况、具体的实习内容以及实习体会与收获，此报告需经由企业相关负责人与指导教师共同指导完成。

2　实习组织与训练

班级学生 4~5 人一组，由指导教师带领学生到广百开展实习并引导学生操作，小组学生针对提前布置的实习任务进行观察和记录，并进行研讨，形成讨论记录。实习过程中，教师应开展以下工作：

（1）介绍客户关系管理实习的目的及要求。

（2）帮助学生理解客户关系管理相关理论及内涵。

（3）指导学生设计调查问卷，了解 VIP 客户需求。

（4）指导学生运用信息技术，加强对 VIP 客户的管理。

（5）指导学生运用关系营销理论并设计策略。

（6）指导学生针对顾客满意度进行问卷调查。

（7）指导学生运用服务补救理论，完善和提升企业的投诉管理能力。

（8）帮助学生设计培训方案，对一线员工管理投诉问题进行针对性培训。

3　实习考核与报告

3.1　考核办法

（1）实习完成后，学生依据实习过程及收获撰写实习报告，实习报告要符合实习教学的要求，并得到指导教师的认可。

（2）指导教师对每份实习报告或其他结果表现形式进行审阅、评分。

（3）该实习课程内容是纯实践教学内容，实习课的成绩记入课程平时成绩，占总成绩的 30%，考核以专题设计为准，成绩占 70%。

3.2　评分标准

考核内容及其在评分中所占的比例如下：

（1）考勤、纪律占 20%；

（2）实习模块组织实施情况占 30%，其中小组成员参与情况占 20%，组内成员协调情况占 10%；

（3）业务执行完成情况占 40%，其中专业知识和技能（实习执行过程中业务操作情况）占 20%，工作绩效（业务完成效果）占 20%；

（4）合理化建议占 10%。

具体评分方法如下：

（1）小组内部成员间相互评分（占 20%）；

（2）各小组成果展示投票评分（占 40%）；

（3）实习教师根据所指导各小组成员在实习中各方面具体表现评分（占 40%）。

3.3　实习报告要求

（1）实习报告要按时独立完成。实习报告是衡量实习效果和评定成绩的重要依据，要求在指导教师指导下完成。一旦发现由他人代写或抄袭他人的实习报告，按不及格处理。

（2）实习报告主要包括以下四部分内容。

①企业概况（包括企业制度形式、组织机构设置）；

②企业客户关系管理现状；

③具体实习内容；

④实习体会或收获。

（3）实习报告要求：实习报告要层次分明，条理清楚，行文必须清晰完整。

项目七　商品陈列管理

1　商品陈列与营销的关系

通过视觉来打动顾客是非常有效的。商品陈列决定着顾客对店铺的第一印象，卖场整体看上去整齐、美观是商品陈列的基本思想。陈列还要富于变化，不同陈列方式在一定程度上左右着商品的销售数量。陈列对于产品的销售非常重要，这主要是因为陈列与消费者的购买心态密切相关，它会直接影响到消费者的购买决定。据消费者购物心态分析，店内的一些促销、广告、陈列会影响大约 60% 的消费者的购买决定。资料表明，正确地运用好商品的陈列技术，销售量可提高 30%。

消费者之所以会去关心商店内的陈列，主要是因为消费者已有一些基本消费心态，这些基本消费心态会在消费者浏览商品时诱导消费者去关心店内的陈列，从而影响消费者的购买决定。比如，通常一个人视线移动速度是每秒一米，如果商店的陈列做得不够醒目，就很可能在转瞬之间使想要传达的商品信息被忽略掉。

2　商品陈列的基本要求

2.1　丰富

顾客最关心的就是商品，所以一进商场就会把目光投向柜台货架。如果货架上商品多，他就会产生较大的购物兴趣。因此，商品陈列的第一条基本要求就是商品摆放要丰富，当然，丰富不等于拥塞，不同品类的商品对丰富有不同的要求。

2.2　展示商品的美

消费者最想知道商品的质量好不好，外观美不美，适不适合他。聪明的商家在商品陈列上总是尽可能地展示商品的美，包括内在美与外在美——这就是商品陈列的第二个基本要求。所谓内在美就是商品质量。质量是商品形象的生命线，利用商品陈列展现良好的商品质量，无疑对树立良好的商品形象大有裨益。所谓展示商品的外在美就是运用多种手段将柜台货架上的商品予以美化，对商品的外在美予以强化，借此激发顾客的购买欲。

2.3 营造特有气氛

通过对商品组合排列，营造出一种或温馨，或明快，或浪漫的特有气氛，消除顾客与商品的心理距离，使顾客对商品产生好感。

许多消费者购买某种商品是在想象心理支配下做出决定的。消费者会想象买到商品后的种种情景——亲人的反应、旁人的评价、消费过程中给生活带来的变化等。购物也存在感情连带反应，顾客被商品所营造的气氛所打动，产生积极联想，继而连带对商品也有了好感，产生购买欲望。

3 商品陈列的原则

商品陈列的目的就是要在货架上充分展示商品，最大限度地激发顾客的购买欲望，因此商品的陈列技术是非常关键的。合理、规范的商品陈列，必须掌握以下几个原则。

3.1 一目了然原则

商品陈列是最大的，也是最直接的销售手段，商品本身必须向顾客充分地展示自己。

商品价格标签位置对顾客挑选商品时会产生积极的影响。因此，规范贴价格标签的位置，就显得十分重要。同时，价格标签位置的规范化，有利于提高收银员的收银速度。

商品陈列分类要便于选购。店内商品要按大分类、中分类、小分类明确显示，陈列要清楚，使顾客容易找到自己要购买的商品，对一些季节性的、节日期间的推销区和特价区的商品以及新商品陈列要显著、醒目。

3.2 容易挑选原则

第一，有效地使用色彩、照明。要注意商品外包装颜色搭配的艺术性，尽量使顾客感到舒适、醒目。店内要达到标准的照明度，对于需要强调的商品，可以用聚光灯加以特殊的照明，以突出其位置。

第二，按适当的商品分类进行陈列。商品陈列的价格牌、POP牌摆放要正确，要明确显示商品的价格、规格、产地、用途等。同类商品的花样、颜色、尺寸有所不同，陈列时要便于顾客分清挑选。系列商品可采用直线式的系列化纵向陈列，顾客在纵向陈列商品面前一次性通过时，就可以看清楚整个系列商品，这样会提高20%至80%的商品销售量。

3.3 便于取放原则

商品陈列的位置要恰当方便。货架上商品与上隔板应有一段距离，距离以手能伸进去为宜。还要考虑到顾客的身高，放在高处的商品不易拿取，容易影响顾客心情。陈列要稳定，排除倒塌的可能，给顾客以安全感，一般一格货架只能摆放 1~2 层商品。

3.4 丰富齐全原则

商品放满陈列，可以给顾客丰富、齐全的直观印象。资料表明，放满陈列可平均提高 24% 的销售额。商品放满陈列要做到以下几点：

①货架每一格至少陈列三个品种，畅销商品的陈列可少于三个品种；一般商品可多于三个品种。②货架上商品数量要充足。根据商品的销售量确定每种商品的最低陈列量和最高陈列量，以避免货架上"开天窗"（脱销）和无计划地堆放商品。③货架上商品品种要丰富。品种单调、货架空荡的商店，顾客是不愿意进来的。

3.5 整齐清洁原则

做好货架的清理是商品陈列的基本工作，要随时保持货架的干净整齐，做到没有破损、污物、灰尘，不合格的商品要及时从货架上撤下。

3.6 前进梯状原则

该原则包括前进陈列和梯状陈列两方面：前进陈列，就是前层商品被买走后，商品会凹进货架的里层，这时就要按照先进先出的原则补货，把凹进里层的商品往外移，从后面开始补充货源，保证商品不过期积压。梯状陈列，就是商品的排列应前低后高，呈阶梯状，适当破坏商品陈列的连续性，使商品陈列既有立体感和丰满感，又不会使顾客产生被商品压迫的感觉。

3.7 区分定位原则

区分定位，就是要求每一类、每一项商品都必须有一个相对固定的陈列位置。商品一经配置，除非出于营销目的，商品陈列的位置和陈列面一般很少变动，此外，还要根据时间、商品流行期的变化微调配置图表，这既是为了商品陈列标准化，也是为了便于顾客选购商品。

4 商品陈列方法

4.1 定型陈列

定型陈列是指将某些商品固定位置陈列，一般不再作变动。需定型陈列的商品通常是知名度高的名牌产品，或顾客购买这些商品频率高，购买量大。定型陈列的主要类型有以下三种：

①集中陈列。集中陈列是把同一种商品集中陈列在一个地方的方法，主要用于周转快的商品。②整齐陈列。通常按照货架的尺寸确定商品的排面数，将商品整齐地排列、堆积即可。③错位陈列。错位陈列是整齐陈列的一种变化形式，在同一排货架上，针对

不同商品调整货架的高度，使商品排面错落有致。

4.2　变化陈列

变化陈列是指定型陈列以外，适应动线（顾客在卖场内走动的路线）、促销或季节等因素而特别设计出来的陈列方式。这些陈列通常都有某种营销目的，期限通常不长，却最能带动零售现场的活性化。

变化陈列主要有以下方式：

（1）纸箱陈列。将进货（包装）用的纸箱按一定的深度、样式进行裁剪（割箱陈列），然后将商品放入其中陈列。适用于广为人知，预计可大量廉价销售的中、大型商品，或可以往高堆积的商品。

（2）投入式陈列。这种陈列方法给人一种仿佛是将商品陈列在筐中一样的感觉。适用于中、小型，商品本身及其价格已广为人知的，嗜好性、简便性较高的，低价格、低毛利的商品。

（3）突出陈列。超过通常的陈列线，面向通道突出陈列的方法。适用于新产品、推销过程中的商品、廉价商品等希望特别引起顾客注意、提高其回转率的商品。

（4）翼形陈列。在平台的两侧陈列关联商品的方法，适用于与主要通过平台进行销售的商品相关联的商品或通过特卖销售的少量剩余商品。

（5）阶梯式陈列。将箱装商品、罐装商品堆积成阶梯状（3层以上）的陈列方法，适用于箱装、罐装等堆积起来也不会变形的商品。

（6）层叠堆积陈列。将商品层叠堆积的陈列方法。适用于中大型，具有稳定感，罐装、箱装等可层叠堆积的商品。

（7）瀑布式陈列。此种陈列方法给顾客一种仿佛瀑布下流的感觉。适用于圆形细长的，预计可单品大量销售的商品。

（8）扩张陈列。这是指将商品超出一般的陈列线，向前延伸陈列的方法。适用于此陈列方法的商品有新产品、重点商品、特卖品等希望引起顾客特别注意的商品。

（9）搬运容器（卡板）陈列。直接利用在商品配送时使用的容器进行陈列的方法。适用于价格广为人知的，可以直接用搬运容器陈列的，预计商品回转率较高的商品。

（10）线状陈列。将商品陈列成线形的陈列方法。适用于罐装饮料等筒形、长方形的，小中型的，轻量的商品。

（11）挂式陈列。将小商品用挂钩吊挂起来的陈列方法。适用于小中型轻量的，多尺寸、多颜色、多形状的，在常规货架上很难实施立体陈列的商品。

（12）货车陈列。用带滑轮的货车进行陈列的方法。适用于大中型的，重量的，预计可单品大量销售的，具有稳定感的商品。

（13）交叉堆积陈列。一层一层使商品相互交叉堆积的陈列方法。适用于中大型的，放入箱、袋、托盘中的商品，以及预计毛利低，回转率、销售额高的，希望充分发挥展示效果的商品。

（14）空间陈列。利用展柜、货架上方等通常情况下不使用的空间进行陈列的方法。适用于具有一定关联性的、中小型的非滞销商品，在陈列上具有稳定感，能够提高店铺形象的商品。

（15）墙面陈列。用墙壁及墙壁状陈列台进行陈列的方法。适用于葡萄酒等瓶装商品，可吊挂陈列的中小型商品。

（16）样品陈列。让顾客观看、触摸的陈列方法。适用于不易变味腐烂的，颜色、形状、容量易理解的，通过陈列，商品的价格易传扬的商品。

（17）斜形陈列。将商品相对陈列台斜着陈列的方法。适用于高额商品、推销商品、畅销商品，陈列量小的，达到最低陈列量并希望将其售光的商品。

（18）扇形陈列。接近半圆形的陈列方法。适用于扁平型的，陈列量较少的，预计商品的回转率不会很高的，希望主要通过陈列效果促进销售的商品。

（19）箱型陈列。在陈列柜中摆成三角形、四角形的陈列方法。适用于葡萄酒、果汁等瓶装商品，小的、在通常的货架中难以陈列的，高价格、希望突出其高级感的商品。

（20）在库陈列。在卖场内设置库存的陈列方法。适用于补充用的常规商品。

4.3　排列技术

（1）垂直排列：将易见性放在第一位的常规直排列技法。

（2）水平排列：适用于多种商品陈列的水平型技法。

（3）组合式排列：上层为垂直型、下层为水平型的追求量贩型的排列技法。

（4）"沟"式排列：在纵向上排列出"沟"结构的排列技法。

（5）三角排列：排列成三角形，突出廉价感的排列技法。

（6）货架端头排列：通过强化"第三磁石点"，提高卖场的回游性，刺激顾客的购买欲。

（7）岛式排列：提高主通路的回游性，实现量贩的岛式排列技法。

（8）收银台前端头排列：设置通过率100%的黄金卖角。

（9）点式排列：通过特卖品的点式配置提高卖场的回游率。

（10）新奇排列：通过令人惊奇的排列突出商品，招揽顾客的技法。

5　商品配置表的管理

5.1　商品配置表的含义

商品配置表的定义是把商品陈列的排面在货架上作最有效的分配，以书面表格规划出来。卖场内的商品陈列是用商品配置表来进行管理的。

5.2　商品配置表的管理功能

（1）有效控制商品品项，使卖场效率得以正常发挥。

（2）商品定位管理。避免无规则进行商品陈列，保证商品有序有效的定位陈列。

（3）商品陈列排面管理。根据商品销售量的多少来决定商品的排面数，有效提高超级市场的卖场效率。

（4）畅销商品保护管理。畅销商品销售速度很快，若商品得不到及时补充，易导致较不畅销商品甚至滞销品占据畅销商品的排面。

（5）商品利润的控制管理。依靠商品配置表来给各种商品作妥当贴切的配置陈列，将利润高的商品陈列在好位置以达到提高商店整个利润水平的目的。

（6）连锁经营标准化管理的工具。连锁制的公司有众多的门店，采用一套标准的商品配置表能使整个连锁体系内的陈列管理比较易于开展。

5.3　商品配置表的制作

商品配置表的制作，一般可按以下程序进行：

（1）商圈与消费者调查。商圈调查主要是弄清新店属地的市场容量、潜力和竞争者状况。消费者调查主要是掌握商圈内消费者的收入水平、家庭规模结构、购买习惯、对商品与服务的需求等。

（2）商品经营类别的确定。在对消费者进行调查后，由采购部会同门店人员共同讨论决定每一个商品大类在门店卖场中所占的营业面积及配置位置，并制定出大类商品配置图。

（3）单品项商品的决定。完成了商品大类和中分类的商品配置图之后，就要决定单品项商品如何导入卖场。

（4）商品配置表的制作。商品配置表决定了单品项商品在货架上的排面数，这一工作必须遵循有关商品陈列的原则，运用好商品陈列的技术，还须考虑到企业的采购能力、配送能力、供应厂商的合作等诸多因素。

5.4　商品配置表的修正

商品的配置必须根据市场和商品的变化作调整。商品配置表的修正一般是在固定的时间进行，但不宜随意进行修正。商品配置表的修正可按如下程序进行：

（1）每月对商品的销售情况进行统计分析，找出畅销品和滞销品。

（2）滞销品的淘汰。要确定滞销的状况是否可能改善，如无法进行改善就必须淘汰。

（3）畅销品的调整和新品的导入。对畅销品的调整，一是增加其陈列的排面，二是调整其位置及在货架上的段位。对由于淘汰滞销品而空出的货架排面，应导入新品。

（4）商品配置表的最后修正。

6　卖场动线设计

6.1　动线的作用

好的卖场就是能够将最多的商品在最多的购物者面前展示最长时间的卖场，将商品放在人们的行进路线上和视线范围内。因此，好的卖场总是依照人们怎样行走以及看什么地方来进行设计，使顾客进来之后会按照我们设计的思路一步一步地把整个卖场全部逛到，这就是动线设计。

6.2　动线种类

动线分为几种，有给客人使用的卖场动线，也有给后勤补给和员工上下班的后场动线，总体概述如下：

（1）后场动线。

即后勤补给动线，指从停车卸货开始到进入卖场仓库的这个行进路线。

（2）员工动线。

员工每天上下班进出的动线，这条动线通常会和消防逃生动线相连贯，也会有某一段会和后勤补给动线重叠。

（3）水平动线。

百货公司每一层卖场以电扶梯为中心来做引导客人走向的通道称为水平动线，这条水平动线分为主动线和次动线两种，主动线大多是环绕全场呈一个回字形，这会使消费者回游在全场各处，是最重要且很少再变动的动线。次动线是中岛区和靠中央电扶梯的走道，还有就是中岛区和中岛区之间的走道，它虽然比较窄但十分重要，售货人员和消费者能密切互动，从而促进消费。

（4）垂直动线。

从地面层借助电梯、步梯等来运送消费者上下到每一个营业楼层的通道称作垂直动线，对目的性购买的熟客而言，他大多会选择利用电梯直接到达他要去消费的楼层。

（5）商场主出入口。

商场主出入口是商场内部动线的源头，主出入口设计要注意美观，这是顾客的第一印象，除了要具备较强的功能性之外，还应当具有较强的冲击力和美观性；地面应当作防滑处理、门扇防夹处理，避免玻璃门相撞造成的人员伤害。

6.3　动线设计原则

（1）人流动线的规划原则：

①注重内外沟通，脉络清晰；②注重立体人流的自然顺畅，平均分配关系；③避免盲区和死角问题；④合理设置宽度；⑤主动线与各功能分区顺畅连接；⑥主动线与各主出入口、外围土干道顺畅连接；⑦主力店、次主力店与独立商铺顺畅连接。

（2）商场电梯布局的规划原则：

①扶梯的布局原则。商场的扶梯部数、布局位置，要在不影响商铺可见性的情况下，增加人流上下楼时光顾店铺的数量，同时避免电梯口的人流堵塞。

②垂直电梯的布局原则。垂直电梯的部数、布局位置，要在不影响购物中心整体设计形象的情况下，以有效疏散运载人员为出发点，合理分布于购物中心四周。

③电梯出入口尽可能与主动线、主力店出入口顺畅连接。

6.4　磁石点的合理利用

据观察，进入超市的顾客中，有近半数的顾客只走动店内道路的30%。此处的商品陈列点也称作磁石点。

（1）磁石点的功能：

①引导客流；②引导消费；③消除死角；④展现商场。

（2）磁石点设计的要求：

①应季应需；②特色鲜明；③贴近生活；④视觉冲击。

7　橱窗与门面展示设计

7.1　橱窗设计的作用

消费者在进入商店之前，都会有意无意地浏览橱窗，所以，橱窗的设计与宣传对消费者购买情绪有重要影响。橱窗的设计，要突出商品的特性，同时又能因为橱窗布置让消费者看后对商品产生好感和向往，促进销售。

7.2　橱窗设计内容

（1）橱窗设计文本。

由橱窗设计师构思的创意过程，通常借由橱窗设计师的逻辑及经验作创意的展开。

（2）技术性的设计。

其中包括橱窗结构设计、橱窗物理设计、橱窗设备设计等。

（3）外部空间的规划。

可将空间扩大范围到都市计划、敷地计划、景观设计等领域。

（4）内部空间的设计。

其中包括合理的空间规划及室内装修计划。

（5）综合的设计。

其中包括标识设计、橱窗设计物亮化设计、艺术设计、安防设计、停车管理设计、橱窗设计等方面。

7.3　橱窗设计的表现手法

（1）直接展示。

将道具、背景减少到最小程度，运用陈列技巧充分展现商品自身的形态、质地、色彩、样式等。

（2）寓意与联想。

以某一环境、某一情节、某一物件、某一图形、某一人物的形态与情态，唤起消费者的种种联想，生活中两种完全不同的物质，由于内在美的相同，也能引起人们的心理共鸣。

（3）夸张与幽默。

合理的夸张将商品的特点和个性中美的因素夸大，强调事物的实质，会给人以新颖奇特的心理感受。

（4）广告语言的运用。

在橱窗设计中，恰当地运用广告语言，更能加强主题的表现力。橱窗广告受所处的宣传环境制约，不能像报纸、杂志广告那样有较多篇幅的文字，一般只出现简短的标题式广告用语，在撰写广告文字时，要考虑到与整个设计和表现手法保持一致性，同时既要生动，富有新意，能唤起人们的兴趣，又要易于朗读、易于记忆。

8　商场照明设计

商场照明在吸引顾客、促进商品销售方面起着重要作用，同时对于为顾客提供舒适的购物环境，辅助顾客准确辨认商品也有重要意义。因此，科学的照明设计对于扩大影响，增进商品购销都很重要。

8.1　商场照明的作用和要求

（1）商场照明的作用。

好的内外装饰和照明能有效吸引顾客注意力，建立良好的视觉环境，使进入商场的顾客产生一种心理舒适感，从而吸引顾客购买更多商品。视觉引导运用不同的亮度、照明方式和手法，引导顾客走向着重推销的商品和贵重商品柜台。

（2）对商场照明的质量要求。

从商场照明角度来看，除了要求包括良好的颜色显现，合理地限制眩光等以外，还需要良好的照明设计。商店照明应该具有足够的灵活性，以适应商场内部营销策略变化、商品变换、季节更替等引起的对照明的相应要求。

8.2　商场照明方法

商场照明并不是越亮越好，兴趣产生于对比，而不仅仅是强烈的刺激。商场常用的照明方式有两种，即一般照明和重点照明。

（1）一般照明。

一般照明除为顾客购货提供足够照度外，还为场所提供均匀的照度，使进入商场的顾客有明快舒适的感觉，而对于贵重豪华商品一般照明使用点光源作均匀布置。

（2）重点照明。

重点照明的主要目的是展示商品的造型，突出展示品的构造、质地和颜色，形成与周围环境更强烈的对比，以突显其表面光泽或优良的质地，达到艺术性效果。

（3）商场照度。

对于大城市商场，一般照明的照度参照国际照明委员会（CIE）推荐的商店一般照明照度值是适当的。CIE 标准《室内照明指南》（第二版）推荐值为：大型商业中心、超级市场和特级商场为 500～750lx，其他任何地段 300～500lx，我国大城市商场一般照明的平均照度为 300～750lx，推荐值 500lx。以上照度是对综合性大型商场而言，而不同商品的专卖店，因商品条件而有所区别。

（4）商场照明质量。

对于商场来说，良好的照明质量十分重要。它给顾客以舒适的视觉环境和心理感觉，同时对于渲染和表现商品特色、质地，对正确辨认商品颜色和品质，都具有重要作用。

8.3　商场照明光源的色彩特性

第一是光源的色表。对于商场来说，通常应选用暖色温（3 300K以下）或中间色温（3 300～5 300K）为宜。在较低照度的环境下，需要暖色温；对处于中等照度水平的大多数商场来说，选用3 500～4 000K左右中间色温较合适；对于展示在迅速活动条件下的商品，应选用冷白光的中间色温，并有较高照度；而有些商品需要创造一个更高照度以表现价值高的印象，如1 000lx或以上，则应选用冷色（5 300K以上）光源。

第二是光源的显色指数（Ra）。按CIE《室内照明指南》的建议，商场照明的显色指数应为1B级（即90＞Ra≥80）。这对于顾客正确辨别商品颜色和质地，从而挑选符合自己心愿的商品是十分必要的，如果光源显色指数太低，选购的商品必将失去其颜色和特性的真实感。

8.4　眩光的限制

商场营业厅照明应限制眩光，以免顾客头晕目眩。商场营业厅眩光限制质量等级属Ⅱ级，即中等质量（有轻微眩光感）。对于某些销售条件，如在春节、圣诞节期间，为了创造热烈气氛，可以运用有一定眩光感的灯光；对某些特定销售区，如电动玩具、音响设施等，可以使用一定眩光的照明。

商场的橱窗、陈列柜和摆设商品的柜台内照明，应该有更严格的眩光限制等级，即按国家标准的Ⅰ级质量（无眩光感）要求完全遮蔽柜内光源，使顾客在任何方向都避免了直射眩光。对于商场临街的陈列橱窗，除照明眩光限制外，还要严格限制阳光照射到玻璃上产生的反射眩光，应与建筑装饰设计共同采取有效措施解决，如橱窗玻璃前上方装设遮光挑檐，或将玻璃倾斜装设，采用曲面玻璃等。

8.5　光源和灯具

（1）照明光源的选用。

商场一般照明首选光源是细管径（φ26）直管荧光灯，如南京飞东照明有限公司生产的TLD36W/33型，36W灯管光效达84.3lm/W，Ra＝63，色温4 100K，能满足一般商品显色性要求，节能效果好，寿命长。

对显色要求高（Ra＞80）的场所，应选用TLD36W/84型（或58W，或"83"颜色）细管荧光灯，其Ra＝85，灯管光效达96lm/W，是商场理想的光源。需要使用点光源的地方，如贵重豪华商品的展示和销售区，以及重点照明等，可使用低压卤素灯，其特点是尺寸小，显色性高（Ra达100），暖色调，光束比较集中，节能效果优于白炽灯，但不如气体放电灯。

（2）照明灯具的选用。

首先是配光特性适合。大中型商场营业厅一般照明的灯具应选用宽配光，最适宜的是使用大开间办公场所用的蝙翼式配光，它具有利用系数高，照度均匀的特点，而且对陈列货架，及至售货员、顾客面部产生的垂直照度也较高，视看效果好。

其次是灯具的种类。对于装修标准高的高等商场，一般照明用荧光时，宜使用嵌入式格栅灯具，并使用大格栅片，灯具效率应达到 60% ~ 65%，不宜使用由扩散玻璃、胶片等作散光器的灯具，因为其灯具效率低、维护性能不佳。对于装修标准一般的普通商场，还可以使用无格栅荧光灯具或吸顶筒式荧光灯具，后者光效高、简单、造价低，但没有眩光限制措施。

9 陈列设备和用具管理

陈列柜、陈列台、柜台，这些陈列小道具和其他陈列用品，不仅使商品突出而对顾客具有吸引力，而且便于商品的管理和场地整理。由于陈列设备的配置决定店内的通道，因此，很好地利用陈列设备是非常重要的。

在使用陈列用具的时候，必须注意下列各点：

①需要裸露陈列的商品，不能放在陈列柜里。

②陈列用具必须同商品的性质、形状、颜色相符合。

③商店进门的地方，不能摆太大的陈列柜和高柜台，否则顾客就看不见商店内部。

④陈列柜等一般是放在商店里边，要留一条使顾客容易进入的通道。

⑤陈列用具不要单一，要有高、低、大、小等各种式样的。

⑥陈列用具不要过多。

9.1 陈列架

陈列架是布置、美化店内墙壁的重要用具。关于陈列架的使用最近流行凹面陈列，更便于顾客参观商品。陈列架要采用特制的，高度和宽度同商店的空间和商品的尺寸大小相一致。另外，小商品不宜放置在陈列架里边，应放置在前面，使顾客容易看到。陈列架的高度要让顾客用手可以够到商品，必须放在 160cm 以下，如果是名牌商品，放置的高度以店员的手够得到的范围为好。

9.2 陈列小道具

安装在营业台、陈列台上的用来吊挂和摆放商品的小陈列用具，一般是用来补充裸露陈列的商品的陈列用具的不足的，或者是作为使平面陈列有高低起伏的变化而使用的道具，以便于顾客产生联想，从而刺激购买欲。

9.3 陈列柜

一般地说，不要过多地使用陈列柜。因为不管什么商品都以裸露陈列为好。除了形状小、价格高的商品，或容易变色、污损的商品，必须放在玻璃柜里以外，其他商品都可以敞开陈列。选择陈列柜的时候，不仅是高度，搁板的宽度和数量也要研究，使之很好地与商品相配合。

9.4　柜台

柜台里可以陈列没有包装的商品，使顾客很容易就看见自己喜爱的商品。切忌裸露陈列过多，把商店全部搞成平面陈列，好像全部商品都是廉价商品似的。另外，若商品陈列的位置和顾客眼睛不成直角，这种陈列就不会显眼，为了克服这种缺点，要在柜台上下功夫，用提高柜台中部的办法，把柜台上层进行立体陈列。而柜台的拐角妨碍商店内部的通行，因此要把柜台搞成曲线的。

9.5　特价台

特价台是为了刺激顾客的需求欲望而设置的。因而，应当把最能刺激顾客的商品陈列在特价台容易取放的地方，使顾客止步，诱导顾客购物。

特价台的大小宽度，要按照通路的宽窄来决定。最好是能够自由移动，不妨碍营业；也可以用分区、分片式的，几个台轮换摆放，这样既可以变换商店模样，又不会浪费。柜台的高度，要便于顾客自由地选择商品，以最低 65cm，最高 90cm 左右为宜。

10　体现商品陈列效果的工作顺序

为在有限的卖场内，将商品高效率地配置和陈列，使销售工作高效有序地进行，必须执行以下的工作顺序。

10.1　确定商品的陈列位置

各类商品在陈列货架上占用的位置和面积，是体现商品陈列效果的最重要的环节，必须根据统计数据如商品的周转率、利润率、销售额及销售未来动向来做出决定。一般来讲，对于商品销售情况佳的商品应给予好的位置和较多的陈列面积，而对于销售不佳的商品没有必要让它占用好的位置和给予较多的陈列面积，但只要是属于体现商品齐全性原则的商品，仍要坚持销售。

10.2　确定商品陈列量

所谓商品的标准陈列量是指商品的陈列量达到最显眼并具有表现力的数量，而所谓最低陈列量是指商品没有表现力的数量。在商品管理上，当商品陈列量达到最低陈列量时，就可以认为该商品"卖空了"，在确定需要达到标准陈列量的商品时，其原则是该商品一般是能吸引顾客，达到高销售和较高利润的商品。

10.3　规定商品陈列的工作人员和陈列时间

对应在营业上的空闲时间和商品的最低陈列量，就可以规定商品陈列以及补充的作业。这种规定一般用制度来加以实施，即制定制度，规定由谁，在什么时间，到什么地方，陈列和补充商品。

10.4　决定商品陈列的表现手法

商品陈列的表现手法一般分为三种，即一般陈列的表现手法、特别销售陈列的表现手法和渲染气氛陈列的表现手法。要根据每一阶段所要实现的目标，预先决定采用哪种陈列和哪种表现手法，以达到促销效果。

10.5　决定促销广告

计划好促销广告、特卖价格告示以及其他的促销手段，设定好促销的策略，使商品的陈列借助好的促销广告把商品的销售推进到一个新的高度。

10.6　统一决定重点销售的商品

对连锁形态的超市公司来说，统一决定各门店的重点销售商品尤为重要，它是连锁公司统一销售计划的重点内容之一。该决定就是要制订出每周、每天的重点销售商品的计划，包括商品的销售数量、折扣率以及顾客所能得到的其他利益。

10.7　卖场工作分配

卖场中商品的陈列状态是不断变化的，所以要围绕使商品陈列达到最好的促销效果这一目标，将商品的整理、调整、检查、促销广告等做一个合理的分配。

以上所述的商品陈列效果的工作顺序，就是要依靠确立起来的商品与卖场的管理体制来保证超级市场销售体制的实现和运转。

11　陈列的维护

11.1　陈列维护的重点

商品陈列的维护通常要从以下几个方面来进行：

（1）缺货的控制。

门店应注意缺货的控制，门店店长在这方面要加强对员工的专业培训，增加对商品陈列维护的认识。

（2）排面量的控制。

使畅销商品更醒目地呈现在顾客面前，有效地避免畅销商品不断缺货、不断补货的弊病，而滞销品又能有效控制库存，充分利用货架，为门店创造更高的利润。

（3）陈列道具的控制。

陈列道具整体看上去整齐、美观是卖场陈列的基本要求。

（4）POP 广告招贴的控制。

广告牌、POP 等提供的信息也非常重要，它往往带给顾客非常直接的感受。

（5）销售时段的控制。

即密切注意商品的销售动态，把握好补货的时间及商品的促销时间。

11.2　陈列维护作业

商品陈列的维护作业一般包括以下几个方面：

（1）排面维护检查作业。

①定期检查，商品陈列不被移位或移除；②是否依大中小分类、价格带垂直陈列；③定期培训员工。

（2）排面补货作业。

①定时检查；②无客人接待时随时补货；③随时整理。

（3）陈列维护作业。

其中包括门面、橱窗、卖场、收银台、整体卫生。

①营业人员应定期检查店中的产品，确保产品系列完整，规格齐全，货源充足；②确保产品包装完好，干净，无污损；③检查产品是否过期；④避免产品摆放凌乱，消费者不易寻找；⑤保证产品轻拿轻放；⑥同厂商及时沟通，了解产品信息，寻求售后服务，共同发展以满足消费者需求。

模块 二 实习内容

1 商业展示的基本概念与认识

1.1 实习目的

使学生掌握商业展示的基本常识，对商业展示的各种类型有初步了解，提高学生的基本制图能力。

1.2 实习步骤

（1）实物展示与实景幻灯展示。

（2）分组讨论营销与商品陈列的关系。

（3）分组讨论商业展示的分类并了解商业展示设计的作用和发展趋势。

1.3 实习重点

通过实地考察，并结合相关销售报表数据分析，了解商品陈列与销售额之间的关系。

（1）商品陈列面积大小变化引起的销售额变化。

对于相同的商品来说，店铺改变顾客能见到的商品陈列面，会使商品销售额发生变化。

陈列的商品越少，顾客见到商品的可能性就越小，购买概率就低，即使见到了，如果没有形成聚焦点，也不会形成购买冲动。

（2）商品陈列高低变化引起的销售额变化。

商品陈列高低不同，会有不同的销售额。

依陈列的高度可将货架分为三段，中段为手最容易拿到的高度，男性为 70～160cm，女性为 60～150cm，有人称这个高度为"黄金位置"，一般用于陈列主力商品或有意推广的商品。次上端为手可以拿到的高度，男性为 160～180cm，女性为 150～170cm；次下端为顾客屈膝弯腰才能拿到的高度，男性为 40～70cm，女性为 30～60cm，一般用于陈列次主力商品。上端男性为 180cm 以上，女性为 170cm 以上，下端男性为 40cm 以下，女性为 30cm 以下，一般用于陈列低毛利，补充性和体现量感的商品，上端还可以有一些色彩调节和装饰陈列。

（3）陈列时间变化引起的销售额变化。

陈列时间的变化，也会引起销售额的变化。一项调查结果显示：店铺陈列的促销效果第一天为 100%，第二天为 90%，第三天降为 80%，第四天为 60%，第五天为 35%，第六天仅为 30%。可见，保持陈列新鲜感非常重要。

2　商品陈列的要领及技巧

2.1　实习目的

使学生掌握商业展示的基本常识，对商业展示的各种类型有初步了解，提高学生的基本制图能力。

2.2　实习步骤

（1）实物展示与实景幻灯展示。

（2）分组讨论营销与商品陈列的关系。

（3）分组讨论商业展示的分类并了解商业展示设计的作用和发展趋势。

2.3　实习重点

通过实地观察和操作，掌握一些实际的商品陈列要领与技巧。

（1）集中陈列法。

集中陈列法是商品陈列中最常用和使用范围最广的方法，是把同一种商品集中陈列于一个地方，这种方法最适合周转快的商品。

在陈列作业中要特别注意以下几点：

①商品集团按纵向原则陈列；②明确商品集团的轮廓；③要求第一排的商品数目要适当；④要给周转快的商品安排好的位置；⑤要力求打破陈列货架的单调感；⑥要将必需品与刺激商品有机配合陈列；⑦要将相关联的商品汇集在一起；⑧给大小商品不同的位置。

（2）特殊陈列法。

特殊陈列法就是以集中陈列为基础的变化性的陈列方法，它能打破陈列架的单调感，活跃卖场气氛，也是促使顾客冲动性购买的最有效手段。特殊陈列法强调依靠"优质"和"便宜"，使商品的推销效果得到进一步提高，根据国外资料，一般可使整体的营业额提高5%左右。采用特殊陈列法必须要贯彻关于商品陈列的基本原则，这样才能使这种陈列手法的作用得到发挥，但特殊陈列是要将顾客的注意力引向经特别选择，要极力推销给顾客的商品，往往也会在一定程度上影响商品陈列原则的贯彻，可以说只要特殊陈列的表现手法好，打破商品陈列的原则所带来的利益将远远超过所带来的损失，懂得和运用特殊陈列的手法会给企业的业绩带来很大的提高。

以下是几种常用特殊陈列法的表现手法：

①整齐陈列法。整齐陈列法是将单个商品整齐地堆积起来的方法，整齐陈列的商品是企业欲大量推销给顾客的商品，折扣率高的商品或因季节性需要顾客购买量大、购买频率高的商品。

②随机陈列法。随机陈列法是将商品随机堆积的方法，这种方法主要是陈列"特价商品"，陈列用具一般是一种圆形或四角形的网状筐，另外还要带有表示特价销售的

牌子。

③盘式陈列法。盘式陈列法即把非透明包装商品的包装箱的上部切除，将包装箱的底部切下来作为商品陈列的托盘，以显示商品包装的促销效果。

④兼用随机陈列法。这是一种整齐陈列和随机陈列同时使用的陈列方法，其功能也同时体现这两种方法的优点，但是兼用随机陈列架所配置的位置应与整齐陈列一致，而不能像随机陈列架有时也要配置在中央陈列架的过道内，或其他地方。

⑤端头陈列法。端头陈列质量是关系到连锁店形象的一个主要方面。所谓端头是指双面的中央陈列架的两头，在超级市场中，中央陈列架的两端是顾客通过流量最大、往返频率最高的地方，所以端头一般用来陈列特价品，或要推荐给顾客的新商品，以及利润高的商品。

⑥岛式陈列法。在超级市场的进口处、中部或者底部不设置中央陈列架，而配置特殊陈列用的展台，这样的陈列方法叫作岛式陈列法。岛式陈列的用具一般有冰柜、平台或大型的货柜和网状货筐。

⑦窄缝陈列法。在中央陈列架上撤去几层隔板，只留下底部的隔板形成一个窄长的空间进行特殊陈列，这就叫窄缝陈列。窄缝陈列的商品只能是1个或2个单品项商品，最好是要介绍给顾客的新商品或利润高的商品。

⑧突出陈列法。突出陈列法是将商品放在篮子、车子、箱子、存物筐或突出的延伸板内，陈列在相关商品的旁边销售。其主要目的是打破单调感，诱导和招揽顾客。突出陈列的位置一般在中央陈列架的前面，将特殊陈列突出安置。

⑨悬挂式陈列法。将无立体感、扁平或细长型的商品悬挂在固定的或可以转动的装有挂钩的陈列架上，就叫悬挂式陈列。目前工厂生产的许多商品都采用悬挂式陈列的有孔型包装，如糖果、剃须刀、铅笔、玩具、小五金工具、头饰、袜子、电池等。

⑩不规则销售陈列法。中央陈列架整齐的配置和有秩序的陈列会使顾客产生单调乏味感。为了打破这种单调乏味感，应该使用每层隔板都能够自由调节的陈列货架，通过将中央陈列货架隔板间距灵活地调节变化，使副通道内的各个中央陈列货架的隔板形成错位安排，而事实上各个货架上陈列的商品并没有变化。然而对顾客来说却有一种新鲜感，他们往往会产生一种错觉，认为中央陈列货架内的商品又有了新的变化，从而吸引顾客走入副通道内选购商品。

3　橱窗与门面展示设计

3.1　实习目的

结合实际，通过观察并讨论，使学生初步掌握橱窗与门面设计的相关知识，学会用商业眼光和商业意识来看待橱窗与门面设计，提高学生促销意识、形象设计意识、品牌意识以及对门面设计的鉴赏能力。

3.2　实习步骤

（1）分组考察广百商场，用数码相机或DV记录下商场的橱窗与门面以及商场内的展柜设计、空间布置等所有环节；

（2）分组分课题（橱窗设计、门面设计、会展展示等课题）讨论各组的记录结果，形成统一意见；

（3）总结橱窗展示、门面设计、销售展示以及会展展示等的技巧与禁忌；

（4）分组制作幻灯片，并公开展示。

3.3　实习重点

通过实地了解和观察，掌握橱窗常见的一些布置方式。

（1）综合式橱窗布置。

它是将许多不相关的商品综合陈列在一个橱窗内，以组成一个完整的橱窗广告。这种橱窗布置由于商品之间差异较大，设计时一定要谨慎。综合式橱窗布置可以分为横向橱窗布置、纵向橱窗布置、单元橱窗布置。

（2）系统式橱窗布置。

大中型店铺橱窗面积较大，可以按照商品的类别、性能、材料、用途等因素，分别组合陈列在一个橱窗内。

（3）专题式橱窗布置。

它是以一个广告专题为中心，围绕某一个特定的事件，组织不同类型的商品进行陈列，向大众传输一个诉求主题。又可分为：①节日陈列——以庆祝某一个节日为主题组成节日橱窗专题；②事件陈列——以社会上某项活动为主题，将关联商品组合起来的橱窗；③场景陈列——根据商品用途，把有关联性的多种商品在橱窗中设置成特定场景，以诱发顾客的购买行为。

（4）特定式橱窗布置。

它是指用不同的艺术形式和处理方法，在一个橱窗内集中介绍某一产品。

（5）季节性橱窗布置。

根据季节变化把应季商品集中进行陈列，这种手法满足了顾客应季购买的心理特点。

4　照明设计

4.1　实习目的

使学生了解在商业展示中照明的重要性和基本作用，掌握不同灯光颜色、造型、布局、强弱等对顾客的心理影响的相关知识，学会自己设计照明方案，提高学生鉴赏能力与灯效意识。

4.2　实习步骤

（1）借用实习内容3摄像与照相结果；

（2）通过比较，分组讨论不同照明形式选择的不同结果，其中有什么技巧与禁忌；

（3）分组讨论不同商场、不同规模、不同行业照明艺术设计上有何技巧与禁忌；

（4）分组讨论照明灯具的选用有何技巧与禁忌；

（5）分组讨论展示光源设计上有何技巧与禁忌；

（6）参考相关理论知识，形成统一意见，提交实习报告。

4.3 实习重点

通过实地了解和观察，了解照明设计与商品陈列的关系。

（1）橱窗的陈列柜架照明。

①橱窗照明。

作为商场的门面，宣传的窗口，橱窗照明要具有吸引力。首先是照度要高，与商场的地位相符，使街道上来往的人们产生一种新颖、明亮感。一般橱窗内的照度应相当于营业场所照度的 2~3 倍，并考虑白天和夜晚的不同照度要求，实行分组控制。

橱窗使用的光源，对于金属器件可运用扩散性好的直管荧光灯；对于时装、鞋、帽等商品应采用线光源和聚光灯结合，即荧光灯和低压卤素灯结合方式；对于珠宝、手表、玻璃器皿，则用聚光的低压卤素灯为好。任何情况下，光源应该隐蔽，使橱窗前面的人们不能看到光源。橱窗内照明灯具的装设应当有足够的灵活性，以适应展示商品更换、季节变化带来的照明变更。常采用在电力导轨上安装聚光灯的方式，变更灯具位置、投射方向和灯具类型。

②柜台照明。

一般商品的陈列柜台（往往兼作售货柜台）可以不单独装设照明，而贵重商品的陈列柜台，为了突出商品价值和华丽的质地，应增设重点照明。可以在柜台上方从顶棚下装设窄配光灯具直射柜台面，更多的是在柜台内装设照明灯。这种照明通常是在商场装饰设计中完成，并且在营业使用中，根据柜台布置及商品变更而改变。

柜台照明通常使用小功率细管径直管荧光灯，装在靠顾客通道一侧的角上，灯管应充分遮蔽，使顾客看不见光源。对于金银首饰、珠宝等商品，则宜用低压卤素灯和小型灯具，从顾客通道一侧直接投向展品，顾客看不见光源。对于贵重商品，还可以采用各种色彩的灯光，运用与商品颜色相衬托的背景色，使商品增辉。

③商品陈列架照明。

一般销售区域柜台后都有陈列架，其正面需要有一定垂直照度。对于普通商品，依靠一般照明蝠翼式灯具和合理装设位置，使之狄得较好的垂直照度。对于贵重商品，需要渲染和突出其价值，可增设必要的重点照明，从柜台正前方面棚下安装低压卤素灯具，以一定角度投向陈列架立面，增加其垂直照度。将这种灯具安装在电力导轨上，则具有更大的灵活性。

（2）商场外照明。

商场根据所在建筑物特征及其在城市所处的位置来决定其外部应装设哪些照明设施，主要有以下几种：

①商场门前街道和广场照明。

大型商场街道照明应具有商业街的气氛，其照明应比城市一般街道明亮，灯具要华丽一些。这些往往不是商场设计决定的，而是由城市建设统一考虑。商场门前的广场或场地要设置与商场建筑相协调的照明，照度要高于街道，灯饰要华丽，以显示热闹气氛和竞争力。

②商店招牌和广告牌照明。

在大中城市中，招牌和广告牌是让顾客知道所销售商品的内容，因此，应使之有足够的表面亮度。一般采用霓虹灯，也可以采用泛光灯投射照亮，霓虹灯具有多种色彩、活动和变化的画面与文字，有较强的吸引力。

③建筑景观照明。

建筑景观照明也是增加渲染力的手段之一，应该根据所在建筑物的建筑立面条件、高度和所处环境等因素决定。

④商场的应急照明。

商场需要应急照明，首先是从保证人员安全出发，其次是为了保持商场信誉和营业之需要。应急照明包括疏散和备用照明。

疏散照明应保证两点：第一是装设出口标志灯，并使顾客在营业厅各通道处能看见，如果由于拐弯、遮挡或距离太远而看不见出口标志时，应在疏散通道的适当位置装设指向标志灯，把顾客引向出口；第二是主通道装设疏散照明灯，达到规定的 0.5lx 照度，保证顾客看得见出口疏散。

备用照明是在电源故障导致正常照明熄灭时点亮的，在市场具有以下三个作用：能继续营业，以保证商场的销售收入；使带着购货需求到商场的顾客得到满足，不致因停电空跑一趟，从而提高商场声誉；防止商品被偷窃，特别是开放售货的商场更为必要。

营业厅备用照明的照度，为了继续营业的需要，最好不低于正常照明度的一半，如备用电源容量有限时，可不低于 1/3。电源故障导致正常照明熄灭，备用照明点亮的时间一般不应大于 15s；考虑防止商品不致被偷窃，点亮时间最好不超过 5s；对于收款台和贵重商品场地，要求不大于 1.5s。

应急照明的关键因素是要有可靠的应急电源。对于大中型商场应由两个独立的市电供给，或由一个与正常电源独立的应急电源（市电）供给一定容量。如不具备这个条件，要考虑设置应急发电机，但是必须与整个建筑的其他需要，特别是消防需要统一设计。对于重要场所，如收款处，可设自带蓄电池的应急灯。

5　商品配置表制作

5.1　实习目的

通过实习，让学生了解商品配置表在商品陈列中的作用，理解商品配置表的管理功能并能制作简单的商品配置表。

5.2　实习步骤

与商场业务员一起工作，实地了解和掌握商品配置表在日常经营管理中的作用。

（1）在早上开业前，随业务员一道进行卖场商品的清点，了解商品配置表在经营中的重要作用。

（2）营业过程中，跟随相关的营业人员，了解通过商品配置表进行商品补货等操作。

（3）在晚上歇业前，随业务员一起进行商品的清点工作，学习商品统计分析及补货操作。

（4）在充分认识商品配置表的基础上，选择某类或某货架商品，编制其商品配置表。

5.3　实习重点

（1）确定每一个中分类商品的陈列排面。

在规划整个大类商品的配置时，每一个中分类商品所占的营业面积和陈列排面数首先要确定下来，这样才能进行单品项的商品配置。

（2）商品陈列货架的标准化。

超级市场所使用的陈列货架应尽量标准化，这对连锁的超级市场尤为重要。在对所有门店每一分类的商品进行配置规划时，只要一种（至多三种）商品配置表就可进行全部商品的配置与陈列管理，不至于出现一个门店一种配置或一种陈列的现象。

（3）单品项商品的资料卡设立。

每一个单品项商品都要设立资料卡，如商品的品名、规格、尺寸、重量、进价、售价、供货量等，这些资料对制作商品配置表是相当重要的。

（4）设置商品配置实验架。

采购人员在制作商品配置表时，应先在实验架上进行试验性的陈列，从排面上来观察商品的颜色、高低及容器的形状是否协调，是否对顾客具有吸引力，若缺乏吸引力可进行调整，直至协调和满意为止。

（5）特殊商品采用特殊的陈列工具。

对特殊陈列的商品不能因强调货架的标准化而忽视了特殊商品特定的展示效果，要使用特殊的陈列工具，这样才能展示特殊陈列商品的魅力，增强卖场的活性，改变商品配置和陈列的单调感。

（6）单品项商品的陈列量与订货单位的考虑。

一般来说由配送中心送配货的超级市场其卖场和内仓的商品量是日销售量的 2.5 倍，对每一个单品项商品来说也是如此，即一种商品平均日销量是 12 个，则商品量为 30 个。但每一个商品的陈列量还须与该商品的订货单位一起进行考虑，其目的是减少内仓的库存量，加速商品的周转，每个商品的陈列量最好是 1.5 倍的订货单位。商品需要量与日销售额的比例关系是销售的安全保有量。而单品项商品的陈列量与订货单位的比例关系，则是在保证每天能及时送货的条件下的一种零库存配置法。可以说我国的超级市场由于受交通条件和配送中心配送能力制约，目前还做不到这一点，因此内仓的商品量可适当增加。

商品配置表是以一座货架为制作的基础，一张配置表代表一座货架，货架的标准视场地和经营者的理念而定。商品配置表格式的设计，只要确定货架的标准，再把商品的品名、规格、编码、排面数、售价表现在表格上即可。也有的把商品的形状画到表格上，但这些必须借助于电脑来设计，其投资就相对较大。

6 展示空间设计

6.1 实习目的

使学生掌握零售卖场的空间布局知识以及销售过程中商品陈列的方法与技巧，提高学生的空间意识以及全方位把握销售心理与消费者行为的能力。

6.2 实习步骤

（1）分组在实习所指定的商场进行人流量、购买比率、留驻时间长短等观察与记录，适当时候利用数码相机或 DV 进行记录；

（2）通过记录制作幻灯片，讨论记录中的空间组合设计技巧与禁忌；

（3）利用幻灯片与展柜模型组合排列来讨论空间分隔设计技巧与禁忌；

（4）同上，讨论空间序列设计技巧与禁忌；

（5）讨论空间人流动线设计技巧与禁忌；

（6）讨论空间形态设计技巧与禁忌；

（7）讨论空间感塑造技巧与禁忌；

（8）讨论导买点和缓冲空间的设计；

（9）讨论商场服务性空间和过渡性空间设计；

（10）讨论并总结空间总体设计技巧与禁忌。

6.3 实习重点

重点掌握磁石点在陈列设计中的作用。

（1）卖场第一磁石点。

进入店内的绝大多数顾客都要通过店内的主道路，主道路两侧的主要位置，我们可以把它称为卖场的第一磁石点。主道路两侧应该陈列什么样的磁石商品来尽可能吸引顾客注意，是卖场管理者应认真加以思考的问题。然而我们经常可以看到，相当多的超市出于促销目的，经常在主道路两侧大堂陈列过季、滞销等降价商品以此吸引顾客注意，这种陈列方式从长远看必然有损商店在顾客心目中的整体形象。

卖场两侧吸引顾客的磁石商品应该是：顾客消费量高的商品；顾客经常使用，购买频率高的商品；商店极力向顾客推荐的商品。

卖场的主道路顾客的流动量大，因此在商品展示中要特别注意保持主道路的宽幅不少于 1.8 米，这样才能使顾客在挑选商品时不妨碍其他顾客通过。另外，主道路两侧的陈列切忌使用过多、过密的模特，保证店内良好的通透性。

（2）卖场第二磁石点。

卖场的主道路入口处，电梯出口、主道路拐角、主道路尽头等能诱导顾客在店内通行的位置，可以称为卖场的第二磁石点。在道路入口处或电梯出口处的商品展示，更多的是通过提案式的商品陈列来表现商家的主张或对顾客的诉求。在陈列内容上，更注重店内主力商品的宣传以求更好地推动销售。主道路的拐角处及主道路尽头位置，对于有效地诱导顾客流动起着关键的作用。因此，国外许多大型超市都力求突出在此位置磁石商品的吸引力，其目的是尽可能地诱导顾客流动到卖场的纵深处。

为实现上述目的，第二磁石商品要尽可能地做到：陈列新商品及流行商品；陈列季节感强的商品；强调陈列商品的色彩和照明的亮度。

（3）卖场第三磁石点。

第三磁石点位于卖场的出口位置，第三磁石商品的陈列目的在于尽可能地延长顾客在店内的滞留时间，刺激顾客的购买冲动。第三磁石商品以食品、日常生活用品、休闲类的相关用品为主。

一般来说，第三磁石商品主要集中表现为以下特征：特价商品；自有品牌商品（商家开发的品牌商品）；季节商品；购买频率高的日用品。出口处的商品陈列要考虑到上述商品的有机组合。因此，在第三磁石商品的最佳组合上需要较高的经营技巧。

（4）卖场第四磁石点。

第四磁石点位于卖场的中部。第四磁石商品的陈列目的是诱导顾客向卖场中部货架密集区流动。对于面积较小，陈列线较短的超市来说，第四磁石商品的效果并不明显。在大型超市中，第四磁石商品主要集中于服装、杂货、家庭日用生活品等。第四磁石商品在卖场陈列中要注意以下要点：突出商品花色品种的丰富性；有意利用平台、货架大量陈列；突出商品位置标牌；在道路两侧设置特价商品 POP 广告。

7 商业展示的道具设计

7.1 实习目的

使学生掌握展示道具使用功效的区别，初步学会利用展示道具提升展示效果的方法与技巧，提高学生合理利用限制性材料和其他条件来最大限度提升销售量的能力。

7.2 实习步骤

（1）分组进行展示设计的道具观察，用数码相机或 DV 进行记录，并制作相应的幻灯片；

（2）在条件许可的情况下，根据 DV 制作模型进行展示；

（3）在指导教师指导下讨论目标商场的展示陈列技巧与禁忌；

（4）按照任务分组讨论展台设计技巧与禁忌；

（5）讨论展架设计技巧与禁忌；

（6）讨论展柜设计技巧与禁忌；

（7）讨论展板使用技巧；

（8）讨论展示模特的选择技巧与禁忌；

（9）讨论电脑解说台和展场接待台设计技巧与禁忌；

（10）讨论 POP 广告展板设计技巧与禁忌；

（11）讨论大中型展示台、服饰吊架与人体模特、装饰小品的设计。

7.3　实习重点

重点学习和掌握辅助陈列的基本方法。辅助陈列是指在基础陈列以后，能够强化传递给客户信息的陈列。主要包括 POP 和二次陈列。

（1）POP。

商家经常会用到 POP，也就是售点广告，来帮助补充信息、加强品牌形象的宣传。POP 主要包括海报、宣传单页、台卡、摇摇贴、地贴、吊旗、气球、产品模型、产品袋、促销人员制服等。

POP 以在顾客通过率较高的位置上开展为基本原则，其要点如下：

①保证清洁卫生；②不可强行推销；③有计划地进行；④以销售大众化商品为主；⑤突出量感；⑥切实地做好事前准备；⑦注意保存数据；⑧加大 POP 尺寸；⑨增强提案性；⑩注意安全性。

POP 有以下操作规则：

①规定 POP 用纸的大小；②统一文字大小；③统一颜色的使用；④必须加上标题；⑤加入注释；⑥标注商品的价格；⑦不应过薄；⑧可以压成胶合板；⑨制定安装原则；⑩规定安装位置；⑪不可粘贴在食品上；⑫制作上不应花费太多的时间；⑬准备 POP 的保管场所。

POP 的种类及用法如下：

价格标签——标明商品的名称、价格。

探出式——以探出的形式安装在货架隔板、通路上的广告。

弹簧式——弹簧式广告牌。

手册支架——有关商品的、关联情报的小册子用支架。

促销笼车——销售关联小商品用的小笼车。

顶置式——安放在端头、货架顶部的大型广告牌。

围绕式——围绕在端头、平台下端的宣传广告。

（2）二次陈列。

除了 POP 以外，门店还讲究使用二次陈列。二次陈列是指不同柜台的陈列，二次陈列的方式包括柜台、背架、开放式货架、橱窗、独立陈列、收银台、灯箱、立地展架、端架、堆头等。

模块 三 实习组织

1 实习目的、对象与要求

1.1 实习目的

通过实践活动，使学生理论联系实践，了解商业展示在市场营销中的地位和作用，理解商品陈列基本原则，教会学生掌握商品陈列的方式和方法，指导学生对主要商品进行商品陈列的实际操作。初步掌握一些基础的商业展示方法和技巧；熟悉展示的各种类型、规则以及常用的程序和方法；掌握实用的商业展示设计与平面制作方法，为今后进入营销领域，尽快掌握促销宣传的各种手段并融入该行业打下基础。

1.2 实习对象

（1）专业：市场营销、电子商务、工商管理、旅游管理等。
（2）年级：大学三年级。

1.3 实习要求

（1）充分认识课程实习的重要性，填写实习任务书，并按实习任务书的各项内容开展实习活动，多向相关人员请教，做到踏实、谦虚、认真。

（2）要求每个上岗学生都对所要销售的产品有一定的了解，并能强调其特色。能够掌握商品摆放的基本原则，并正确处理商品之间的相互影响。

（3）事前要对本地顾客偏好有较全面的了解，由此选定商品及相应摆放位置，并不断和特定人群沟通，随时改进陈列形式。

（4）实习中要主动、独立、热情地完成实习项目，注重理论与实际的紧密结合，利用所学知识进行产品的市场调查，分析现状及存在问题，尽可能提出解决对策，对销售结果进行评价，并听取指导教师点评。

（5）认真完成实习内容，并通过对上述内容的了解对企业营销工作的全貌建立起完整概括性的认识。

（6）实习期间要求填写实习日志。具体要求是：每天记录当天的实习情况与主要实习内容，实习结束后将实习日志交给指导教师检查。

（7）谨慎行事，注意人身安全、公共财产安全，遵守社会规范和相关规章制度，要体现出大学生的精神文明风貌，不要做有损学校荣誉的事，有事及时向相关的指导教师汇报。

2　实习组织与训练

班级学生 3~4 人一组，由指导教师带领学生到广百开展实习并引导学生操作，小组学生针对提前布置的实习任务进行观察和记录，并进行研讨，形成讨论记录。

实习过程中，教师应开展以下工作：

（1）讲述商品陈列实习的目的；

（2）帮助学生理解商品陈列的营销理念；

（3）指导学生设计货柜主题展示板；

（4）介绍陈列工具和陈列要求；

（5）指导学生对各种陈列方式进行操练；

（6）指导学生对各种陈列种类进行操练；

（7）指导学生对各种陈列方法进行操练。

3　实习考核与报告

3.1　考核办法

（1）实习完成后，学生依据实习过程及收获撰写实习报告，实习报告要符合实习教学的要求，并得到指导教师的认可。

（2）指导教师对每份实习报告或其他结果表现形式进行审阅、评分。

（3）该实习课程内容是纯实践教学内容，实习课的成绩记入课程平时成绩，占总成绩的 30%，考核以专题设计为准，成绩占 70%。

3.2　评分标准

考核内容及其在评分中所占的比例如下：

（1）考勤、纪律占 20%；

（2）实习模块组织实施情况占 30%，其中小组成员参与情况占 20%，组内成员协调情况占 10%；

（3）业务执行完成情况占 40%，其中专业知识和技能（实习执行过程中业务操作情况）占 20%，工作绩效（业务完成效果）占 20%；

（4）合理化建议占 10%。

具体评分方法如下：

（1）小组内部成员间相互评分（占 20%）；

（2）各小组成果展示投票评分（占 40%）；

（3）实习教师根据所指导各小组成员在实习中各方面具体表现评分（占 40%）。

3.3　实习报告要求

（1）实习报告要按时独立完成。实习报告是衡量实习效果和评定成绩的重要依据，

要求在指导教师指导下完成。一旦发现由他人代写或抄袭他人的实习报告，按不及格处理。

（2）实习报告主要包括以下四部分内容。

①企业概况（包括企业制度形式、组织机构设置）；

②企业营销状况（包括对企业营销环境与市场机会的了解与分析、企业营销战略与营销策略、企业营销管理现状分析等）；

③具体实习内容；

④实习体会或收获。

（3）实习报告要求：实习报告要层次分明，条理清楚，行文必须清晰完整。

项目八 网络营销

1 网络市场调研

市场调研是营销的重要环节，没有市场调研，就无法开展市场细分、目标市场定位等后续营销活动的策划。信息传播媒介的加入，使得市场调研方式发生了新的变革，利用网络资源发掘和了解客户需要、市场机会和行业潮流等网络市场调研方式应运而生。网络市场调研方式所具有的及时性、便捷性、经济性以及跨空性是传统方式无法比拟的优势。

1.1 网络市场调研的概念

网络市场调研（Internet Survey，简称 IS）是指企业利用互联网资源作为交流互动的平台，对消费者、竞争对手以及整体市场环境进行调查设计，并对相关营销信息进行收集、整理、分析和研究，从而形成调查结论的过程。网络市场调研对于了解市场的消费者特征、购买力和习惯，寻找正确的目标市场定位，制定完备的网络营销战略，促成企业未来的经营决策等有重要的意义。

由于互联网的开放性、广泛性和直接性等特征，网络市场调研和传统市场调研相比具有一些独特的优势，主要表现在调研费用低、调研范围广、运作速度快、调研时效性强、受访者便利性、调查结果真实性和适用性等方面。

1.2 网络市场调研的流程

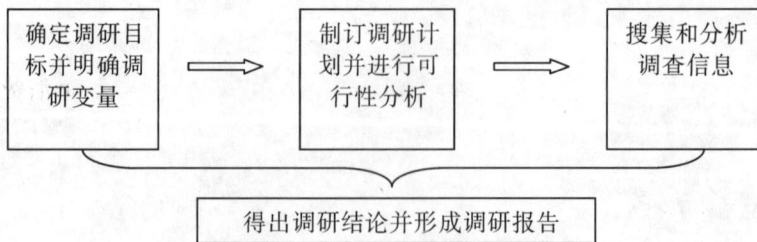

图 8-1 网络市场调研流程

网络市场调研的目标一般集中于市场需求情况、消费者购买行为、竞争对手、营销因素以及宏观环境等方面。调研计划的制订应遵循适度、适量、无导向性等原则。另外，市场调研须基于自愿参与，调研过程应避免对受访者产生直接或间接的伤害。当调查的问题十分敏感或者涉及个人隐私时，可以采用匿名调查的方法。

1.3 网络市场调研方法

网络市场调研根据收集的数据不同，可以分为网上直接调研方法和网上间接调研方法。网上直接调研方法是利用网络进行的一手资料的调查；而网上间接调研方法是利用互联网的媒体功能，收集二手资料并将之运用于既定的调研目标分析。

（1）网上直接调研方法。

根据采用调查方法的不同，网上直接调研可以分为网上问卷调查法、专题讨论法、网上实验法和网上观察法等。其中，网上问卷调查法和专题讨论法是常用的方法。

①网上问卷调查法：将调查问卷放在网上，通过受访者主动答题来完成网络问卷调研。②专题讨论法：在确定调研目标市场的基础上，设置可以讨论或准备讨论的具体话题，登录相应的讨论组，通过过滤系统搜寻有用信息；或创建新话题，引起大家的讨论，从而获得有用的信息。

（2）网上间接调研方法。

企业利用互联网搜集行业以及宏观信息时，多用网上间接调研方法。网上间接调研方法所获得的信息范围广泛，适合进行战略规划。网上间接信息来源集中于国内外政府机构网站、图书馆、国际组织、银行、第三方机构以及企业。

两类调研方法各有利弊，在实际运用中，应考虑采用互补的方式，综合使用几种方法，使调研结果更贴近现实。

2 网络营销中的市场分析

网络营销中的市场分析，是企业进行网络营销的关键环节，主要解决企业在网络市场中了解客户的需求，并提供相应产品和服务的问题。对于企业而言，只有解决了客户需求是什么这一问题，才能有效地制定网络营销战略。

网络营销的市场分析包含三个层面的问题：一是网络市场细分；二是网络目标市场选择；三是网络目标市场定位。

2.1 网络市场细分

网络市场细分是指企业在网络市场调查的基础上，根据消费者的需求、购买动机以及习惯的差异，把网络市场划分为具有相似特征的不同消费群体，每个消费群体构成一个细分市场。

（1）网络市场细分的前提。

网络市场细分具有提供开拓新市场的方向、集中企业资源以及调整营销方案的作用。但是，网络市场细分也需一定的前提：生产供应多元化以及市场需求多元化。

（2）网络市场细分的标准。

按照细分的程度不同，市场细分可以通过三种方法实现。一是完全细分；二是按照单个因素细分；三是按照两个或两个以上的因素细分。因素的确定是根据一定的标准进行的，利用这些标准就可以区别不同的需求。一般网络市场细分的标准有五个，即地理因素、人口因素、心理因素、行为因素以及网络使用因素。

除了传统的购买动机、购买时机、使用频率等细分标准以外，网络使用因素也是必须考虑的一部分。是否上网、上网时长、上网费用、上网地点、访问频率、对站点的态度以及常用服务等因素，构成了网络市场细分的新标准。

根据上面所提到的细分的五大类因素，拟出每个因素下的变量，根据消费者的类型，圈选不同的特征，基于变量个数的增加，加深变量区间的细化程度，由此，市场细分程度也就越高，针对性越强。

2.2　网络目标市场选择

网络目标市场是企业商品和服务销售的对象。市场细分后，企业面临不同的市场细分选择的机会，需要先对细分市场进行评估，再决定采用何种策略选择细分市场。

（1）细分市场的评估。

细分市场的评估主要解决的核心问题是市场能够带来多大的经济价值，主要从市场属性、市场结构以及企业目标三个方面进行分析。

（2）网络目标市场策略。

根据企业对目标客户提供的服务的差异程度，可以分为无差异营销策略、差异营销策略以及集中营销策略。网络目标市场策略的选择是一个综合性的议题，除了需要考虑人口因素、经济因素以及网络营销的发展趋势等因素，还需要考虑企业禀赋、上下游企业以及市场等因素。

2.3　网络目标市场定位

网络目标市场定位，是在网络目标市场结构中确定企业自身所处的位置，并为本企业和产品在市场上树立一定的形象，以求得到顾客的认同和偏好。

（1）市场定位的方法。

企业可以通过差异化产品、差异化服务、差异化形象以及差异化员工等方面，突出其自身及产品的特色，采取比附定位、属性定位、利益定位、市场空当定位以及质量/价格定位的策略，在市场上树立鲜明形象，以求与竞争者形成竞争差异。

（2）市场定位的步骤。

市场定位的核心是确定自己的产品相较于其他竞争对手占优的特性，其包括两个关键环节：一是价格竞争优势的确定；二是偏好竞争优势的确定，如图8-2所示：

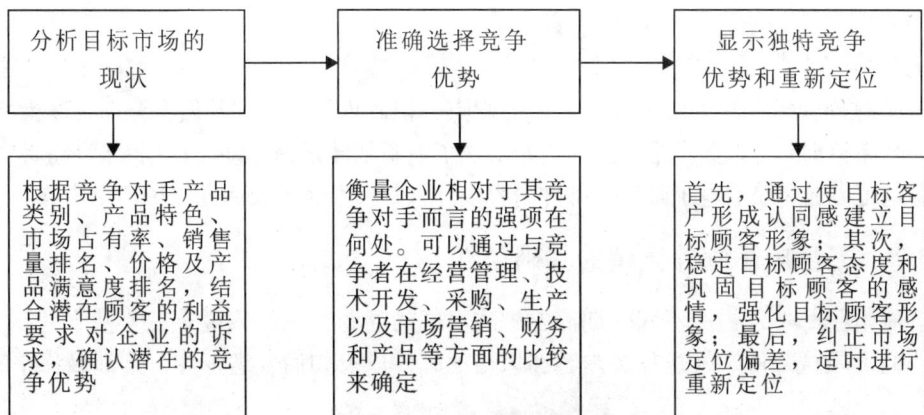

图 8-2　市场定位的步骤

3　许可电子邮件营销

随着互联网的发展，电子邮件作为公司和消费者之间联系的重要工具，俨然已经成为人们生活的一部分。而在垃圾邮件泛滥的今天，电子邮件营销中突出"许可"二字为该营销活动增色不少。许可电子邮件营销正利用这一最广泛的工具，成为互联网中最璀璨的明珠。

3.1　电子邮件营销的内涵

电子邮件营销（Email Direct Marketing）是一切通过电子邮件向目标客户传递有价值信息的手段集合。电子邮件营销包含三要素：许可、邮件以及营销活动，这三个要素缺一不可。

电子邮件营销相对于其他媒体而言，具有很多优势。电子邮件营销相比传统媒体而言，费用便宜，成本低廉，联系人数多；应用范围广，操作简单，效率高。其与 SEO、博客以及互动营销相比，效果更为显著，不需要花费大篇幅进行全盘优化、建立关系网站和文章积累，几个小时内即可看到效果甚至订单；对象精准、转化率高、反馈率高；长期与客户建立精密联系，增强用户黏度。

3.2　电子邮件营销的基本形式

电子邮件营销是以邮箱地址为营销的起点，而现代电子邮件营销是以许可为重要要素。许可电子邮件营销可以进一步细分为 Option-in、Option-out 以及 Double-Option-in 三种方式，最后一种方式需要采用双方确认机制，即在向客户发送营销邮件之前，先向客户发送确认邮件，在客户确认之后再向客户营销，这样能够降低垃圾邮件的产生，从而提高营销效率。对于许可的电子邮件营销可以基于所有权划分为内部列表营销和外部列表营销。

3.3　电子邮件营销的流程

电子邮件营销以获得电子邮箱地址为起点，以邮件得到反馈并做出合理回复为终点，完成一个完整周期。以此类推，周而复始形成了电子邮件营销活动。根据实践经验，电子邮件营销可以分为获取电子邮箱、邮件内容设计、邮件发送以及后期维护四个步骤。

3.4　开展电子邮件营销的基础条件

开展电子邮件营销的不同时期需要解决不同的问题，总的来说有三个基本问题需要解决：向谁发送邮件、发送什么内容和风格的邮件以及如何发送邮件，这涉及以下三个方面：

（1）电子邮件营销的技术基础。从技术上保证用户加入、退出邮件列表，并实现对用户资料的管理，以及邮件发送和效果跟踪等功能。

（2）用户的电子邮件地址资源。在用户自愿加入邮件列表的前提下，获得足够多的用户电子邮件地址资源，是电子邮件营销发挥作用的必要条件。

（3）电子邮件营销的内容。营销信息是通过电子邮件向用户发送的，邮件的内容对用户有价值才能引起用户的关注，有效的内容设计是电子邮件营销发挥作用的基本前提。

3.5　电子邮件营销的策略

（1）内部列表电子邮件营销的策略。

内部列表的用户主要包括现有客户、注册会员、邮件列表注册用户等，其主要功能在于增进顾客关系、提供顾客服务、提升企业品牌形象等。内部列表电子邮件营销的常见问题表现在邮件内容、邮件容量、发送周期和个人信息保护政策等方面。

（2）外部列表电子邮件营销的策略。

外部列表电子邮件营销的目的是以产品推广、市场调研等内容为主，工作的重点在于列表的选择和邮件内容设计、营销效果跟踪分析和改进等方面。

3.6　电子邮件营销效果评价

在电子邮件营销活动中，需要对一些指标进行监测和分析，在评价营销活动的效果的同时，发现存在的固有问题，对营销活动进行控制和调整。

总的来说，电子邮件是企业与客户沟通的一种手段，通过电子邮件营销可以将企业最新的产品信息、最新动态以及企业文化送达顾客。电子邮件营销首先要有一个专业的技术平台，其次要尽量多地获得用户电子邮件地址资源，最后就是丰富邮件列表的内容，使邮件列表能包含对用户有用的信息，从而吸引用户加入。

4　微博营销推广

4.1　微博的内涵及功能

从字面上我们不难理解微博为什么被称为"微博"。微博其实就是限制字数的博客，但是微博又不仅仅是博客的"缩小版"。

博客被称为"网络日志"，一般是个人的心情感想，对时事的评价，或者在学习、工作和生活中的感悟等，没有字数限制，一般成篇的文章才能称得上是一篇博文；相对博客而言，微博的最重要特性即在"微"，一般每条最多140个字符，所以微博被称为"一句话博客"，是思想火花的记录。

4.2　微博营销的流程

微博营销的流程如图8-3所示。

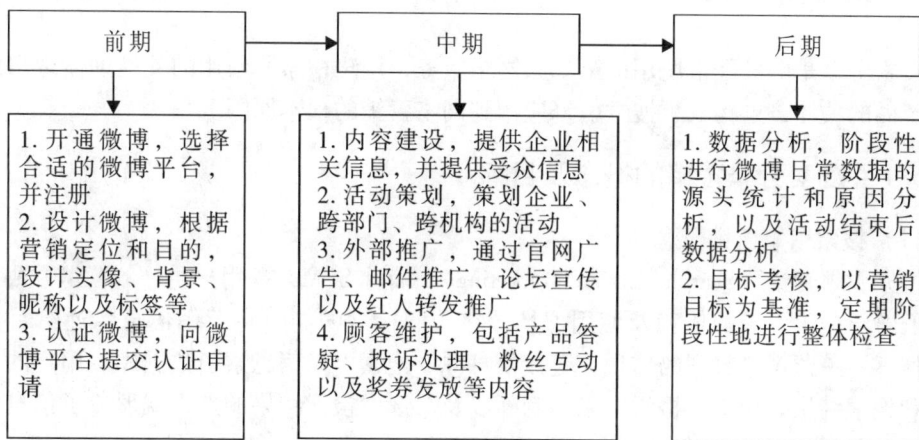

前期	中期	后期
1. 开通微博，选择合适的微博平台，并注册 2. 设计微博，根据营销定位和目的，设计头像、背景、昵称以及标签等 3. 认证微博，向微博平台提交认证申请	1. 内容建设，提供企业相关信息，并提供受众信息 2. 活动策划，策划企业、跨部门、跨机构的活动 3. 外部推广，通过官网广告、邮件推广、论坛宣传以及红人转发推广 4. 顾客维护，包括产品答疑、投诉处理、粉丝互动以及奖券发放等内容	1. 数据分析，阶段性进行微博日常数据的源头统计和原因分析，以及活动结束后数据分析 2. 目标考核，以营销目标为基准，定期阶段性地进行整体检查

图8-3　微博营销流程

4.3　微博营销的技巧

（1）微博营销策略。

看懂微博数字（关注数：博主关注的微博总量，博主的主动参与度，开始增长快；粉丝转发数：被多少人关注，言论的影响范围，对口碑的积极作用，持续增长；微博数：开博的意愿，原创大于转发；转发数：原创，信息传播的范围和效率，粉丝的活跃；评论数：是否具有转发性），关注数大于粉丝数的多为微博新手；粉丝数大于关注数的情况，一般出现在名人微博中。

（2）微博营销的内容策略。

①不要盲目地发布广告，以发布大家想看的内容为重要原则。②提前做好内容规划

（每个微博内容前都有自己的标签、主题词），有条理、有规律地发布微博信息，阅读体验好，引导粉丝浏览相关的内容。③与品牌定位相符合（分析自己的品牌定位）。④在快速阅读阶段，图文并茂是至关重要的。⑤坚持不懈地提供内容（持续营销）。

（3）增加粉丝的方法和技巧。

充分利用各种曝光平台，线上（邮件、官网、博客）、线下（宣传品、传统广告，公司员工，报纸、杂志、电视、户外等传统媒体）进行微博账号的宣传；增加关注、进行反向关注（对营销活动有帮助的账号，如在微博中提及自己的账号，对手的粉丝）；关键人物法则的运用（明星、名人、有影响力的热门草根、行业研究者以及业内专业人士）；甚至支付相关的费用。

（4）与粉丝互动的方法与技巧。

①多发布具有互动性的内容；②选择最佳的互动时间，如晚上、上下班等时间段；③积极主动地回复评论；④对粉丝要有针对性地加强交流，但不适合高频度大范围使用；⑤发私信，但不要频繁使用。

5　搜索引擎营销

搜索引擎是网民经常使用的第二大网络服务，用户检索所使用的关键词体现出用户对该产品的关注，这构成了搜索引擎应用到网络营销的根本原因。

5.1　搜索引擎营销的概念及目标

（1）搜索引擎营销概念。

搜索引擎营销（Search Engine Marketing），简称 SEM，是用户主导的营销方式，利用人们对于搜索引擎的依赖及使用习惯，在人们检索的同时将营销信息传递给目标用户。搜索引擎营销是直观的体现，链接信息源、搜索引擎信息索引数据库、用户的检索行为和检索结果、用户对检索结果的判断以及对选中检索结果的点击就形成了信息传递过程。其包括搜索引擎优化（Search Engine Optimization）和点击付费竞价广告（Pay Per Click）两部分，点击付费竞价广告的典型代表是 Google Adwords 广告和百度搜索推广。

（2）搜索引擎营销目标。

搜索引擎营销是基于用户定向检索的一种营销方式，与传统的营销不同，其传递的信息只发挥向导作用，其效果表现为网站访问量的增加而不是直接产生交易。用户搜索、返回结果、查看结果、选择内容、形成判断和咨询购买，构成了用户体验的信息反射弧。

（3）搜索引擎营销模式。

搜索引擎营销追求最高的性价比，以最小的投入，获得最大的来自搜索引擎的访问量，并产生商业价值。搜索引擎营销技术主要分为如下三种模式：

①搜索技术出售。这是目前搜索引擎普遍的收入模式，Google、百度等领先引擎一直都承担着门户网站搜索的外包业务。

②关键词广告营销。关键词广告营销是在搜索结果界面中根据关键词显示不同注册企业的营销信息，由于不同的搜索引擎关键词广告的显示方式不一样，由此产生了固定排名和竞价排名两种形式。在固定排名中，付费的关键词网页在搜索结果的前十位出现，而竞价排名是按照高付费的原则，对相同关键词的网站进行排名的一种方式，常见的为百度推广和 Google Awards。该方式具有高级定位投放、效果易控制等优点。

③搜索引擎优化。通过了解不同网站的检索算法法则，采用易于搜索引擎索引的合理手段，使网站各项基本要素适合搜索引擎，对用户更友好，从而更容易被搜索引擎收录及优先排序。搜索引擎优化包括网站内容优化、网站结构优化、页面优化、外部链接优化等。其能够带来固有的、可观的影响，使企业能在自然排名中取得靠前的位置。

5.2　搜索引擎营销的关键环节

随着越来越多的电商使用搜索引擎作为推广的方式之一，用户体验已经成为搜索引擎推广优化的关键所在。因此，搜索引擎精准营销的关键环节是以用户体验为核心的搜索平台选择和搜索引擎优化。

（1）搜索平台选择。

企业所处行业种类和目标市场定位不尽相同，选取的搜索引擎营销的具体平台也各有所异。

（2）搜索引擎优化。

搜索引擎优化是从企业网站的内部结构进行改造，从而符合搜索引擎的算法，使得其排名得到提升。搜索引擎营销应遵循以下规则：

①重视网页的首部和底部优化，因为首部和底部是访问者首先浏览和最后浏览的部分。

②网页内容优化，内容是网站优化的灵魂，原创内容的加入和更新，能提高搜索引擎的辨识度。

③服务器和域名慎重选择，在稳定的服务器基础上，首选能够带来深刻影响的域名，一般考虑和网页主题内容相关的域名。

④站点优化不局限于首页，首页和全站都需要优化，增加搜索引擎收录的概率。

⑤网站目录优化，作为搜索引擎算法的一部分，目录能够体现网站的制作水平，搜索引擎越容易收录，排名自然靠前。

⑥meta 标签优化，meta 标签是网站的宝贵资源，需要特别进行优化。

⑦建立对外有效的联系性和导入高质量的链接。外链数量的增加，能够增加搜索引擎被搜索的概率，同时有质量的外链还能带来更大的搜索量，从而提高自然排名中的位置。

⑧合理布局关键词的密度和出现的位置，关键词密度保持在 2% ~ 8% 为宜。

6　网络广告

网络广告是全新的营销与传播工具，它能够通过网媒与顾客的接触，丰富企业促销手段，优化广告营销方案，降低企业宣传成本，增加与老客户的交流途径以及及时获取最新信息。

6.1　网络广告的概念、发展历程及现状

（1）网络广告的概念。

简单来说，网络广告就是依托互联网平台打造广告，通过网站上的广告横幅、文本链接、多媒体等方法，在互联网刊登或发布信息，再通过基于相同通信协议的互联网节点传递给互联网用户的一种高科技广告运作方式。科技的进步推动了网络广告的发展，使得网络广告走得更远。网络广告本质是向互联网用户传递营销信息，体现出用户、广告客户和网媒三者之间的互动关系。

（2）网络广告的发展历程及现状。

网络广告起源于美国。1994 年 10 月 27 日是网络广告史上的里程碑，美国著名杂志 *Hotwired* 推出了网络版，并首次在网站上推出网络广告，这立即使得 AT&T 等 14 个客户在其主页上发布广告，标志着网络广告的正式诞生。1997 年 3 月，中国第一个商业性的网络广告出现，传播网站是 ChinaByte，广告表现形式为动画。Intel 和 IBM 成为国内最早在互联网上投放广告的广告主。

历经多年，网络广告产业在洗礼中逐渐走向成熟。从整体来看，虽然网络广告的收益还不能与传统的媒体广告相比，但网络广告收益增长的速度是传统媒体广告所不能比拟的，有无法替代的优势。创新的网络广告也层出不穷，获得了不少广告主的青睐，以视频特色为主的网络多媒体广告，随着探索网络广告商机深度与广度的拓展，其价值也正在不断地被挖掘。

6.2　网络广告的形式及比较

网络广告形式多样，具有灵活的投放形式。但是，全球网络中还是以网幅广告的形式出现较多，当前网络广告的主要形式如下：

（1）网幅广告。

网幅广告（Banner）又名"旗舰广告"，是最早的网络广告形式。根据网幅广告的表现形式可以分为静态网幅广告、动态网幅广告以及交互式网幅广告。

（2）文本链接广告。

这是最常见、最有效果的网络广告形式，并对浏览者干扰最少。当整个网络广告界都在寻找新的宽带广告形式的时候，最小带宽、最简单的广告形式却是最好的。

（3）邮件列表广告。

邮件列表广告又称为直邮广告，利用服务器中许可用户邮箱地址的列表，将广告加入，定时或者不定时发给既定的邮箱所有人。其一般采用 html 的形式或者文本的形式，电子邮件广告具有针对性强、费用低廉的特点，而且广告内容受限制较少。

（4）企业网站广告。

将企业所要发布的信息内容放置在企业自己建立的站点上，主页型的广告可以就企业文化、企业业务以及企业产品等做出全方位、系统的介绍。同时，企业网站也开始在

网页中加入知识的普及、增加在线报修以及服务进度查询等项目，满足消费者的需求。

（5）移动广告。

该类广告可以在页面范围内四处飘荡，当用户用鼠标点击该小型图片时，该移动广告会自然扩大为广告版面，展示广告内容。

（6）弹出式广告。

弹出式广告亦可以称为插页式广告，其指网页页面打开或者关闭的时候弹出一个新窗口来展示网络广告的内容。其一般用于一个页面和另一个页面内容切换的过渡。

（7）其他形式。

除了以上提到的六种主流的广告模式以外，还存在其他的一些广告形式，例如，屏保、全屏广告、指针、视频网站贴片以及植入广告等。

由于各类网络广告形式的优点各异，在实际的操作中应该考虑采用多种形式互补的策略，以提高营销的针对性、交互性和有效性。

6.3　网络广告投放方式

网络广告在运用中无论成本的多少均要付出成本，为了达到既定预算约束下营销效果最大化的目标，除了选择合理的广告形式以外，还要注意其投放方式。根据其投放依据分为以下几类：

（1）地域导向。

地域导向，即向某个特定区域做出广告投放。这种区域往往因广告内容面向客户的购买习惯、购买能力而异。

（2）基本数据导向。

基本数据导向，是指根据前期调查或者网络资源搜集所得出的对于不同性别、不同年龄人群的结论，分群体进行广告投放。

（3）用户行为导向。

用户行为导向，是根据用户的基本行为特征进行网络广告的投放。

（4）关键词导向。

关键词导向，是根据用户所需要的关键词为其反馈相关的广告信息，现在很多搜索引擎可以达到快速调出相应广告的目标，如百度联盟。

（5）时间导向。

时间导向，是指将广告投放时间定格为某一个时间点，一周的某一天或某些天或某一时段。

6.4　网络广告效果评估体系

在实际操作中，网络广告效果评估可以通过访问统计软件、广告管理软件以及信息反馈软件等专业化途径进行既定指标的测定、分析和传输。其基本评价体系如下：

（1）单一指标评估法。

它是一种在广告主明确广告的目标后，采取适当的单个目标来对网络广告效果进行评估的方法。其中，与浏览量、访问量、停留时间等指标相关的评估量，用于提升和强化品牌形象；与转化次数、广告收入以及广告支出等相关指标相关的评估量，用于评价其广告主的实际收入。

（2）综合指标评估法。

在测试广告综合效果的方法中，DAGMAR 方法是目前使用频率最高、最流行的方法。其主要包括传播效能评估法以及耦合转化贡献率评估法两种。

6.5　网络广告活动的决策步骤

在企业广告宣传活动中，网络广告方式仅仅是为其提供了可供选择的选项，在决策活动中的决策步骤与传统网络广告宣传步骤相同，都需要经历前期定位、中期维护和后期调整三个基本环节。另外，网络的特点——高度互动性决定了网络广告不仅仅是提供信息发布与创意展示的平台，其对于广告回应度的诉求更高。网络广告活动决策的过程中，需要遵循特定的要求。

（1）网络广告的目标及目标群体的确定。

网络广告的目标及目标群体选定是网络广告发布的基准点，前者释义了企业在不同发展时期对不同广告目标的诉求，后者释义了要求哪些群体、哪个阶层以及哪个区域的受众接收网络广告的信息。网络传播发展趋势之一就是分众传播，精确选择受众能够提高广告的效果。以购买行为为导向的 AIDA 法则是决定网络广告目标的常用法则。

A 是"注意"（Attention）。可理解为邀请，指消费者在电脑屏幕上对广告进行阅读或观看之后，产生对广告主的产品或品牌的基本认知和了解。

I 是"兴趣"（Interest）。网络广告受众接收到广告主所传达的信息之后，对目标产品或品牌产生兴趣，进一步对产品及品牌本身及相关类型进行了解，点击广告，或通过链接进入官方主页或相关活动。

D 是"欲望"（Desire）。对商品或服务的欲望是对兴趣的深层次延展，受众会由粗浅了解变为仔细阅读，甚至在相关的网页中留下多处阅读记录。

A 是"行动"（Action）。它是指将网络虚拟活动转化为实际行为的过程，可以通过在线注册、填写问卷参加抽奖或者是在线购买等行为完成。

（2）网络广告创意传播策略选择。

网络广告创意策划是网络广告至关重要的一个环节，而策划极具魄力、表现水平高的广告创意，是重中之重。简单来说，广告的创意实际上就是好的点子，可以是内容、形式、视觉表现的广告创意，也可以是利用网媒的高科技特性的技术创新。特别是在线社区、网络游戏等新型网媒的加入，使得网络广告的策划可供选择机会更多。

网络广告创意及策略选择是一个众多因素综合平衡、协调选择的策划体系，其复杂性不言而喻，需要互动式体验、情感诉求和口碑传播等几个方面的相互配合，从而取得良好的传播效果。

（3）网络广告发布渠道及方式选择。

网络广告发布的渠道和方式众多，各有长短，企业应该根据自身的条件和目标，选择网络广告发布的渠道和方式。在选择的过程中，还需要注意运用多种形式，打破现有强迫性网络广告的桎梏，慎重使用弹出式广告，提高网络广告的隐性度。平衡使用大型门户网站和小型网站，充分利用大型门户网站资源丰富以及小型网站专业性传播的特点。从营销信息传播的角度来看，主页、邮件、BBS、新闻组、专业网站数据库、聊天室、网络传真等都成为网络广告信息的承载 8 者。

（4）网络广告效果评估。

依托上文所提供的单一指标评估法或综合指标评估法对网络广告的浏览量、点击率以及实际网上注册率等指标进行定量分析。同时，还要运用新技术，追踪用户兴趣，分析其浏览广告的时间和地理分布，甚至更为详细的受众资料，并进行定性分析。广告主可以根据这些统计数据评估广告的营销效果。同时，由于网络广告具有即时发布的特点，广告主可以根据广告效果评估随时调整自己的广告内容、形式及发布计划。

实践证明，提高网络广告效果对网络广告的发展和增强企业品牌知名度等各方面都有着极大的影响。正确规划以及有效运用网络媒体进行宣传，促进网络广告的发展，是检验和提高网络广告效果的有效措施。

7 在线交易网站推广

7.1 在线交易网站的概念

电子商务（Electronic Commerce，简称 EC）也有在线交易的含义，这种商业和贸易活动不仅仅局限于企业及其供应链成员，也包括企业对消费者，个人对消费者等多种类型。

7.2 电子商务网站商业模式

较之于有站点的企业网站建设和品牌打造，电子商务网站属于无站点的推广形式。

按照交易对象的不同，电子商务网站的商业模式可以分为 B2B 商业模式、B2C 商业模式以及 C2C 商业模式等。

8 微信营销

8.1 自媒休——互动推送信息

微信已经成为媒体源，企业在自己的公众号上推送品牌信息或打折优惠信息，就像在开品牌的媒体发布会，并就品牌的最新信息展开与用户的沟通交流，方便、快捷、成本低。

8.2 事件营销——公众平台主题活动

例如，1 号店搞的"我画你猜"微信营销活动，每天微信推送一个图画给用户，用户猜中后在微信上回复就可能中奖。1 号店借助主题活动，在互动的同时使用户感受到了趣味性，同时也借此获得了很好的用户自发的口碑传播。

8.3　事件营销——漂流瓶营销

微信官方可以对漂流瓶的参数进行修改，使得合作商家推广的活动在某一时间段内抛出的"漂流瓶"数量大增，普通用户捞到合作商家的概率也会增加。"漂流瓶"模式本身可以发送不同的文字内容，甚至是语音、小游戏等，如果营销得当，能产生很好的效果。

8.4　客户关系管理

利用微信全天候、即时性等特点，可以为用户提供售前咨询、售中指导和售后服务等项目，提高用户的品牌体验和品牌的知名度。

8.5　电子优惠券

微信中，用户只需用手机扫描商家的独有二维码，就能获得一张存储于微信中的电子会员卡，通过它用户可享受商家提供的会员折扣和其他服务。

8.6　口碑传播

口碑传播（5T）的话题需要迎合微信用户的好奇心理，第一时间推送观众迫切需求的新闻猛料，满足用户的诉求。借助热点提升品牌的关注度，拉近与用户的关系。

8.7　危机公关

由于微信是点对点的精准营销，在出现品牌负面新闻时，要快速定位负面信息来源，快速及时地与用户沟通解决，在最短的时间内降低负面影响。

模块 二 实习内容

1 网络市场调研

1.1 实习目的

（1）掌握网络市场调研的内容、方法以及步骤；

（2）掌握如何进行网上间接调研方法，利用互联网获取相关资料；

（3）掌握在线调查问卷的设计，分析在线调查遇到的主要问题；

（4）收集调查问卷的调查结果，形成一篇调查报告。

1.2 实习内容

（1）网上调查问卷的编辑和发布。

目前，国内典型的、免费在线问卷调查平台包括：问卷网（http：//www. wenjuan. com/）、51 调查网（http：//www. 51diaocha. com/）。

以 51 调查网为例。

第一步，注册账户。

第二步，登录账户，并设计新问卷。按照步骤依次录入"标题""前言""内容"以及"结束语"，最后"提交"，完成问卷。

（2）调查问卷的基本结构。

一份优秀的调查问卷应该具体、适度，避免敏感性问题，避免过多假设，必要时还需要预先测试。完整的调查问卷一般包括四个组成部分：标题、前言、正文以及结束语。如图 8 - 4 所示。

手机市场调查问卷

> 标题：一般由调查对象、调查内容和"调查问卷"构成

先生/女士：

　　您好！感谢您在百忙之中抽出时间，配合这次调查。本次手机市场调查问卷主要是了解手机品牌、型号、价格及购买需求等方面的问题。请按照题目的要求作答，并在所选项序号上打"√"。

> 前言：一般由调查的目的、意义及填表的要求组成

G1. 您的性别：＿＿＿＿＿＿＿＿

G2. 您的受教育程度是：＿＿＿＿＿＿＿＿

G3. 您本人的平均月收入：＿＿＿＿＿＿＿＿

S1. 请问您一年换一次手机？［单选题］

1. 是

2. 否

> 正文：为收集市场调查资料而准备的相关问题，由问题和选项构成。一般来说，由浅至深，前面为被调查者容易回答的问题；中间部分，涉及调查的实质和细节问题；最后为态度性问题，可能会涉及多个选项，还会选择设置一两道开放性问题

S2. 请问您最近购买的是一部新手机还是二手手机？［单选题］

1. 新手机

2. 二手手机

S3. 请问您购买这部手机是自己使用吗？［单选题］

1. 自己使用

2. 赠送他人

3. 代人购买

4. 其他，请注明＿＿＿＿＿＿＿＿

……

A5. 您主要通过哪些渠道了解这款手机的？还有呢？［多选题］

1. 电视广告

2. 户外广告（路牌、车身等）

3. 互联网广告

4. 移动网络广告

5. 报纸期刊广告

6. 店内海报与陈列

……

> 结束语：会给被调查者提出感谢，同时提醒被调查者会得到重视。

　　您的调查问卷完成了，十分感谢您的积极配合！我们将认真仔细地记录您填写的信息！祝您学习和生活愉快！

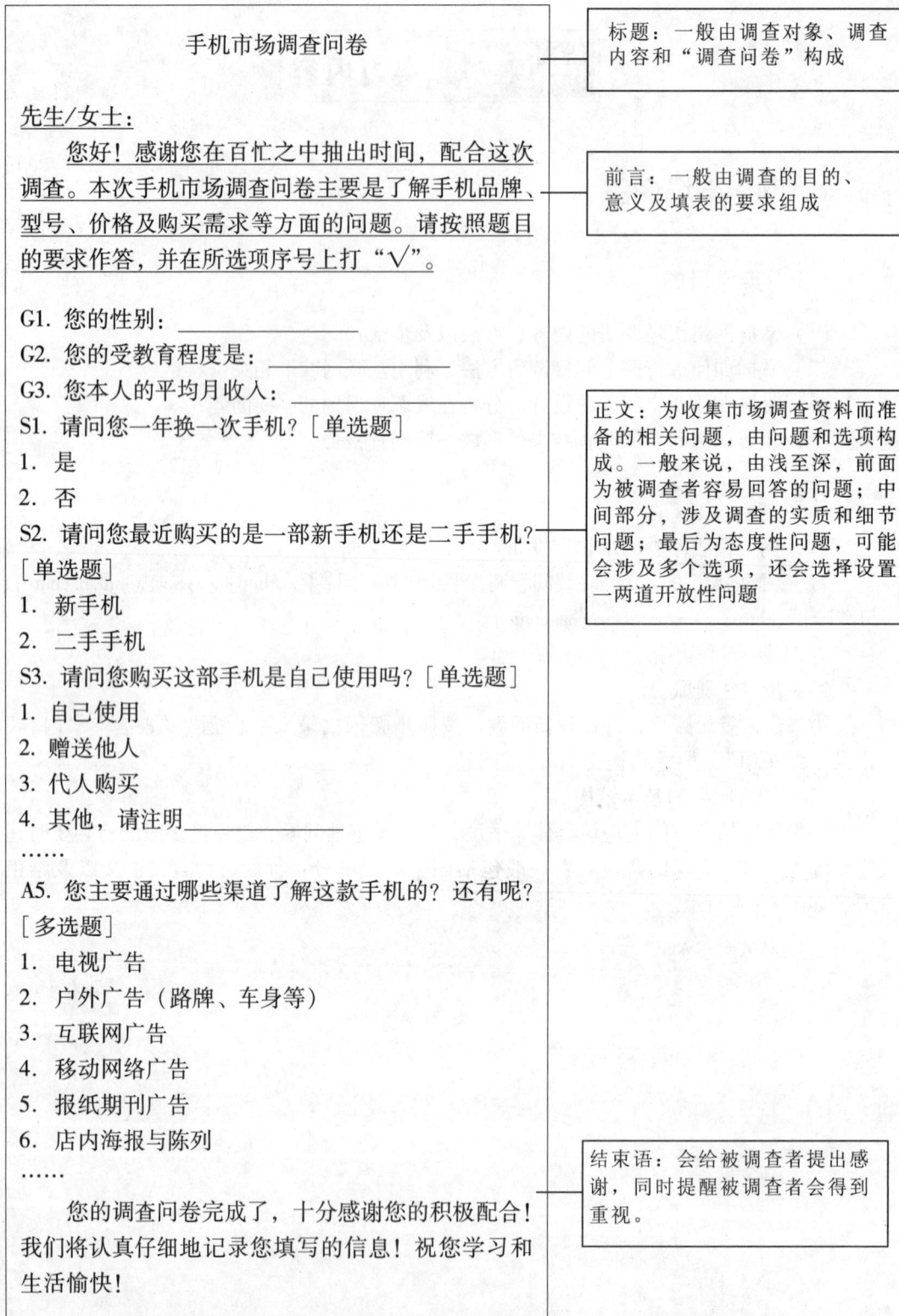

图 8-4　问卷设计

1.3 实习思考

广州市广百股份有限公司的商店原来一直有销售图书、音像资料，通过对消费者结构进行分析，发现青少年消费者的比例大大低于中年及老年消费者的比例。为了进一步了解该销售困境，其拟通过调查问卷的形式，对青少年消费者对图书、音像资料的偏好进行分析。

在该背景下，结合网上直接调查和间接调查的方法，选择一到两种网上间接调查方法，搜集该主题相关的主要信息，并对所收集到的信息以及遇到的主要问题进行整理和分析。围绕该调研主题，确定调研目标，设计一份在线调查问卷，对该调查问卷进行可行性分析。撰写一份简要的调研报告，完成实习报告。

2 网络营销中的市场分析

2.1 实习目的

（1）理解市场细分、目标市场选择以及市场定位的基本要素；
（2）掌握市场细分的划分标准，并能根据产品和服务的基本概况做出选择；
（3）掌握市场定位的策略选择方法，确定采取何种产品策略和营销策略。

2.2 实习内容

通过仔细阅读爱购网案例，了解该公司如何采用独特的竞争战略服务最边缘人群，从而在移动互联网界取得巨大成就，回答 2.3 "实习思考"中的问题，并形成一篇实习报告。

【案例】服务最边缘的人群——爱购网

广州爱购网络科技有限公司创立于 2009 年，同时推出移动互联网购物平台（http：//www. igou. cn），借鉴传统互联网成熟的商务模式，结合手机可移动、便携的优势，主要面向三、四线城市及县乡镇年轻手机上网用户，为低收入的年轻手机用户群体提供时尚新颖、质优价廉的商品及随时随地的便捷购物服务。由于爱购网所售的商品价格适中，选择性大，服务口碑好，几年来销售收入高速增长，2009 年销售收入为 860 万元，2010 年升至 3 400 万元，2011 年达到 1.03 亿，2012 年预计达到 3.5 亿元。随着销售额的快速增长，爱购网的销售范围不断拓展，全国 4 万余个乡镇有 3.5 万个在爱购网有成功交易记录，让消费者畅享科技时代足不出户随时随地购物的全新体验。

大型电商在消费者电脑上疯狂烧钱的同时，广州一家上线不到三年的移动电商爱购网却在三、四线城市悄悄地开疆拓土，目标为无 PC 机人群。

"三、四线城市的电子商务有趣也有价值"，爱购网投资商 IDG 高翔对爱购网的模式十分看好，"三、四线城市产品往往要经过多层渠道才能到达消费者，电子商务有利于销售的扁平化"。

只跟 EMS 合作，在长三角工厂密集区投放户外广告，山寨机内置客户端爱购网主打的"农民工牌"，确实见效明显。

2004 年，在硅谷当了近十年研发工程师的张宇来到广州创业。他先后创立了移动产品服务提供商"广州动意"以及移动互联网广告营销方案商"赢点传媒"，当时还没有安卓手机。这一阶段创业也加深了张宇对低端手机市场及用户的理解。"许多用户是没有电脑的，手机是他们唯一与互联网沟通的渠道"，张宇说爱购网的目标客户就是没有 PC 的"三低"（低收入、低年龄、低学历）用户。张宇本人更倾向于能直接变现的商业模式，而爱购网也确实在上线当年就实现了盈利。

"哪里的打工者多，哪里就是爱购的目标市场。"张宇说。爱购网的 40% 订单来自长三角及珠三角，10% 的订单来自四川。"爱购网的订单已经覆盖了全国所有的市以及 70% 以上的县，60% 的订单来自农村。"

全国范围配送，巨大的物流成本是不可回避的，爱购则在客单价与毛利率上下功夫。据了解，目前爱购大部分产品采用买断自营的方式，与广东 500 多家厂商合作，10 天为一个备货周期，SKU（库存量单位）为 5 000 件左右，产品在爱购的自建仓储发货。"买断可能风险较大，但相对毛利率较高。"张宇说。再加上现在锁定二、三线城市的电商极少，爱购的毛利率可以达到 50%。"爱购网实行'68 元以上免运费'，这个价格按现毛利率算，利润为 34 元，刚好覆盖最远的地区——新疆所需要的配送费。"此外，爱购的 60% 的产品为 3C 产品，总体客单价达到 300 元，相比 15 元左右的平均配送费，也一定程度摊平了物流压力。

EMS 是爱购最重要的战略伙伴。上线初期，爱购即与 EMS 签订了五年期限的框架协议，爱购免费使用 EMS 广州、江苏两个 8 000 平方米左右的库房，而爱购的快递只走 EMS 渠道，享受 EMS 最大限度的运费优惠。

至于配送速度，爱购网的配送时间为 5～7 天，而最远的新疆地区需要十几天。张宇表示，爱购目前不打算自建物流体系，"只能寄希望于 EMS 提高服务质量"。

为迎合客户，爱购网把购物流程最大限度地简化——不需要注册，用户发现合适的产品只需要留下姓名、联系方式及地址即可完成购物，或直接拨打客服电话订购。"由于农村用户的地址很难填全，用户最简单的方法是留下电话就好。"付款页面只有一个，不需要像传统电商一样要跳转 3 次以上。如果订单信息不全，客服会在 5 分钟之内打电话与用户沟通，人工完善用户细节，支付方式也采用门槛最低的货到付款形式。同时，爱购网成立了 15 人的团队定期做用户电话或短信回访，丰富用户的数据库。"主要对用户使用的机型以及所在地理区域进行分析。"张宇如是表示。

"现在 PC 电商都给予用户体验过度。"张宇说，"爱购并不打算在页面设计上做得多炫多酷，关键要做到图片清晰。"爱购的团队 300 多人，客服就占了三分之二。

出于对用户特征的把握，爱购采取了独特的推广方式：在广州、江苏等地的厂房聚集地周边做大量户外广告；把终端锁定在"山寨"智能机上；客户端只做安卓市场，"600 元以下的山寨机是爱购的最适宜终端"。

张宇甚至与深圳的数百家山寨机厂商合作，内置爱购客户端。更厉害的是，爱购一直不遗余力地培育市场。"做低端用户电商，最大的难题是用户没有网购习惯。"张宇表示。目前，爱购的重复购买率为 40%，访问量转化率为 1%。为此，爱购成立了 10 人团队，专门在广东的工业区周边的士多店等地方发放传单及宣传册，每天铺 500 家左右。"每个士多店都有唯一的优惠码，用户输入此优惠码可以享受折扣优惠，而士多店可享受利润分成。"

张宇认为："爱购网的目标是，在用户养成网购习惯之前，先建立起爱购的口碑。"

（资料来源：根据互联网资料整理及编写）

2.3　实习思考

毋庸置疑，爱购网在移动互联网行业取得的巨大成功是值得我们深入分析的，其得益于差异化的客户定位、差异化的产品定位以及差异化的物流配送机制。以爱购网作为案例分析的原型，回答下面三个问题，并结合目前移动互联网的发展现状，形成关于爱购网市场细分、目标市场选择以及市场定位的实习报告。

①爱购网是如何将零售市场进行细分的？

②爱购网为什么将客户群体定位于无 PC 机的三、四线城市草根用户？爱购网市场定位与网络营销策略是如何配合的？

③广百股份有限公司可以从爱购网的案例中得到什么启示？

3　许可电子邮件营销

3.1　实习目的

（1）了解电子邮件营销的内涵和开展营销的基础；

（2）理解并掌握电子邮件营销的流程以及需要解决的问题；

（3）掌握电子邮件营销的基本形式、常见错误、效果评估；

（4）针对广百案例背景，制定开展电子邮件营销活动的策划方案。

3.2　实习内容

（1）许可电子邮件地址库的建立。

电子邮件地址库，可以在许可的基础上进行自建、购买、收集，或综合运用各种方式，互补进行推广。一般来说，自建部分的邮箱地址主要来源于网站的访问者，通常情况下，用户加入邮件列表的主要渠道是通过网站上的"订阅框"自愿加入，只有用户首先来到网站，才有可能成为邮件列表用户。因此，订阅框的位置十分重要，不应仅限于主页，还要放在其他醒目的位置。由于是用户主动式进入，所以可以采取一些推广措施来吸引用户的注意和加入。此外，合理挖掘现有的用户资源，提供部分奖励措施，采用第三方专业发行平台也是十分有效的手段。

（2）电子邮件营销中邮件的发送。

①免费邮箱列表发送。

国内最早的邮件列表专业发行网站是上海的网易网站，但目前国内最大的电子杂志和邮件列表专业发行网站为希网（http：//www. cn99. com），下面就以希网为例创办一份邮件列表。

第一步，注册成为希网新用户，并获取用户名及密码。

第二步，在登录框中输入用户名及密码，进入用户页面。

第三步，点击用户管理中心中"创办新列表"，开始创办邮件列表。

第四步，管理邮件列表，进行在线发信、批量订阅、管理用户等操作。

②采用群发邮件软件发送。

群发邮件软件是目前较为普遍使用的一种电子邮件营销工具，由此衍生出一批电子邮件群发软件。

表 8 - 1　常用电子邮件群发软件

软件名称	下载地址
信鸽邮件群发专家	http：//www. xinge001. com/youjian/
Webpower	http：//www. webpowerchina. com/customercenter/freetry. php
VolleyMai 邮件群发专家	http：//www. labxw. com/link/email - qf. htm
科特邮件群发器	http：//www. jz1210. cn/soft/softdown. asp？ softid = 2175
极星邮件群发	http：//www. labxw. com/link/email - qf. htm
超级搜发系统	http：//www. labxw. com/link/email - qf. htm
极速群发邮箱版	http：//www. labxw. com/link/email - qf. htm
亿虎商务邮差	http：//www. labxw. com/link/email - qf. htm
AtomicMail Sender	www. labxw. com/link/email - qf. htm

其中信鸽邮件群发专家支持发送各类目标邮箱，投递效率高，当居电子邮件群发软件之首。以下就以信鸽邮件群发专家为例，演示邮件群发步骤。

第一步，安装信鸽邮件群发专家之后，登录进入软件。

第二步，设置发信邮箱，可以通过注册新账号及导入账号两种形式进行设置，同时还支持多个账号的添加。

第三步，点击"设置邮件内容"对需要发送的邮件内容进行编辑，既可以选择设置纯文本形式，又可以选择设置 HTML 形式。

第四步，点击"设置收信邮箱"，导入或者新建，添加收件人，既可以采用已有的用户收件邮箱，又可以采用由其他途径获取的邮箱地址，界面的左边还提供拒收地址管理，能够及时调整邮箱列表，减少无效邮件的产生。

第五步，通过设置发信参数，控制每日发信上限、每次收信人数量等基本参数，同时还能设置自动转换 IP 的发送数和注册数、延迟发送的时间、失败重试次数等，提高发信成功到达率。

第六步，点击"开始发信"即可完成发送邮件。

（3）邮件风格的确定和内容设计。

内容设计需要做以下操作：

①发信人以及标题。

用正规的公司名称、网站名称，并且保持一致性，不要轻易改变。标题需要以吸引用户作为设置的中心原则，准确描述邮件的主要内容，使收件人容易从标题中获得重要信息，特别是加上能够记住的名字，以使收件人产生好感。可以采取悬念式或者是咨询号外的方式。用语平实，尽量减少使用高调的广告用语。以创意为先，给收件人带来视觉上的冲击力。

②邮件内容。

合理安排邮件的布局，特别注意邮件的顶部和尾部。另外对于所有需要传递的信息要有主次之分。公司 logo 或者名称放在开头位置，重要推广内容放在最突出、最醒目的位置，可以通过调整内容范围的比例和位置来控制。其他产品或服务推荐放在不醒目的位置。在邮件的尾部，给用户最方便的退订服务，并尽可能不添加附件而让用户直观浏览所有重要信息。具体内容方面，应简练地表达详尽意思，灵活地改变邮件风格，以带来新鲜感，从而减少收件人的审美疲劳。内容格式可以用 HTML 格式，也可以用纯文本格式，如果采用 HTML 格式可以通过多媒体的形式进行呈现，如果采用纯文本格式，突出的地方，加粗或者变色。最后，内容来源需要保持稳定性，可定期发送（以月为单位）。

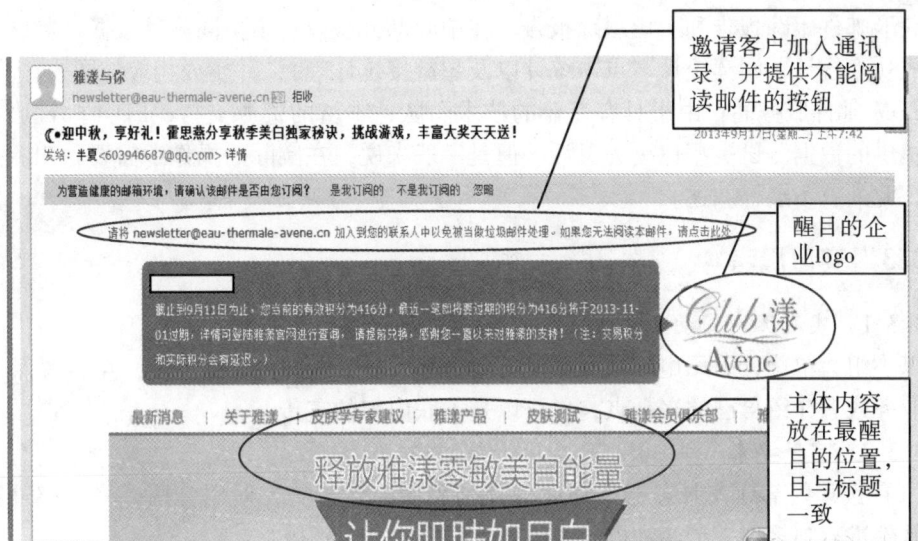

图 8-5 HTML 邮件的页首

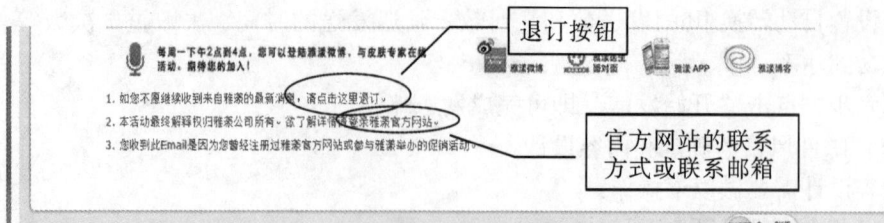

图 8 - 6　HTML 邮件的页尾

③邮件效果监测。

邮件营销是一个长期、连续的过程，对客户关系维护、企业形象树立以及品牌推广起到很大作用，只有持之以恒，根据不同的数据分析结果进行适当的调整，才能获得成功的邮件营销效果。根据邮件发送平台的不同，邮件效果监测的数据可以通过以下三种途径获取：在 HTML 设置中添加统计代码，依托群发软件自带的分析工具以及 EDM 邮件服务商。

在 HTML 设置中添加统计代码：第一步，下载并安装网页编辑软件 Dreamweaver；第二步，运行 Dreamweaver 软件，在 Dreamweaver 软件上打开所要监测的网站；第三步，在代码编辑框中加入"百度统计"访问代码，然后按"Ctrl + S"保存，即可在既定的监测网站的右下角看到"![]"的标志。

依托群发软件自带的分析工具：如果电子邮件营销用户采用群发软件进行邮件群发，就可以通过群发软件自带的分析工具进行分析。由于群发软件对于数据更新一般存在滞后性，故而需要在数据更新后的时间点进行数据分析。用户可以在软件界面的左边部分获取邮件跟踪报告和历史跟踪报告，在中间部分获取各个不同分目数据（如统计概况、成功率统计、阅读统计、点击统计以及超链接统计等），并生成相应的图表。

EDM 邮件服务商：由于具有专业的技术团队、丰富的资源支持，EDM 邮件服务商能够提供的数据测试类型也更为灵活。但是一般来说，在实际的操作中需要付出相应的费用，此处就不展开叙述。

3.3　实习思考

3.3.1　实习案例背景

以小组为单位，采用电子邮件营销的方法对"广百荟"进行宣传，可以是某个产品、业务或者介绍自己的兴趣点，也可以是关联内容的宣传。

3.3.2　实习要求

（1）选择内部列表服务器架构或外部列表服务器架构，使用希网或信鸽邮件群发专家软件进行邮箱列表创建和电子邮件的发送；

（2）对邮箱地址进行分类整理，根据营销目标确定邮件内容及风格，避免出现常见的内容错误；

（3）确定发送周期及大小，采用单独和群组发送的形式传递邮件，拟定邮件回复内容；

（4）监测邮件效果，并分析其中的原因；

（5）充实电子邮件营销方案，形成一篇实习报告。

4 微博营销推广

4.1 实习目的

（1）理解微博的特点和营销价值；

（2）掌握微博营销策划的基本方法，做出定位分析、营销目标分析以及内容规划；

（3）能够根据营销需求创建微博，并进行微博的基本操作；

（4）掌握微博营销的内容策略，并合理采用营销技巧。

4.2 实习内容

以下以新浪微博为实习内容作为介绍的蓝本：

（1）微博账号的创建。

第一步，选择合适的微博运营商，阅读相关协议，注册微博账号（可以分为个人注册及企业注册）。

第二步，进行微博界面的设计。其中包括微博昵称、个性域名、头像、背景以及标签。微博昵称、个性域名以及头像以与公司及相关品牌密切相关的内容为首选，背景及标签则根据公司、产品或人群定位设计，便于潜在用户的搜寻。可以通过微博主页的设置页面对账号的基本信息和模板进行自主化设置。

第三步，微博的认证。通过与微博客服联系，并递交相关营业执照、税务登记复印件的资料，完成认证过程。

（2）微博账号的日常维护。

微博账号的日常维护包括内容建设、活动策划、客户推广和微博推广、商务合作等方面。其中内容建设只需要通过简单的新鲜事发布即可实现，而商务合作包括与相关技术公司合作开发 APP 软件等。以下针对活动策划和微博推广的三种方法进行详细解说。

①投票。

投票可以作为新产品推出以后用户真实意见的汇总，也可以用于了解客户的潜在需求，对企业的业务进行指导。

第一步，打开"我的首页"，在消息发布框下方点击"投票"，出现下拉框，直接创建投票。

第二步，输入投票标题、内容以及形式，其中既可以发起文字投票，也可以发起图片投票；高级设置选项还可以用于设置投票结束的时间、可见的范围以及投票说明等情况。

第三步，点击"发起"即可完成投票操作，微博自动把创建投票信息通过新鲜事框发布给大家。

第四步，当完成发起一个投票时，新浪微博会自动把这次的投票放入信息发布框中，点击"发布"，所有的粉丝就可以看到投票消息。

②活动发起。

活动发起一般遵循以下步骤：

第一步，登录微博后，打开活动平台首页，确认新浪微博认证身份，点击"发起活动"。

第二步，从同城活动、线上活动以及有奖活动中，选择活动类型。

第三步，填写活动标题、活动描述以及活动时间等，发起相关类型的活动。

第四步，活动发起结束后，活动页面的"分享到微博"，即可将活动信息分享到微博新鲜事中。

第五步，管理活动讨论区，及时回复网友的质疑，及时公布活动的进展，还可以把优秀的讨论置顶。

第六步，活动结束后，对有抽奖活动环节资格的用户群体进行抽奖。

③创建微群。

微群是微博的群组功能，以一个主题聚集具有共鸣的用户进行沟通、交流，是一种比较便捷和深入的互动形式。专项小群体的建立，可以用于分享促销信息、产品心得、服务感受以及交流问题等。

第一步，在新浪微博微群页面，点击"创建微群"。

第二步，填写名称、简介、标签等项目，即完成由微博博主自身管理的微群；用户仅需要满足四个条件：第一，上传头像；第二，粉丝达到 10 人；第三，微博超过 10 条；第四，创建微群数不超过 3 个，即可创建微群。

第三步，微群建立之后，微群负责人可以在微群中发起话题，获取希望获得的信息。

（3）与微博相关的站外互动活动。

微博除了可以采取站内自带的功能提示、即时更新以外，还设计了小插件，供用户在邮箱、论坛签名以及博客中使用。

①微博秀。

微博秀是一个小组件，通过复制代码放入企业网站和博客，显示微博头像、昵称、地区、关注按钮、最新几条微博摘要、粉丝数及粉丝头像等基本信息。

第一步，登录微博账号。

第二步，通过点选微博上侧"设置"栏目中的"我的工具"进入"微博秀"界面。

第三步，对微博秀进行基础设置。

第四步，获得代码，将生成的代码嵌入博客和个人主页。

②关联博客。

从"首页""设置"中的"我的工具"进入，找到"博客挂件"，选择不同门户的博客，输入博客地址即可。

③关联账户签名档。

签名档的链接来源于微博"工具"中的"签名档"功能。以 QQ 邮箱为例：

第一步，打开 QQ 邮箱左上角工具栏中的"设置"；

第二步，移至"个性签名"栏目，选择"添加个性签名"；

第三步，复制签名档的链接，分别添加至"超链接"和"图片"选项，点击"确定"保存设置，即可在每次发布邮件时附带微博主页链接。

论坛微博签名：

第一步，打开签名档。

第二步，复制 UBB 代码。

第三步，进入论坛的个人中心，粘贴至个人签名的位置，并"提交"。

④共享书签。

只需用鼠标将按钮拖放到您浏览器上的书签即可（支持 Firefox、Chrome、Safari 浏览器）。

（4）数据分析。

微博自身涉及的数据大致有微博数、粉丝数、关注数、转发数、回复数、平均转发数、平均评论数、二级粉丝数、性别比例、粉丝分布数。通常用于微博营销运营的指标有粉丝活跃度、粉丝质量、微博活跃度，企业考核 KPI 指标有粉丝增长数、搜索结果数、销售/订单、PV/IP、转发数、评论数。数据分析的时间一般用于日常分析以及活动分析两大方面，分析对象既包括自身微博的纵向时间比较，又包括与竞争对手、行业水平的横向比较，还包括粉丝群体分析。分析微博运营成功与否是多维度的，应该尽量考虑采用多种数据进行分析。

4.3 实习思考

以小组形式设计"广百荟"的微博，采用微博营销的方法对"广百荟"进行推广。在分析其营销目标和定位的基础上，撰写并实施微博营销推广项目策划方案。在课堂上以截图和保留网址为素材制作幻灯片，展示分析思路与过程，并进行讨论。

（1）针对案例背景，合理定位微博，采用匹配微博营销目标与推广网站营销需求的方式，制定相应的博客营销推广项目策划方案；

（2）创建微博，进行微博昵称与头像的设定，账户设置至少包含标签、简介；

（3）关注有效账号、对象，可以涉及竞争对手、行业信息、热门咨询、业务关联，并进行网站认证；

（4）维护微博运行，微博至少运营一周，每天所发布的内容更新中至少有一条与营销内容相关，结合多种元素编辑营销信息，发布投票式、竞猜式以及疑问式等互动形式的微博，形成一篇实习报告。

5 搜索引擎营销

对搜索引擎友好的网站的网页内容更容易被搜索引擎收录，即用户通过搜索引擎获得网站信息的机会增加，其最终目的是为了使用户能够更加方便地获取信息。

PR 值以及 Alexa 排名是收录情况中具有参照作用的指标，PR 值是基于 Google 算法的一个指标，网页外链质量越好，PR 值越高，网站的收录情况越好。Alexa 排名是指网站的世界排名,主要分两种:综合排名和分类排名。其以网站的每天平均使用人数、人均访问页面数(与人数和人均页数之乘积成正比)为基础,以这二者的几何平均数来排名,而正式名次是基于最近三个月之内数据的平均值。按照该网站的流量统计,可以排到什么位置,大多数人把它当作当前较为权威网站访问量的评价指标。

外链增长率数据可用来有效控制优化过度。记录这个数据主要是为了评估 SEO 工作情况,由于网站在优化的过程中很难把握度的问题,尤其是容易出现优化过度的情况,比如说外链更新率一天是 80%,忽然一天是 10%,更新量浮动也比较大的话,则就需要站长注意了,要提醒外推人员,控制平稳的量。

5.1 实习目的

(1) 理解搜索引擎营销的方法及关键环节;
(2) 分析企业搜索引擎营销的短板;
(3) 提出搜索引擎营销优化策略。

5.2 实习思考

(1) 确认"广百荟"网站最相关的 3~5 个关键词,采用一个常用的分析工具,分别对网站和关键词进行分析,了解其在搜索结果中的表现,如排名、网页标题和摘要信息内容等,并记录同一关键词检索结果中其他竞争者的排名和摘要信息情况;
(2) 根据有关信息分析"广百荟"网站的搜索引擎友好性。

6 网络广告

6.1 实习目的

(1) 了解目前国内外电子商务网站的网络广告现状,掌握网络广告的基本类型及构成、投放渠道与方式。
(2) 以目标站点为本位,深入、全面地了解和分析网络广告的设置、开展网络广告业务的情况、网络广告效果等方面,以目标产品或目标企业为本位,对比不同网络广告设置、网络广告投放、网络广告互换等方面的效果,并得出相关原因,提高综合分析问题的能力。
(3) 掌握网络广告投放流程,解决为何以及如何投放网络广告两大关键问题,策划并开展网络广告活动。

6.2 实习内容

(1) 选取若干个国内外较优秀的电子商务网站,总结四大门户网站、电子商务网站网络广告的发展现状,对比其在网络广告领域具备的优势和劣势。
(2) 对选取的电子商务网站进行内容分析,充分了解网络广告的目标、形式、投放、互联、风格、效果等,并做出分析和评价。

（3）选取某家优秀企业或者某种产品及服务作为研究对象，对比其通过不同的投放渠道投放的网络广告效果。

（4）针对某企业制订网络广告方案，并对采取不同平台的网络广告效果进行评估，最终形成网络广告投放策划书。

网络广告投放策划书模板

一、广告目标

二、广告时间

（一）目标市场的开始时间

（二）广告活动的结束时间

（三）广告活动的持续时间

三、广告的目标市场

四、广告的诉求对象

五、广告的诉求重点

六、广告表现

（一）广告的主题

（二）广告的创意

（三）各媒介的广告表现

1. 平面设计

2. 文案

3. 电视广告分镜头脚本

……

（四）各媒介广告的规格

（五）各媒介广告的制作要求

七、广告发布计划

（一）广告发布的媒介

（二）各媒介的广告规格

（三）广告媒介发布排期表

八、广告费用预算

（一）广告的策划创意费用

（二）广告设计费用

6.3 实习思考

广百百货网上商城在2012年12月正式更名为"广百荟"，背靠上市公司雄厚的实力，由广州市广百股份有限公司电子商务分公司独立运营。吸引各大知名品牌进驻，囊括男服、女服、鞋品、箱包、精品饰物、护肤化妆、家电、电脑数码、家居用品、儿童用品等十大类商品，设有并提供货到付款、网上预售、即时客服等贴心服务，让顾客购物零障碍。

"广百荟"所售商品100%正品保证，品牌特卖低至1折，是"安全购、高品质"的代表，集时尚、潮流、百货、高质等元素，让消费者享受优质网购。

（1）采用网络广告的方法对"广百荟"进行宣传，既可以是某个产品、业务或者介绍自己的兴趣点，也可以是关联内容的宣传。根据已选网络广告营销目标，确定合适的期望反应和广告活动主题。

（2）对不同网络广告平台进行评估，选择1~2个网络广告平台作为站点及服务的投放渠道，并确定最具有广告效果的广告形式。

（3）设计广告文字、配图，并灵活配合相关活动形式。

（4）收集访客的相关信息、地址以及意见。

（5）对采取不同平台的网络广告效果进行评估，最终形成完整的网络广告策划方案。

7 在线交易网站推广

7.1 实习目的

（1）了解典型的在线交易网站平台，并对其主要服务、特色服务、盈利模式和营销策略进行分析；

（2）对比不同的在线交易网站，选择适合的在线交易网站平台进行业务推广；

（3）掌握典型的在线交易网站平台推广的基本流程，并针对实习要求，做出适当的推广方案。

7.2 实习思考

"广百荟"12月网络推广邀标书

甲方：广州市广百股份有限公司　　　　乙方：

一、项目

1. 名称："广百荟"12月网络推广项目。

2. 背景："广百荟"，是广百百货官方的网络购物平台，秉承时尚、优质、信心保证的理念，致力于为消费者提供更便捷的网络购物体验。所有产品来自大型正规厂商，正规进货渠道，保证全是正牌产品。以广百百货为依托，主要覆盖珠三角地区。

3. 推广内容：

①庆祝"广百荟"新平台上线："广百荟"全新系统平台将于12月28日上线，版面、功能性、便捷性等综合质素全面提高。

②元旦促销活动。

③可以考虑与广百新开门店互动。

宣传目的是将"广百荟"的全新形象推广出去，把握年尾商机，增加销售量。

4. 投放时间：初定2013年12月26日到2014年1月5日。

由于有两个推广主线，故采用分段投放形式。投放时间前期做预热工作，目标是到 28 日达到最大效果。新平台置换后，功能较为强大，活动手段可以灵活多变。投放后期集中宣传元旦优惠活动。

5. 费用上限：14 万元。

二、投标要求

1. 提供相关经营资格证照复印件（营业执照、组织机构代码证、税务证等）。

2. 提供媒体投放方案、促销活动方案。

3. 投放优惠折扣、单价。

三、评标方法

1. 方案的创新性、可行性、吸引度、精准度。

2. 项目折扣、单价。

方案吸引力度最大、合理折扣优惠幅度最大、单价最实惠者中标。

四、发标、收标、开标时间

1. 发标时间：2013 年 12 月 2 日。

2. 收标时间：2013 年 12 月 10 日。

3. 开标时间：2013 年 12 月 15 日。

五、标书要求

封面：包括邀标项目名称、投标单位名称、法人代表姓名、填报日期。

投标书一式两份，用密封袋密封后，在封口处加盖法人公章并经各投标单位代表在密封处签名后方为有效，按机密文件保存。

标书请邮递至以下地址：广州市越秀区西湖路 12 号广百商务楼 10 楼研发部 潘静琛收；联系电话：020 - 83322348 - 6529，或 13632366141；邮箱：83391200@ qq. com。

广州市广百股份有限公司

2013 年 11 月 29 日

要求：以一个网络营销公司的身份完成一份投标书。

模块 三 实习组织

1 实习目的、对象与要求

1.1 实习目的

通过实习，学生能够运用所学的网络营销基本理论、基本知识和基本技能，服务广百实际工作，锻炼、培养独立从事工作的能力，检验学生的学习质量；同时，通过实习，学校有机会调整培养目标、检验培养质量，从而不断改进教学工作。

1.2 实习对象

（1）专业：市场营销、电子商务、工商管理、物流管理、会计学、旅游管理等。
（2）年级：大学二年级或三年级。

1.3 实习要求

（1）学生需要通过学习网络营销相关理论，了解网络营销各类工具、方法的特点，掌握各类工具的适用场景，同时要紧密结合实践，利用所学知识分析企业网络营销活动的现状，为企业制订高投资回报率的营销策划方案。

（2）学生要做到规范、严谨，具有创造力和想象力，对广告主所在的市场和广告主的客户有深刻的洞察，了解企业开展网络营销的情况及相关流程，从而制订切实可行的网络营销方案。

（3）在实习中要认真完成实习内容，并按时完成实习日志，即每天记录当天的实习情况与实习内容，说明所学到的经验以及自己是如何解决所遇到的问题的，实习结束后交给指导教师。

（4）实习结束以后，学生要提交实习报告，在实习报告中需陈述企业概况、企业所在市场状况、企业客户洞察、具体的实习内容以及实习体会与收获，此报告需经由企业相关负责人与指导教师共同指导完成。

2 实习组织与训练

班级学生3~5人一组，由指导教师带领学生到广百开展实习，小组学生需根据实习任务进行观察和记录，并进行研讨，形成讨论记录。实习过程中，教师应开展以下工作：
（1）讲述网络营销实习的目的及要求；
（2）帮助同学理解网络营销相关理论；

（3）指导学生设计调查问卷，了解消费者获取消费信息的方式与需求；

（4）指导学生如何进行问卷调查；

（5）指导学生如何运用网络营销相关理论和工具设计营销策划案；

（6）指导学生如何对网络营销策划案进行评价。

3 实习考核与报告

3.1 考核办法

（1）实习完成后，学生依据实习过程及收获撰写实习报告，实习报告要符合实习教学的要求，并得到指导教师的认可。

（2）指导教师对每份实习报告或其他结果表现形式进行审阅、评分。

（3）该实习课程内容是纯实践教学内容，实习课的成绩记入课程平时成绩，成绩占30%，考核以专题设计为准，占总成绩的70%。

3.2 评分标准

考核内容及其在评分中所占的比例如下：

（1）考勤、纪律占20%；

（2）实习模块组织实施情况占30%，其中小组成员参与情况占20%，组内成员协调情况占10%；

（3）业务执行完成情况占40%，其中专业知识和技能（实习执行过程中业务操作情况）占20%，工作绩效（业务完成效果）占20%；

（4）合理化建议占10%。

具体评分方法如下：

（1）小组内部成员间相互评分（占20%）；

（2）各小组成果展示投票评分（占40%）；

（3）实习教师根据所指导各小组成员在实习中各方面具体表现评分（占40%）。

3.3 实习报告要求

（1）实习报告要按时独立完成。实习报告是衡量实习效果和评定成绩的重要依据，要求在指导教师指导下完成。一旦发现由他人代写或抄袭他人的实习报告，按不及格处理。

（2）实习报告主要包括以下四部分内容。

①企业概况（包括企业制度形式、组织机构设置）；

②企业营销状况（包括对企业营销环境与市场机会的了解与分析、企业营销战略与营销策略、企业营销管理现状分析等）；

③具体实习内容；

④实习体会或收获。

（3）实习报告要求：实习报告要层次分明，条理清楚，行文必须清晰完整。

项目九　营销传播与沟通

1　明确广告的功能

众多商业企业和非营利组织每年投放大量广告。一般而言，广告受到广泛重视的原因是，人们认为广告具有五种非常重要的传播功能：提供信息、影响行为、提醒和增加显著性、增加附加价值、与其他传播与沟通形式的效用叠加。

1.1　提供信息

广告最重要的功能之一就是宣传品牌，即广告使消费者知晓新品牌，将品牌独有的特征和好处告诉消费者，促进正面积极的品牌形象形成。由于广告是一种有效的传播方式，能够以相对较低的个体接触成本传播到广大受众，因此它能促进新品牌的推广，提高对现有品牌的需求。

【例1】健怡可乐，被宣传为一种低热量可乐，适合重视身材和健康饮食的人群。

【例2】佳洁士牙膏广告，以含氟的牙膏作为主要特征，而含氟是目前科技发现的最主要的抑制牙菌龋齿的手段，适合于对牙膏以保护牙齿、抵抗虫牙为主要诉求的人群。

1.2　影响行为

有效的广告影响潜在消费者，使他们尝试广告产品或服务。有时广告影响一级需求，即建立对整个产品类别的需求。广告还试图建立二级需求，即对公司品牌的需求。B2C 和 B2B 公司的广告都为消费者和顾客尝试某一品牌而非其他品牌提供了充分的理由和情感诉求。

1.3　提醒和增加显著性

广告使消费者始终保持对公司品牌的新鲜记忆。当与广告产品相关的需求被唤起时，过去广告产生的印象使广告品牌进入消费者的购买考虑中。丰富品牌的记忆轨迹，会使得消费者面临相关选择时，品牌能够浮现在脑海中。有效的广告还能增加消费者对成熟品牌的兴趣，进而提高其购买品牌的可能性，否则消费者不会选择该品牌。

【例】耐克广告从不缺席 NBA 赛场，每年保持对篮球赛事的高昂广告费用。

1.4 增加附加价值

公司可以通过三种基本的方式为它们提供的产品或服务增加价值：创新、提高质量和改变消费者感知，而这三种增值方式是完全相互依存的。没有质量的创新仅仅是新奇，难以持续；没有质量和创新的消费者感知，仅仅是一种吹捧；有了创新和质量，如果没有转化为消费者感知，则一切都是白费。

广告通过影响感知为品牌增加附加价值。研究表明，广告支出越多，消费者感知到的广告品牌的质量越高。

通过增加附加价值，广告能够为品牌带来更多的销售量、收入和利润，并降低不可预知的未来现金流风险。

1.5 效用叠加

广告只是营销传播与沟通中的一个手段。广告最基本的功能是不时地推动其他营销传播的努力。例如，广告可能会被当成分发的优惠券，并为它们及其他促销工具吸引注意力。广告提高了其他传播工具的有效性。消费者在电视或杂志上看到广告后，能够在商店认出广告产品，并更容易认同其品牌价值。

2 有效广告的特点

有效广告通常是具有创造性的。对于创造性，人们达成了以下共识，即具有创造性的广告通常有三个共同点（CAN）：相关性（Connectivity）、合适性（Appropriateness）和新颖性（Novelty）。

2.1 相关性

相关性强调广告是否能在情感上反映目标受众的基本需求和愿望，这些基本需求和愿望影响消费者对品牌选择的决策。如果一则广告反映了目标受众成员的购买动机，那么该广告被认为是具有相关性的。

【例】如果目标受众中，大部分成员在购买汽车时都会考虑社会地位，那么没有表现出汽车社会地位功能的广告就没有与消费者建立起相关性。

2.2 合适性

相关性要求广告针对目标受众的动机提供信息或营造氛围，合适性则从广告信息的角度衡量创造性。合适性是指广告必须传递品牌的定位策略并反映出品牌与竞争对手相比的优势所在。合适的广告应该具有连贯一致性，所有的广告信息都在一致地传递单一的、明确的信息。

【例】脑白金广告，无论具体的广告形式如何设计和变化，所有的广告都在强调同样的品牌定位，即脑白金作为一款延缓衰老的保健产品，它的主要定位是礼品——送礼就送脑白金。

2.3　新颖性

新颖的广告必须是独特、新鲜和出乎意料的，它们与消费者预期中特定产品类别里某品牌的典型广告明显不同。新颖性吸引消费者对广告的注意，使他们进行更多的信息处理，比如尝试理解广告品牌传递的信息。

必须注意的是，仅有新颖性的广告，不具有创造性。广告公司有时会设计独特、与众不同、出乎意料、怪异的广告，然而真正有创造性的广告必须使目标受众产生共鸣（相关性），并针对品牌定位的策略提供信息或营造氛围（合适性），并吸引消费者关注这一广告（新颖性），满足 CAN 三要素的广告才是有效的。

【例】一个非常成功的耐克公司的广告，在不同的画面中专业运动员们正在打冰球、排球、棒球和拳击等。但出人意料的是，专业运动员们各自在画面中所从事的体育项目并非自己名声卓著的职业项目，环法自行车赛冠军阿姆斯特朗在画面中是一个出类拔萃的拳击手，棒球运动员兰迪强森看上去像一个专业的保龄球手，这则广告以细致入微的方式说明，耐克就像那些为它代言的著名运动员一样，是特别而非凡的。

3　建立广告的相关性

消费者应该是广告信息最重要的决定因素。建立广告的相关性的一个行之有效的方法是手段目的链理论。手段目的链代表了品牌属性、使用品牌和消费维度获得的结果以及结果所加强的个人价值之间的联系，也即品牌属性—消费结果—个人价值。

3.1　品牌属性

品牌属性是指品牌的特征和基本方面，它存在于品牌之内，是产品或服务的一些性能指标。

【例】对汽车来说，属性就包括尺寸、蓄电池容量、引擎性能、美观性等。

3.2　消费结果

消费者在消费品牌时希望获得的好处，或避免的损害。

【例1】地位的提升、便利性、性能、安全和转售价值是同汽车相关的积极结果，而故障、错误运转和较低的转售价值是消费者希望避免的结果。

【例2】对大屏幕等离子电视来说，屏幕尺寸和分辨率是导致结果的属性，这些结果包括相对于旧型号电视的清晰画面，以及相对于液晶电视的高能耗。

总的来说，品牌属性存在于品牌内，而消费者所经历的结果是品牌购买和使用所带来的。而品牌属性和消费这些属性所带来的结果是人们实现价值（目的）所使用的手段。

3.3 个人价值

价值代表了人们持续持有的信念，这些信念与人们认为生命中什么是重要的有关。它们同人们想要达到的最终生活状态有关，超越了具体的情况，知道人们对行为的选择和评价。一般来说，价值决定了结果的相对吸引力，并负责组织产品和品牌在消费者认知结构中的意义。价值是人类行为许多方面的起始点、催化剂和动力源。消费者行为，正如其他种类的行为意义，涉及对价值状态或结果的追求。品牌属性和消费结果并不是自我驱动的，而是需要被作为达成最终目标价值状态的手段。从消费者的角度而言，目的（价值）驱动了手段（属性和它们的结果）。

心理学家提出了十种基本价值，充分代表了人们在不同文化构成的世界中所有重要的价值。

3.3.1 自我导向

这种价值类型的特点是独立的想法和行为。其中包括对自由、独立、选择自己的目标以及创造力的渴望。

【例】劳力士的广告语是"打破成规"，代表着那些希望自由选择和摆脱社会压力束缚的消费者的诉求。

3.3.2 激励

这种价值来源于对多样性的需求以及实现精彩人生的愿望。

3.3.3 享乐主义

享受生活和获得快乐是这种价值类型的基础。

【例】德芙巧克力广告语以"丝丝柔滑、丝丝香浓"来描述美味食物带来的感官享受。

3.3.4 成就

这种价值类型的定义是通过在社会标准下展示自身的竞争力来享受个人的成功。被认为是有能力、有野心、聪明的和有影响力的是成就价值的不同方面。

3.3.5 力量

力量价值是指在对人或资源（财富、权威、社会力量以及公认）的控制下获得的社会地位和声誉。

【例】悍马阿尔法的广告，将该车型称为"强有力的阿尔法"。广告的正文部分，暗示潜在购买者，阿尔法男士，毫无疑问地，必须通过一项艰苦的"身体测试"才能购买一辆阿尔法。这暗示着坚韧的人才是悍马阿尔法的主人：人如其车。这则广告巧妙地向悍马阿尔法的潜在购买者传递了信息：他们是一群坚强、严格和充满力量的人，并将会因为拥有这辆汽车而赢得地位和声誉。

3.3.6 安全

这种价值类型的核心是对安全、和谐和社会稳定的渴望。这种价值包括对个人、家庭甚至国家安全的关心。

【例】双汇火腿肠广告语"十二道检验，十二重保障"，满足人们对食品安全问题的高度关心。

3.3.7　适合性

自律、顺从、优雅、抑制可能伤害他人或违反社会规范的行为或冲动是这种类型的基础。

【例】劲酒广告"劲酒虽好，可不要贪杯哦"，反映了自律的价值诉求，也从侧面反映出劲酒的美味。

3.3.8　传统

这种价值包含对所属文化和地区传统习俗的尊重、承诺和接受。

3.3.9　善良

善良的激励目标是对家人和朋友福祉的保护及增强。它包括诚实、忠诚、乐于助人、真正的朋友以及以一种成熟的方式去爱他人。

3.3.10　普世主义

普世主义代表了个人想要理解、认可、包容和保护所有人以及自然的福祉的动机。它包含了世界和平、社会正义、平等、与自然合一、环境保护和明智等观念。

4　广告的五种创意元素

4.1　幽默

有大量广告使用幽默，它们包括大约25%的美国电视广告和超过35%的英国电视广告。基于四个国家的电视广告样本进行的研究表明，所有这些国家的幽默广告一般使用失谐解因。所谓失谐解因，发生在广告含义最终被确定的情况下，失谐促使消费者弄清楚广告的含义并解决这种困境。当广告含义最终被确定时，消费者多感到很惊奇，也是这种惊奇产生了一种幽默的反应，进而引发对广告和被广告品牌本身的一种积极态度。

幽默的用处：

①幽默是吸引对广告注意的一种有效方法；

②幽默能够提高消费者对广告信息的回忆；

③幽默能够增加人们对广告和被广告品牌的喜爱程度；

④幽默不会对理解产生损害，事实上如果幽默与被广告品牌有关，它可能会增强对广告主张的记忆。

幽默的局限：

①与非幽默相比，幽默不能提高说服力。

②幽默不能增强信息源的可信性。

③产品性质影响使用幽默的适合性。对于已有产品而非新产品使用幽默更有效；品牌知名度低的产品不适合使用幽默；消费者卷入度高的产品，不适合使用幽默。

【例】百事可乐的一则少林寺题材的广告，一个外国人前往少林寺拜师学艺，多年苦练之后，这位外国人通过各类考核后才能出师，他一路顺利过关，直到最后一关，所有人都看着他，却没有任何提示，也没有明显的关卡设置。消费者在此时发生失谐解因，不知道该广告用意何在。这时广告镜头放大显示所有少林寺武僧额头上都有的一个奇怪印记，以及放在这个外国人面前的一瓶易拉罐式百事可乐。外国人忽然明白了，他一头砸向百事可乐的开口处，用多年苦练的铁头功砸开了可乐，额头多了一个所有人额头都有的奇怪印记，原来这个印记就是百事可乐易拉罐上的拉环在额头留下的，这就是最后一关。这一广告使用的就是幽默元素，直到最后一刻，消费者才得以解因，明白了广告的幽默之处，进而会心一笑，引发对广告品牌的积极态度。但如果消费者是佛教的虔诚信徒，或者对少林寺有强烈的情感，该广告也有可能引发强烈的反感。正如前文所述，消费者的卷入度越高，越要慎重使用幽默元素。

4.2　恐惧

恐惧诉求在增强动机方面尤其有效。广告者意识到人们具有理性和非理性的恐惧，因此尝试通过恐惧诉求促使消费者加工信息并采取行动。

恐惧诉求可能采取的形式：社会指责、身体危险和稀缺（控制感丧失）。

【例1】漱口水、牙膏等产品使用恐惧诉求的方式，强调如果口气不清新、牙齿不洁白等，那么可能会遭遇社会指责。

【例2】一款抗病毒感冒口服液的广告，"一感冒你就成了大病毒"，"一咳嗽，全家熬成熊猫眼"，使用的就是社会指责的恐惧形式。

【例3】禁烟公益广告，"嗜烟如命"的广告语，其恐惧来源则是生命安全的威胁。

【例4】小米手机的所谓"饥饿营销"，在小米的淘宝店常常无法抢到小米手机，小米手机每天都有一定时间段处于缺货状态。这属于稀缺的恐惧形式，增强了购买的动机。

4.3　内疚

与恐惧诉求相似，内疚感诉求想要激发消极情绪。当人们破坏规则、违背自己的准则和信念，或者表现得不负责任时，会感到内疚。内疚感诉求的作用很大，因为它在情绪上激发成熟的个体，使他们采取行动来减轻内疚感。广告者和其他营销传播者会诉诸内疚感，并试图通过宣称或暗示使用被宣传的产品可以减轻内疚感来说服潜在消费者。内疚感诉求广告的使用量巨大，据统计，美国每20个广告中大约有1个包含内疚感诉求的广告。

【例】在由周星驰执导的电影《美人鱼》正式上映前，网络上广泛传播着一句话，"我们都欠星爷一张电影票"，这正是以激发消费者的内疚感为诉求。

4.4　性

恐惧和内疚感的诉求都是激发消极情绪，鼓励人们通过购物行动来平息这两种情绪，而广告中性的诉求则一般是人们想要靠近而非远离的。广告中性诉求的总量呈现急剧上升的趋势。它的作用在于：

①它能够吸引并长时间占据人们的注意力。这种作用被称为性的阻止能力作用。它能有效阻止人们转移注意力。

②它能增强对广告观点的回忆。

③它能引发情感反应。这些反应能提高广告的说服力。但是必须避免产生厌恶、尴尬和不安的情况。

后面两点完全取决于广告产品和性元素之间的合理性。

【例】林志玲代言的都市丽人内衣广告中，使用了大量挑逗性的姿态来展示女性选择内衣增强性感魅力的情节。结果广告播出后引起了大量男性的关注，女性却觉得尴尬和厌恶。如果改为穿着都市丽人内衣之后，广告短片中的主人公的老公表达出爱慕和欣赏的眼光，则更为合适。

4.5　阈下唤醒

阈下指刺激物呈现或可见程度在知觉意识的阈限值下。使用消费者无法感知的阈下广告，在消费者的意识并未主动参与，但潜意识却受到影响的情况下，来改变消费者对产品或品牌的心理和行为。这种做法的好处在于，绕过了消费者理性分析的关口，避免了理性的把关作用。

【例】微软公司的品牌设计中，其名称 Microsoft 是以打印体而非手写体的形式出现。然而，可口可乐的品牌设计中，其名称 Coca-Cola 则是以手写体的形式出现。这种现象的原因是，研究者发现，打印体能增强消费者对品牌的能力感知，手写体则增强消费者对品牌的温暖感知。

5　广告的三种形式

根据广告的本质和广告信息设计开发的过程，有无数的方法来设计广告创意，经过大量总结，可将广告分为三种形式：功能导向型、象征导向型和竞争导向型。

5.1　功能导向型

此类广告是选择有意义的、与众不同的符合消费者利益的独特产品属性，提出一个具有优势的价值主张。其主要特征是，确定一个使品牌变得独特的重要区分特点，并设计一个竞争对手不能做出或者没有做出过的广告主张。这种广告最适合于那些品牌拥有长期竞争力的公司，其技术上的优势，确保该产品能长期具有某种独特的产品属性，而不会被超越。该方法是最佳的创意技巧，但大量企业不具有使用该手段的能力，因为相对于少数具有独特创新力的企业而言，更多的企业无法在产品上与竞争对手形成差异化。

【例】吉列感应剃须刀宣传"这是唯一一款能够感知并根据你的面部需求进行调整的剃须刀"时，就使用了功能导向型广告形式。

5.2　象征导向型

5.2.1　形象广告

功能导向型广告侧重于宣传品牌与竞争品牌之间的功能性差异，而象征导向型广告则侧重心理的差异。该类广告试图通过将品牌与某些象征符号相联系来建立品牌的形象和定位。事实上，就是将现实中已知的特性与被广告品牌未知的特性相关联。

【例1】百事可乐，其与可口可乐区别之处在于，非常聪明地选择了"新一代的选择"这种心理差异，而非强调百事可乐和可口可乐在物理上的差异。百事可乐通过选择一系列年轻的巨星拍形象代言广告，将"新一代"偶像与百事可乐建立起心理联系，使得百事可乐建立了与可口可乐"永恒的经典"完全不同的形象区隔。

【例2】万宝路品牌广告中充满牛仔的形象，牛仔——自由和个性的象征——借助于这种广告与万宝路联系在一起。万宝路成为牛仔生活品牌的代表。

5.2.2　共鸣广告

该广告试图与观众的生活经历产生共鸣，力求展现目标受众和自身生活中相似的场景，将广告中的情景与消费者记忆中的经历进行配对。

【例】"家有儿女，常用优卡丹。"这个广告正是将消费者日常生活角色"家有儿女的母亲"与广告中的情景进行配对，广告角色以母亲身份出现，呈现孩子流涕、咳嗽、感冒的生活场景，引起消费者情景共鸣，进而提出建议，"常用优卡丹"。

5.2.3　情感广告

人们通常基于情感的因素购买产品，情感诉求恰当地运用于品牌之上，将能取得巨大的成功。广告中运用的情感有浪漫、怀旧、怜悯、激动、快乐、恐惧、内疚、后悔等。情感广告可以用于几乎任何品牌之上，尤其适合那些和情感紧密相关的产品类别，如食品、珠宝、化妆品、时装、香水等。

5.3　竞争导向型

5.3.1　行业广告

当该广告做出一个任何其他相同产品类别中的竞争品牌都能做出的广告主张时，这类广告就是行业广告形式。该类广告并不试图与同类品牌产品区分开来，也不想宣传自己品牌的优越性。这类广告最适合占据主导地位的品牌使用，因为其他同行业品牌都可以从该广告宣传中受益，而只有主导地位品牌能受益最大。

【例1】博士伦作为最早进入中国市场的隐形眼镜，其广告向国内消费者第一次介绍了隐形眼镜这种产品，其广告大篇幅向消费者传递的信息就是，有一种看不见的眼镜，而并不试图在广告中展示博士伦的产品属性独特于竞争品牌之处，或独特的形象联想。这种广告的结果是，在消费者心目中，隐形眼镜等同于博士伦，博士伦就是隐形眼镜的代名词。

【例2】真功夫快餐，"营养还是蒸的好"这个广告主张任何一个从事蒸菜菜品服务的餐饮店都可以用，但是真功夫率先使用了这个主张后，其他竞争品牌难以再做同样的广告主张。但是，尽管如此，同行业品牌都能从中受益。

5.3.2　先入为主广告

该类广告同样做出一个行业广告的主张，但同时宣称自己品牌的优越性。

【例】苹果智能手机的广告，在广告中苹果第一次向消费者介绍了智能手机这种新型手机的强大功能，这正是行业广告的典型形式，同时进一步地，苹果提出这样的广告词——"苹果重新定义了手机"，宣称了苹果的品牌在这一品类中的主导地位。

6　选择形象代言人

TEARS 模型是经过大量研究后总结出的代言人的两大特征——可信性和吸引力。可信性由可靠性（trustworthiness）和专业性（expertise）组成，吸引力由外表吸引力（attractiveness）、可尊重程度（respect）、相似性（similarity）组成。

6.1　可信性

一个可信的代言人，必须看上去可信，且对所代言的产品专业。所以，可信性由可靠性和专业性组成。

6.1.1　可靠性

可靠性，指代言人的诚实性、正直性和可信赖性。代言人的可靠性和代言人个人生活、个人品质有很大的关系。

【例】泰格·伍兹在美国运动员中的代言收入排在首位，这与泰格·伍兹在专业方面和大众媒体中呈现出的个人生活方面的表现有关，泰格·伍兹几乎没有绯闻、丑闻，如酗酒、打架、醉驾、吸毒等，家庭生活美满，看上去无可挑剔。

6.1.2　专业性

专业性是指代言人拥有的关于他所代言品牌的知识、经验和技能。

【例1】当运动员为与体育相关的产品代言时，他将被认为是这方面的专家而受到信任。

【例2】由于唐纳德·特朗普在商业地产界交易领域拥有丰富的商业背景，他被认为在商业方面具有很高的专业性，因此就理所当然地被选为电视节目《学徒》的代言人。

可信性是消费者对广告信息完成内化过程的关键，当消费者将代言人在某一问题上的观点接受为自己的观点时，内化便发生了。

6.2　吸引力

尽管外表的吸引力是一个重要的属性，但吸引力不仅是外表的吸引力，还包括任何消费者可能认为的代言人比较好的方面，如智力水平、个性、生活方式、力量等。当消费者发现代言人身上具有某些有吸引力的东西时，认同过程便发生了，消费者将采纳代言人的态度、行为，对所代言的产品产生积极的态度或购买行为。

6.2.1　外表吸引力

外表具有吸引力的代言人，能够获得更高的评价，即便他的专业成就可能较低。

【例1】职业高尔夫球手魏圣美通过代言赚了 2 000 万美元，而她从未在职业高尔夫球赛中获胜过。

【例2】贝克汉姆并非足球运动员中最顶尖的巨星，但是他的外形为其争取到了完全不逊于最顶尖足球巨星的代言和名声。

6.2.2　可尊重程度

可尊重程度代表被钦佩或被尊重的品质，这种尊重是因某个人的个人品质或成就而产生的。有时可尊重程度还要胜过外表的吸引力。当一个被尊重或喜爱的名人代言某一品牌时，对名人的尊敬和喜爱将延伸到与其相连的品牌上，从而通过对消费者的品牌态度产生积极影响来提升品牌资产。

【例】姚明既在 NBA 球场上作为少有的中国人表现出了高超的技术，又在篮球场之外的问题上有着自己的良好声誉，参与了不少公益活动，家庭生活也无可指摘。

6.2.3　相似性

相似性代表着代言人在一些特征上与受众的匹配程度，如年龄、性别、种族等。人们更喜欢那些和自己有着相同特点的个体。相似性的重要性意味着一个名人最好与其代言品牌的目标受众有着相似的人口特征和心理特征。

7　网络传播的特点

网民受众广泛，数量庞大，呈高速上升趋势。

①超越时空限制的恐怖的传播效率——全民参与的病毒式传播。

【例】"笔袋哥"在天涯论坛发帖仅仅几个小时后，由于网友自发的大量点赞和转发，奶茶妹妹章泽天不到一夜之间成了名。

②网络传播的碎片化。

【例】很多网络游戏利用碎片化时间，开发了只要 1 分钟 1 局的小游戏，通过游戏积分来换取商家优惠券、免费赠品或试用装等是非常有前途的应用。

③网络传播的交互性。

【例】Burberry 和 Google 合作发布了一个网站 Burberry Kisses，可以让用户千里送"吻"。这并不是一个网上随便搜索到的唇印图片，而是个人"定制"版本！这个唇印网站非常有意思，只要打开网站，并保持摄像头开启，然后在照相空格内嘟起嘴巴，就能够捕捉到唇部的形状，而且变成一个唇印。如果觉得"隔空"亲吻唇印不够有真实感，还可以使用智能手机或者平板电脑打开这个网站，直接亲吻屏幕抓取唇印效果。

④网络传播的多媒体整合。

【例】如今，当消费者对著名奢侈品牌 Burberry 感兴趣并用百度搜索之后，首页上出现的第一条结果是模特的走秀视频，视频右边则是一些最新款产品的样图。视频的下面则直接显示出 Burberry 的新浪官方微博，消费者能够在此看到最新的信息并转发和评论。再往下一行，则分别是 Burberry 的在线商店、店铺分布、春季礼品、优酷空间和豆瓣小站的链接。

⑤网络传播的大数据分析让企业更了解消费者。

【例】2012 年，百度帮助宝洁对旗下重点品牌"玉兰油"进行了一次大数据分析，结果发现与竞争产品相比，消费者在"玉兰油"关键词后跟着"适合几岁"的比例明显偏高。结合其他数据宝洁最终得出结论：玉兰油产品的年龄定位比较模糊。为此，宝洁及时调整了营销策略，还顺势推出了一款针对 25 岁人群的细分产品，结果市场反响非常好。

⑥网络传播的分众传播、定制化。

【例】微信上消费者可以在对星巴克主动关注公众号之后，主动接收到促销、公共信息，其效果要好于消费者在传播大众传媒上被动接受广告信息。

⑦网络传播的低成本。

⑧网络传播的实效性。

⑨社交化传播。

【例】以 QQ、微信、人人网、开心网、飞信、知乎、豆瓣、果壳等为代表。

8　促销的作用

8.1　提高成熟产品的销量

对生命周期处于成熟阶段的产品而言，促销是主要的沟通手段，因为该阶段业务管理的首要目的是回流现金。

8.2　帮助新产品更易推广

新产品使用促销手段能通过分担、降低消费者风险来提升新产品的推广度。但这种方法不适用于研发费用高、生命周期短的产品。理由是，研发费用高的产品的定价方法是撇脂定价法，而非渗透定价法。

新产品上市如果使用促销来提升推广，还需要综合考虑这种做法会不会影响品牌形象，这是一个关键问题。因为新产品上市的定价将对此类产品的价格形成锚定效应。

8.3　抵消竞争者促销、广告

促销不只是一个进攻手段，迅速转化成即时的购买，还是一种非常重要的防御手段，它能够保有旧客户。

促销还能争取新客户，这一作用的存在打破了促销谷效应。但是这一作用受制于市场份额，如果市场占有率领先，则该促销带来的加成效果则消失。

8.4　大量囤积——使用量增加

这一点非常重要，有了这一点之后，促销不再只是短期效应，促销不再只是消费提前和促销谷效应，促销不再只是抢夺竞争对手的顾客。促销的长效机制在于，当商品可见且易耗时，促销会增加用量。

【例1】零食具有这样的特点：当促销增加了购买量后，放在可见的地方，将增加消费量。

【例2】盐是一个反例，因为盐不符合易耗这一点，其使用量保持稳定。

8.5 对产品先入为主

消费者具有这样的特点：一旦找到满意的解决方案，则停止搜索新的产品，因此促销将占据消费者有限的可支配收入，形成先入为主的优势。

8.6 强化广告的效果

促销能和广告产生配合的效应，广告引发消费者兴趣，促销促成购买行为。

对于体验型产品，只有体验过，才能强化对质量的认知，对产品的满意，对品牌的忠诚。因此，促销对体验型产品有额外的功效。

对于消费者卷入度高的产品，存在购后失调的现象，而促销能减少购后失调现象。

9 公共关系的类别

9.1 主动式公共关系

9.1.1 赞助
①活动赞助、冠名；
②公益赞助；
③定制活动。
【例】蒙牛赞助"神舟六号"直播。

9.1.2 软文、专题文章
【例】《汽车之家》中对多个品牌热卖汽车款型的技术评测文章。

9.1.3 信息公开/新闻发布
①产业发展报告；
②未来销售预测；
③经济走势报告；
④研发工作结果；
⑤市场营销规划；
⑥国内外竞争和全球化评论；
⑦环境评论等。
【例1】海尔成立官方网站。
【例2】苹果iPhone7新产品发布会。

9.1.4 口碑管理
①论坛、客户、水军；
②投诉渠道；
③意见领袖、媒体布局；
④删查帖制度等。
【例】很多淘宝店家的好评返现制度。

9.1.5　造势/病毒式营销

①少数人：网络节点、满足感、说服力；

②背景力量；

③黏性。

9.2　被动式公共关系

主要是危机公关，危机公关又可分为：

①产品伤害危机；

②服务失败危机；

③负面曝光事件；

④谣言；

⑤负面口碑。

【例1】本田汽车公司召回问题车辆。

【例2】圆通快递公司公布"死亡快递"始末。

10　公共关系策划方案的基本结构

10.1　形象现状及原因分析

开展企业形象调查，发现期望和实际的差距，分析原因，对症下药。

【例】谭木匠对企业形象进行了调查，发现消费者对谭木匠品牌的好感停留在质量上，而缺乏品牌情感的联结。谭木匠虽然一直以来致力于公益事业（如解决残障人士就业、定期组织公益活动等），但是与消费者、市场关联以及传播配合不足。

10.2　社会环境调查和影响因素分析

其中包括政治、法律、经济、技术、社会文化、舆论导向、传播偏好等方面。

【例】谭木匠开展"给妈妈梳头"公益活动之前进行了多方面的调查，包括政策背景——新修改的老年人权益保障法，规定不得冷落老年人；社会背景调查——中国步入老龄化国家；出现"空巢家庭""候鸟家庭"等社会关注的问题；社会思潮——尽孝问题、关爱老年人成为热点；舆论导向——劝导人们要尽孝；传播偏好——亲情、团聚、孝道等是一时的传播热点，如《舌尖上的中国2》反映留守儿童、打工父母难得的片刻相聚。

10.3　确定目标

每一次的公共关系活动都要确定具体的目标，并在事后进行评估。

【例】谭木匠"给妈妈梳头"公益活动在公众层面，把目标定为呼唤孝心回归，呼吁人们及时尽孝行动起来，关爱母亲，给妈妈梳头。在企业层面，把目标定为提升品牌好感度，增加到店人数。

10.4　公众辨认

公众是一个集合概念，包含着大量不同类别的主体。每一次公共关系活动都应确定具体的公众。

【例】谭木匠"给妈妈梳头"公益活动通过问卷调研了解到，大部分中青年与老年人的受教育层次、学习工作经历有较大差异，因而生活方式、精神境界也有较大偏差，内心隔阂和分歧，以及空间的距离影响了子女与父母情感交流。但同时多数受访者也表示愿意将孝心付诸行动。因此，将中青年人定为活动的对象。

10.5　设计主题

活动主题的设计应紧扣目的，和产品相关性高的同时要有创意。

【例】谭木匠"给妈妈梳头"公益活动在活动正式启动前，通过互联网（新浪微博）投票的形式进行了一轮关于尽孝方式的调研。"给妈妈梳头"这一选项以压倒性的优势胜出洗脚、买首饰、买宠物、报旅游团等其他选项，成为大多数网友认为最具可行性的尽孝方式。

10.6　选择媒体

媒体的选择关键在于接触到所欲锁定的公众类别。

【例】谭木匠"给妈妈梳头"公益活动的内容形式包括新闻稿件同步发布：微博、微信、微电影；中国首位滑雪冠军郭丹丹出镜微电影。

传播方式分为线下传播和大众媒体传播。线下活动：联手妇联给妈妈梳头活动，走进敬老院为老人送温暖，给老人梳头；活动社区行走进北京回龙观社区，百余家庭参与活动；媒体传播：自媒体——谭木匠官方微博、谭木匠微信公众服务号；新闻稿件覆盖全国、地方、垂直类媒体；网络媒体——爱奇艺首页强力推介；自发报道媒体：与此活动相关的新闻稿件多达150余篇。总体而言，谭木匠此次活动更偏重于网络新媒体，因为这是中青年人的主要信息渠道。

10.7　其他内容

其他内容还包括计划编制、预算经费、审定方案、策划书的形成。策划书除了以上内容，还要包括活动的计划、组织、领导、控制。

11　危机管理的四个要点

对任何一个社会组织而言，危机管理与财富创造同等重要。而传播是危机管理诸事务中的核心问题。发布信息、重归共识、价值提升始终是危机管理的主线。

11.1　时间性

危机管理强调时间性，越快越主动，越慢越被动。危机传播中反应迟钝或保持沉默，会造成信息发布主导权的丧失，危机方自己造成的传播真空将会很快被颠倒黑白、胡说八道的流言占据。这是一种自我担当，不放弃话语权。宁可说错，也要自己说。

其中有三个问题需要辨析：

第一，是不是要发布全部真相？

英国学者罗彻斯特提出了危机公关的 3T 原则，即主动告知、尽速告知和全部告知。也有学者反映最后一条，在危机中，特别是重大灾难性危机中，为了"全部告知"而发布多余流溢的信息，往往会增加公众做出选择的困难，甚至导致更大的危机。

建议："全部告知"改为"充分告知"，发布危机利益各方最关心、最有价值的信息。

第二，如果危机尚无定论如何发布？

危机情势紧迫、错综复杂，很多情况下原因不明、结论未定，既然要"及时告知"，那么面对媒体和公众说什么？

建议：没结论、有态度。

简言之，至少要拿出一个负责任的态度。人们当然关心因果结论，但也需要一个明朗的态度。

【例】韩国"岁月号"沉船事故，事故责任究竟归属是船长和船员毫无责任心，还是归属韩国对日本改装船运营标准管理不善，还是韩国政府救援不力，又或是韩国教育过度强调服从。涉事各方拿出了负责任的态度：韩国总理引咎辞职、船长引咎自杀、"岁月号"船主表示捐全部家产。这意味着，危机管理需要重建一种价值体系——人命关天，重于一切。

第三，如何在危机情境下做出承诺？

在告知问题上，最难者当属公开承诺。危机突至，承诺力下降，各方期待却往往倍增。所谓有效承诺，即自己可兑现、各方普遍关心的那些承诺，哪怕是微不足道的改善。

在危机之下，勿以善小而不为，要给自己的道德资粮不断做加法。

11.2 主体性

主体性体现在两个方面：自我担当和构建话语同盟。

自我担当已如前述，即不放弃危机中的话语权。

构建话语同盟：即在危机中要动员尽可能多的人来为自己说话，其中最重要的是有影响力的人，形成权威第三方话语。在公关领域，这一点被称为意见领袖策略。

构建话语同盟要注意两个问题：第一，动员意见领袖而不滥用意见领袖。意见领袖介入危机表达，是为了在公共讨论中提供专业知识、权威信息，引导各方朝着建设性的方向发展。如果滥用意见领袖，这个策略必定失灵，意见领袖自身也必定陷入危机。第二，优化专家学者等意见领袖的结构。不只要用专业技术型的意见领袖，譬如食品安全问题找食品专家，而且要用人文社科领域的意见领袖。每一次危机事件，特别是那些公共危机，人们的恐慌感、幻灭感往往来自深层的社会心理。这需要技术专家来提供答案，也需要人文学者给出方向。

11.3 解释力

舆论自有其运作规律，但就危机管理者而言，增强危机表达的解释力对影响舆论走向是必要的。那么，解释力来自哪里？

第一，要提供可靠的信息和持续的证据。

虚假和敷衍的信息当然背道而驰，可靠的、能经得起检验的信息才有解释力。

第二，要坚持开放性，让利益相关者见证、体验危机管理进程。

每一个来投诉你的人、来采访你的媒体其实都是在给你机会，封闭的结果只能是导致更多的猜测、质疑和谣言。甚至要主动联系最先报道此事的记者，如果对方报道有偏，要帮助其填补信息不足；同时，要不断提供新的消息，尤其是请记者参与整个处理过程，获得第一手资料。开放性地打开大门，让人们见证了这一切，你说的话才有解释力。否则就是危机公关，就是假惺惺演戏。

第三，要善于倾听。

更重要的是，倾听本身就是解决问题的办法，消费者气势汹汹而来，往往只是希望你抱持起码的善待、平等和慈悲之心。

11.4 道德力

现今的危机，大多裹挟着道德审判。一旦身陷危机，舆论往往站在道德的高地上对当事者进行自上而下的审视。被道德审判的人根本无话语权，只能俯首等待宣判伏法。怎么办？

第一，当事主体只有爬回原有的道德平台，才谈得上应对危机管理。

你身处道德的低洼地带，或者说道德前提缺失，是无法与各方进行有效对话的：大声疾呼被视为托词辩解，沉默无语又被认为俯首认罪。

如何爬回原有的道德平台？

你必须是可信的、诚实的、善良的、担责的，否则众声喧哗之下，你实际上已经被取消了对话的资格。

第二，优先关爱弱者。

饱受危机之苦的弱者往往情绪最激烈，优先关爱之，则化解了危机中的主要矛盾。

第三，善待媒体。

每一组织皆有其生存逻辑，媒体亦是如此。组织要在危机中理解媒体，为之提供必要的采访保障，满足其职业化的信息需求。

模块 二 》 实习内容

1　广告传播的基本认识和策划

1.1　实习目的

（1）理解广告传播的目的、效用、局限和难点；

（2）尝试开展广告策划，体验广告调查、策划、实施、评估的全过程，掌握广告策划的基本知识。

1.2　实习步骤

（1）展示企业的既往广告；

（2）介绍企业的品牌定位；

（3）展示企业的产品属性和特点；

（4）介绍竞争对手的品牌定位和产品属性及特点；

（5）介绍目标消费群体；

（6）分组讨论和评价企业的既往广告；

（7）分组讨论广告的五种传播功能和实习企业对广告传播的运用；

（8）分组讨论广告的形式和实习企业对多种广告形式的运用；

（9）分组讨论广告的创造力和实习企业对广告创意的运用；

（10）分组讨论广告的创意元素和实习企业对创意元素的运用；

（11）分组讨论代言人的选择模型和实习企业对代言人的运用；

（12）分组讨论广告对品牌塑造的作用、方法和实习企业品牌的塑造；

（13）介绍既往广告的传播意图；

（14）介绍既往广告的产品属性选择；

（15）介绍产品给消费者带来的好处；

（16）介绍产品品牌价值观；

（17）介绍既往广告策划；

（18）介绍既往广告创意元素的选择；

（19）介绍代言人选择；

（20）分组为实习企业进行一次广告策划；

（21）广告策划展示；

（22）广告策划评价；

（23）小组总结。

1.3 实习重点

广告策划是本次实习的重点，撰写创意大纲是其基本任务。

各小组需在组内完成文案撰写人员和创意人员的工作分工，之后开始进行设计创意大纲。创意大纲用于指导文案撰写人员和创意人员最终设计出符合客户需求的方案。创意大纲就是一个广告项目的客户告知或简要地向广告代理公司介绍客户对广告活动的期望。创意大纲是客户和广告公司间的非正式合约，代表了双方就广告活动要实现的目标所达成的共识。

（1）背景。

首先要解决的问题是当前开展的工作的背景是什么，这一问题需要简要地回答为什么广告公司会被请来完成这个广告活动，客户想要通过这一活动获得什么。

【例】客户的目的也许是推出一款新产品，或者是从竞争对手中夺回失去的销售额，或者是推出一款已有产品的新型号。

背景介绍的部分需要包括对与产品类别相关并影响产品成功的竞争环境和文化动力的分析。

（2）目标受众。

目标受众即广告活动要面向哪些人，这是一个典型的选择目标市场的问题。根据消费者的行为、心理、人口统计变量或者人口地理信息，创意人员就会产生一个确切的市场目标。这是广告的核心。

（3）想法和感觉。

目标受众目前对品牌的想法和感觉是什么，研究和客户策划对于广告工作的基础性作用就体现在这里。这里给出的建议是在设计广告之前进行研究。在客户策划人员对研究结果解读的帮助下，广告创意人员就可以准备设计基于研究的广告，这些广告根据创意人员已知的受众的想法和感觉向受众传递信息，而不是仅仅根据一些假设。

撰写广告文案的创意人员必须绞尽脑汁来开发广告创意。创意人员最终的目的是能够写出影响消费者预期、态度和最终购买行为的广告文案。广告创意人员不能只是随心所欲地追求创意的实现。

（4）目标和测量。

目标和测量即想要目标受众对品牌产生哪些看法或感觉，有哪些可测量的效果是广告要达成的，这条准则提醒每个人，客户想要广告实现的目的是什么。这需要一个简短的陈述来说明广告想要在目标客户中引起的关键感觉或想法是什么。例如，广告可能计划在情感上感动观众，使他们感觉想要一种更好的生活方式，或者引起他们对当前不安全生活习惯的焦虑。

有没有当前需要改变的感知？例如，如果目标市场中大量消费者认为品牌的定价过高，我们如何才能改变这一感知并说服他们因为其卓越的品质，所以这个品牌值得这个价钱。得知了这一点后，创意人员就可以设计合适的广告来达成这一目标。

在给定了多个目标之后，就可以按照重要性进行排序，并专注于最重要的目标。并且，尽管这不是广告行业在设计创意大纲时的一般做法，但这样做非常有用。也就是说，不仅要说明期望达成的目标是什么，还要说明怎样测量这些目标是否达成。通过提前明确测量方法，客户和广告公司就始终在同一步骤上，跟踪的研究就可以评估广告是否真正实现了所设计的目标。

（5）行为结果。

行为结果即我们想要目标受众做什么。除了想法和感觉之外，这一准则关注于广告运动计划要鼓励目标受众所要进行的具体行为。广告可能想促使消费者索要更多的信息，可能是上网参加抽奖或比赛，可能是联系销售人员，还可能是在下周之内光顾零售店来享受购买的机会。

（6）定位。

文案撰写人员时刻注意着他们的创意工作要反映品牌的定位主张。品牌管理团队必须清晰地表述品牌的意义，或者是明确想要在目标受众的心里引发何种联想。在这种情况下，创意大纲可以向广告公司建议一个客户想要使用的品牌口号，或者要求广告公司提供另一个可供使用的口号。

（7）信息和载体。

想要设计的信息大体是什么，什么媒体最适合到达目标受众，这一准则确定了品牌能传递给消费者的最具区分性和鼓励性的品牌信息。该信息应该着眼于品牌的优势而不是产品的特征。因为可信性是受众能够接受信息主张的关键因素，所以，创意大纲中的这一部分需要通过产品特征的证据来支持信息的观点。文案撰写人员需要在这一范围内进行工作，但仍然可以发挥创造性。

关于合适媒体的选择，客户需要同广告公司合作来确定最适合到达目标受众的载体。创意人员应明确知道需要设计什么。

（8）战略。

战略即一个确切的指导广告工作完成的广告战略。这个战略陈述使得文案撰写人员理解他们的创意工作必须适应整体的营销传播战略。该战略不仅包括广告，还包括其他的组成部分。战略陈述可能指出除了广告之外，一个新品牌的推出还会伴随其他一系列活动，如一个鼓励消费者试用的网络促销活动。

（9）细节。

其包括关于何时完成以及价钱等具体细节。总的来说，一个有价值的创意大纲需要在完全理解客户广告需求的基础上进行起草，还需要获得市场研究数据来告知广告公司市场竞争环境以及将要做广告的品牌和其他竞争对手的消费者感知。

2　促销传播的基本认识和策划

2.1　实习目的

（1）理解样品、代金券、赠品等促销传播的主要功能；

（2）样品、代金券、赠品的发放形式和效果评估；

（3）游戏、竞赛、捆绑式销售等的基本操作。

2.2 实习步骤

（1）分组讨论样品的发放形式并进行效果评估；

（2）分组讨论代金券的发放形式并进行效果评估；

（3）分组讨论赠品的发放形式并进行效果评估；

（4）分组进行发送样品成本计算或促销方案构思评估；

（5）成果展示；

（6）成果评价；

（7）小组总结。

2.3 实习重点

（1）样品发放成本计算。

样品是鼓励试用的最佳方式，发放样品几乎是引进全新产品时必不可少的营销策略。超过90%的消费者认为，在使用了新产品，喜欢该产品，以及该产品价格可接受的情况下，他们才会购买这个品牌。但是样品发放是一项昂贵的促销活动，有必要进行成本的控制和效果的评估。

计算发送样品的成本具有简单有效的操作步骤，是本次实习的重点。

该操作具体分为四步：

第一步，确定发送样品的总成本，包括样品成本和发送成本——邮寄、上门发送、路上拦截发送等。假定发送一份试用装的成本是10块钱，那么发送1 000万份试用装的成本即为10 000万元。

第二步，计算发送每一份样品的收益，即用该产品平均每年的使用量乘以每份产品能获得的收益。假定平均每年每人对该产品如洗发水的消费量为6瓶，且每瓶洗发水的收入是20元，那么每个用户能在试用产品后成为常规购买者，他们每人就为品牌带来了120元的收入。

第三步，计算发送样品的计划能达到收入平衡所需的转换者。转换者在尝试了样品后，成为最终消费者。假定赠送样品的计划花费了10 000万，每个潜在用户带来的潜在收益是120元，那么需要的转换者为83万个。这表明该计划实现收入平衡的转换率是8.3%。

第四步，确定该计划的有效性。一个发送样品的计划想要成功，转换率必须超过10%。这种情况表明，至少有92万人通过试用该产品成为常规购买者，这才能证明该计划的成本带来了合理的利润。

（2）促销方案构思评估的步骤。

品牌经理需要确定能够成功的最优促销构思和方案，以下三个步骤可供采用：

第一步，确立目标。对一个成功的促销方案来说，清晰具体地确立需要达成的目标，是一个重要的步骤。应当详细说明目标和交易以及最终消费者之间的联系。方案的目标可以是引导消费者试用、增加顾客量、在竞争中抢占先机、占领宣传版面等。在确立目标阶段，促销方案规划人员应当书面说明方案所要达成的目标，目标应当具体，而且应当表述为可供量化测量的指标。

第二步，取得共识。应当确保品牌整合营销传播方案所涉及的所有人员都认同第一步所确立的方案目标。如果没有在这一问题上取得一致，就会导致不同的决策者，如广告经理、销售经理、品牌经理，推行不同的方案，因为每个决策者心目中都有各自的目标。

第三步，评估构思。有五个评价标准可以用来比较备选促销构思，并进行排序。

首先，每一个构思应当结合促销目标进行考虑。例如，如果促销目标是引导消费者试用，那么赠送样品或者优惠券比较合适，而抽奖的意义就不大。

其次，提出的每一个构思都应当适用于目标顾客。例如，比赛活动也许很吸引儿童，但对特定成人人群则可能是完全无效的。

再次，只有不落俗套的提案，才更有可能同时让顾客和生意伙伴都有兴趣。广告和创意的每个方面都对促销的成功十分重要。

此外，营销策划人员应当立足于一个基本的前提——绝大多数顾客都不愿意花很多时间和精力搞明白一个促销活动是怎么回事。促销活动应该做到用户友好——消费者非常容易搞清楚促销提供什么，应该如何回应，这对促销的成功非常关键。

最后，提出的构思是否具有成本效益。这要求我们评估拟订计划的成本，且预先知道每一个备选方案的底线收益。

模块 三 实习组织

1 实习目的、对象与要求

1.1 实习目的

通过实践活动，使学生理论联系实践，了解营销传播与沟通在市场营销中的地位和作用，理解营销传播与沟通的基础知识，教会学生掌握传播与沟通的各种方式和方法，指导学生对品牌和产品进行传播与沟通的具体操作。初步掌握一些基础的传播与沟通的方法和技巧；熟悉传播与沟通的各种类型、规则以及常用的程序和方法；掌握广告、公共关系、促销等技术方法，为今后进入营销领域，尽快掌握传播与沟通的各种手段并融入该行业打下基础。

1.2 实习对象

（1）专业：市场营销、电子商务、工商管理、旅游管理等。
（2）年级：大学三年级。

1.3 实习要求

（1）学生充分认识课程实习的重要性，填写实习任务书，并按实习任务书的各项内容开展实习活动，多向相关人员请教，做到踏实、谦虚、认真。

（2）要求每个上岗学生都对所要传播的品牌和产品有一定程度的了解，并能强调其品牌定位和产品属性。能够提取其中的关键信息，明智地做出取舍和精简。

（3）事前要对目标顾客群体有较全面的了解，从理性人、情感人、社会人等角度理解消费者首先作为人、其次作为消费者的决策行为、心理需要、社会心理需要。

（4）实习中要主动、独立、热情地完成实习项目，注重理论与实际的紧密结合，利用所学知识进行产品的市场调查，分析现状及存在问题，尽可能提出解决对策，对传播结果进行评价，并听取教师点评。

（5）认真完成实习内容，并通过对上述内容的了解对企业营销工作的全貌建立起完整概括性的认识。

（6）实习期间要求填写实习日志。具体要求是：每天记录当天的实习情况与主要实习内容，实习结束后将实习日志交给指导教师检查。

（7）谨慎行事，注意人身安全、公共财产安全，遵守社会规范和相关规章制度，要体现出大学生的精神文明风貌，不要做有损学校荣誉的事，有事及时向相关的指导教师汇报。

2　实习组织与训练

班级学生 3~4 人一组，由指导教师带领学生到广百开展实习并引导学生操作，小组学生针对提前布置的实习任务进行观察和记录，并进行研讨，形成讨论记录。

实习过程中，教师应开展以下工作：

（1）讲述营销传播与沟通实习的目的；

（2）帮助学生理解营销传播与沟通的理念；

（3）指导学生开展广告、公共关系、促销等策划；

（4）介绍传播与沟通工具；

（5）指导学生对市场进行调查；

（6）指导学生对实际的传播活动进行操练。

3　实习考核与报告

3.1　考核办法

（1）实习完成后，学生依据实习过程及收获撰写实习报告，实习报告要符合实习教学的要求，并得到指导教师的认可。

（2）指导教师对每份实习报告或其他结果表现形式进行审阅、评分。

（3）该实习课程内容是纯实践教学内容，实习课的成绩记入课程平时成绩，占总成绩的 30%，考核以专题设计为准，成绩占 70%。

3.2　评分标准

考核内容及其在评分中所占的比例如下：

（1）考勤、纪律占 20%；

（2）实习模块组织实施情况占 30%，其中小组成员参与情况占 20%，组内成员协调情况占 10%；

（3）业务执行完成情况占 40%，其中专业知识和技能（实习执行过程中业务操作情况）占 20%，工作绩效（业务完成效果）占 20%；

（4）合理化建议占 10%。

具体评分方法如下：

（1）小组内部成员间相互评分（占 20%）；

（2）各小组成果展示投票评分（占 40%）；

（3）实习教师根据所指导各小组成员在实习中各方面具体表现评分（占 40%）。

3.3　实习报告要求

（1）实习报告要按时独立完成。实习报告是衡量实习效果和评定成绩的重要依据，

要求在指导教师指导下完成。一旦发现由他人代写或抄袭他人的实习报告，按不及格处理。

（2）实习报告主要包括以下四部分内容。

①企业概况（包括企业制度形式、组织机构设置）；

②企业营销状况（包括对企业营销环境与市场机会的了解与分析、企业营销战略与营销策略、企业营销管理现状分析等）；

③具体实习内容；

④实习体会或收获。

（3）实习报告要求：实习报告要层次分明，条理清楚，行文必须清晰完整。

参考文献

[1] 纳雷希·K. 马尔霍特拉. 市场营销研究：应用导向. 5 版. 涂平，译. 北京：电子工业出版社，2009.

[2] 景奉杰，曾伏娥. 市场营销调研. 2 版. 北京：高等教育出版社，2010.

[3] 柯惠新，丁立宏. 市场调查. 北京：高等教育出版社，2008.

[4] 易居（中国）控股有限公司，克而瑞信息集团. 主力店攻略：商业地产项目招商指南. 南京：江苏人民出版社，2013.

[5] 荀振英. 广百星光汇：广百集团高管韬略. 广州：广东经济出版社，2011.

[6] 张琼，霍瑞红. 门店运营与管理. 北京：中国人民大学出版社，2012.

[7] 荣晓华. 消费者行为学. 3 版. 大连：东北财经大学出版社，2011.

[8] 张雁白，张建香，赵晓玲. 消费者行为学. 北京：机械工业出版社，2011.

[9] 迈克尔·所罗门，卢泰宏，杨晓燕. 消费者行为学. 10 版. 北京：中国人民大学出版社，2014.

[10] 绳鹏. 销售行为学. 北京：中国社会科学出版社，2005.

[11] 费明胜，杨伊侬. 消费者行为学. 2 版. 北京：人民邮电出版社，2017.

[12] 王曼，白玉苓，熊威汉. 消费者行为学. 2 版. 北京：机械工业出版社，2011.

[13] 杨路明等. 客户关系管理. 2 版. 重庆：重庆大学出版社，2012.

[14] 王广宇. 客户关系管理. 3 版. 北京：清华大学出版社，2013.

[15] 陈淑丽. 客户管理咨询工具箱. 北京：人民邮电出版社，2010.

[16] 刘丽萍，于艳. 社交礼仪与沟通技巧. 天津：天津大学出版社，2016.

[17] 钱玲. 银行礼仪实战手册. 北京：北京理工大学出版社，2016.

[18] 竭红云，张海珍. 实用社交礼仪教程. 北京：中国人民大学出版社，2016.

[19] 孟文燕，徐姗姗，王常红. 商务实用礼仪. 北京：中国书籍出版社，2015.

[20] 未来之舟. 营销礼仪手册. 北京：海洋出版社，2005.

[21] 付玮琼. 图解商场超市布局与商品陈列. 北京：化学工业出版社，2014.

[22] 深圳市艺力文化发展有限公司. 橱窗设计. 广州：岭南美术出版社，2015.

[23] 王芝湘. 实战卖场空间与照明设计实例. 北京：化学工业出版社，2014.